俄语系列图书

大学俄语词汇手册

第 3 册

总 主 编　王利众　张廷选
本册主编　张廷选　童　丹
编　　者　王利众　王鸿雁　肖贵纯
　　　　　张廷选　韩振宇　童　丹

贴近生活　语言规范
内容丰富　实用帮手

大家一起从**早**到**晚**说俄语

哈尔滨工业大学出版社
HARBIN INSTITUTE OF TECHNOLOGY PRESS

图书在版编目(CIP)数据

大学俄语词汇手册. 第 3 册/王利众主编. —哈尔滨:哈尔滨工业大学出版社,2016.1
ISBN 978-7-5603-4940-4

Ⅰ.①大… Ⅱ.①王… Ⅲ.①俄语-词汇-高等学校-教学参考资料 Ⅳ.①H353

中国版本图书馆 CIP 数据核字(2015)第 290961 号

责任编辑	甄淼淼
封面设计	刘长友
出版发行	哈尔滨工业大学出版社
社　　址	哈尔滨市南岗区复华四道街 10 号　邮编 150006
传　　真	0451-86414749
网　　址	http://hitpress.hit.edu.cn
印　　刷	哈尔滨久利印刷有限公司
开　　本	787mm×1092mm　1/16　印张 12.75　字数 400 千字
版　　次	2016 年 1 月第 1 版　2016 年 1 月第 1 次印刷
书　　号	ISBN 978-7-5603-4940-4
定　　价	26.80 元

(如因印装质量问题影响阅读,我社负责调换)

前　言

　　词汇是学习俄语的基础，只有积累大量的词汇才能熟练掌握听、说、读、写、译等各项言语技能。本书在大学俄语教学实践的基础上，根据俄语专业零起点学生的特点编写而成。

　　本书有如下特点：

　　1. 每课的词汇给出注释。每课词汇编写时，尽可能使用第一册、第二册及本册学过的词汇，特别是使用频率较高的词汇，并对每个词义给出相应词组。

　　2. 名词给出变格形式，动词给出变位及过去时、形动词、副动词形式；形容词给出长、短尾形式，方便学生学习时检查自己的学习效果。

　　3. 每课的重点词汇（如变格特殊、变位特殊）均给出示例，方便掌握。

　　4. 每课"词汇记忆"均有俄、汉、英三种语言对照，学生使用时可以只看汉语解释，口头译成俄语，同时可以复习英语表达方式（为了增加记忆效果，本书把相同词性的词，如名词、动词归纳在一起）。

　　编写该书是一种新的尝试，欢迎广大读者批评指正。

哈尔滨工业大学俄语系
王利众
wanglizhongs@163.com
2015 年冬

目 录

第一课

　　一、词汇导读　//1
　　二、词汇注释　//1
　　三、词汇重点　//8
　　四、词汇记忆　//8
　　五、词汇造句　//11

第二课

　　一、词汇导读　//13
　　二、词汇注释　//13
　　三、词汇重点　//20
　　四、词汇记忆　//21
　　五、词汇造句　//23

第三课

　　一、词汇导读　//25
　　二、词汇注释　//25
　　三、词汇重点　//32
　　四、词汇记忆　//33
　　五、词汇造句　//36

第四课

　　一、词汇导读　//38
　　二、词汇注释　//38
　　三、词汇重点　//47

四、词汇记忆 //48
　　五、词汇造句 //51

第五课

　　一、词汇导读 //53
　　二、词汇注释 //53
　　三、词汇重点 //62
　　四、词汇记忆 //63
　　五、词汇造句 //66

第六课

　　一、词汇导读 //68
　　二、词汇注释 //68
　　三、词汇重点 //75
　　四、词汇记忆 //77
　　五、词汇造句 //79

第七课

　　一、词汇导读 //81
　　二、词汇注释 //81
　　三、词汇重点 //89
　　四、词汇记忆 //90
　　五、词汇造句 //92

第八课

　　一、词汇导读 //94
　　二、词汇注释 //94
　　三、词汇重点 //102
　　四、词汇记忆 //103
　　五、词汇造句 //105

第九课

　　一、词汇导读 //107
　　二、词汇注释 //107
　　三、词汇重点 //112

四、词汇记忆　//113
　　五、词汇造句　//115

第十课

　　一、词汇导读　//117
　　二、词汇注释　//117
　　三、词汇重点　//120
　　四、词汇记忆　//121
　　五、词汇造句　//123

第十一课

　　一、词汇导读　//124
　　二、词汇注释　//124
　　三、词汇重点　//135
　　四、词汇记忆　//137
　　五、词汇造句　//140

第十二课

　　一、词汇导读　//143
　　二、词汇注释　//143
　　三、词汇重点　//149
　　四、词汇记忆　//150
　　五、词汇造句　//153

附录Ⅰ　第三册词汇测试　//155

附录Ⅱ　第三册词汇表　//157

附录Ⅲ　第三册重点词汇　//186

参考文献　//193

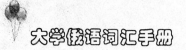

第一课

一、词汇导读

本课以描写人的外貌和性格为主,词汇量大,需加倍努力。

二、词汇注释

описáние	[中性]单数:описáние, описáния, описáнию, описáние, описáнием, об описáнии 描写,记叙;叙述文 описáние внéшности 描写外貌 описáние прирóды 描写大自然 состáвить описáние путешéствия 写一篇游记
внéшность	[阴性]单数:внéшность, внéшности, внéшности, внéшность, внéшностью, о внéшности 外表,外貌 привлекáть людéй внéшностью 外表吸引人
рост	[阳性]单数:рост, рóста, рóсту, рост, рóстом, о рóсте 身高;生长 высóкий рост 高个子 срéдний рост 中等身材 рост цветóв 花的生长
худóй	[形容词]长尾:худáя, худóе, худы́е;短尾①:худ, худá, ху́до, ху́ды;比较级:худéе 瘦的,消瘦的 худóй пациéнт 消瘦的患者 худóй терапéвт 消瘦的外科医生
пóлный	[形容词]长尾:пóлная, пóлное, пóлные;短尾:пóлон, полнá, пóлно, пóлны;比较级:полнéе(肥)胖的,丰满的;完全的 пóлный мужчи́на 肥胖的男人 пóлная лунá 满月 пóлная свобóда 充分自由
скорéе	[副词]确切些说;较快地 бежáть скорéе 跑得比较快 Мéнеджер не пóлный, скорéе худóй. 经理不胖,确切点儿说,还有些瘦。
кáрий	[形容词]кáряя, кáрее, кáрие(指人的眼睛)暗棕色的,深棕色的 кáрие глазá 深棕色的眼睛
двою́родный	[形容词]двою́родная, двою́родное, двою́родные 叔伯的,堂房的,表的 двою́родная сестрá 表姐(妹),堂姐(妹)
пожилóй	[形容词]пожилáя, пожилóе, пожилы́е 上了年纪的 пожилы́е лю́ди 上了年纪的人
сантимéтр	[阳性]单数:сантимéтр, сантимéтра, сантимéтру, сантимéтр, сантимéтром, о сантимéтре;复数:сантимéтры, сантимéтров, сантимéтрам, сантимéтры, сантимéтрами, о сантимéтрах 厘米,公分;米尺 рост 170 сантимéтров 一米七的身高 измеря́ть длину́ сантимéтром 用米尺

---

① 从本册第十一课开始学习形容词短尾,因此从第一课开始给出性质形容词的短尾形式。

		测量长度
тóлстый	[形容词]长尾:*тóлстая*, *тóлстое*, *тóлстые*;短尾:*толст*, *толстá*, *тóлсто*, *тóлсты*;比较级:*тóлще* 胖的;肥大的;粗大的,厚的 *тóлстый мужчúна* 胖男人 *тóлстая кнúга* 厚书	
коренáстый	[形容词]*коренáстая*, *коренáстое*, *коренáстые* 身体不高而结实的,矮壮的 *коренáстый спортсмéн* 身体结实的运动员	
вы́литый	[形容词]*вы́литая*, *вы́литое*, *вы́литые* 长得和……一模一样,十分相似的 Он — вы́литый отéц. 他长得和父亲一模一样。	
раздéться	[完成体]将来时:*раздéнусь*, *раздéнешься*, *раздéнутся*;过去时:*раздéлся*, *раздéлась*, *раздéлось*, *раздéлись*;过去时主动形动词①:*раздéвшийся*;副动词②:*раздéвшись*//*раздевáться*[未完成体]现在时:*раздевáюсь*, *раздевáешься*, *раздевáются*;现在时主动形动词:*раздевáющийся*;过去时主动形动词:*раздевáвшийся*;副动词:*раздевáясь* 脱去衣服 Мáльчик раздевáется и купáется в вáнной. 小男孩在浴室脱衣服洗澡。	
лы́сина	[阴性]单数:*лы́сина*, *лы́сины*, *лы́сине*, *лы́сину*, *лы́синой*, о *лы́сине* 秃顶 старúк с лы́синой 秃顶的老头儿	
внук	[阳性]单数:*внук*, *внýка*, *внýку*, *внýка*, *внýком* о *внýке*;复数:*внýки*, *внýков*, *внýкам*, *внýков*, *внýками*, о *внýках* 孙子,外孙;(复数)后辈,儿孙们 симпатúчный внук 可爱的孙子(外孙) внýки нарóда 人民的子孙	
широкоплéчий	[形容词]*широкоплéчая*, *широкоплéчее*, *широкоплéчие* 宽肩膀的 *широкоплéчий дипломáт* 身材魁梧的外交官	
кáпля	[阴性]单数:*кáпля*, *кáпли*, *кáпле*, *кáплю*, *кáплей*, о *кáпле*;复数:*кáпли*, *кáпель*, *кáплям*, *кáпли*, *кáплями*, о *кáплях* 滴;少量;滴剂 *кáпли дождя́* 雨点 *кáпля устáлости* 有点儿疲惫 *принимáть кáпли* 服用滴剂 *похóж как две кáпли воды́* 像水珠一样相似,一模一样	
геогрáфия	[阴性]单数:*геогрáфия*, *геогрáфии*, *геогрáфии*, *геогрáфию*, *геогрáфией*, о *геогрáфии* 地理;地理学 *экономúческая геогрáфия* 经济地理 *изучáть геогрáфию* 研究地理学	
постарáться	[完成体]将来时:*постарáюсь*, *постарáешься*, *постарáются*;过去时:*постарáлся*, *постарáлась*, *постарáлось*, *постарáлись*;过去时主动形动词:*постарáвшийся*;副动词:*постарáвшись*//*старáться*[未完成体]现在时主动形动词:*старáющийся*;过去时主动形动词:*старáвшийся*;副动词:*старáясь* 勤奋(工作),努力(干);(接不定式)力求,竭力 *постарáться не пропускáть слýчай* 尽量不错过机会 *постарáться забы́ть прóшлое* 尽量忘掉过去 Он óчень старáется. 他很努力。	
прáвильный	[形容词]长尾:*прáвильная*, *прáвильное*, *прáвильные*;短尾:*прáвилен*, *прáвильна*, *прáвильно*, *прáвильны* 端正的,匀称的(指脸、头等);有规律性的;	

---

① 从本册第九课开始学习形动词,因此从第一课开始给出动词的形动词形式。
② 从本册第十二课开始学习副动词,因此从第一课开始给出动词的副动词形式。

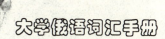

	正确的 правильный нос 端正的鼻子 правильная смена времён года 有规律的四季交替 правильный ответ 正确答案 правильная мысль 正确的想法
черта́	[阴性] 单数：черта́, черты́, черте́, черту́, черто́й, о черте́；复数：черты́, черт, черта́м, черты́, черта́ми, о черта́х 脸盘,容貌;轮廓,线条;(转义)特色,特征 правильные черты лица́ 五官端正 провести́ прямую черту́ карандашо́м 用铅笔画一条直线 черта́ жизни 生活特点
дово́льно	[副词] 相当,颇；满意地 дово́льно о́пытный хиру́рг 颇有经验的外科医生 дово́льно мно́го 相当多 дово́льно любова́ться приро́дой 满意地欣赏大自然 дово́льно улыбну́ться 满意地微笑
а то	[连接词] 否则,不然 На́до спеши́ть, а то опозда́ем. 快点儿,否则我们就要迟到了。
кудря́вый	[形容词] кудря́вая, кудря́вое, кудря́вые 卷曲的,生有卷发的 кудря́вые во́лосы 卷发
ру́сый	[形容词] ру́сая, ру́сое, ру́сые 淡褐色的 ру́сые во́лосы 淡褐色的头发
ры́жий	[形容词] ры́жая, ры́жее, ры́жие 棕红色的 ры́жие во́лосы 棕红色的头发
седо́й	[形容词] седа́я, седо́е, седы́е 银白的(指头发),生有白发的 седы́е во́лосы 银白色的头发 седо́й стари́к 头发花白的老头 спекта́кль «Седа́я де́вушка» 话剧《白毛女》
сму́глый	[形容词] сму́глая, сму́глое, сму́глые 皮肤黝黑的 сму́глое лицо́ 黝黑的脸庞
бле́дный	[形容词] 长尾：бле́дная, бле́дное, бле́дные；短尾：бле́ден, бледна́, бле́дно, бле́дны 苍白的,无血色的(指脸色) бле́дное лицо́ 苍白的脸色
загоре́лый	[形容词] загоре́лая, загоре́лое, загоре́лые 晒黑了的 загоре́лое лицо́ 晒黑的脸
терпе́ть	[形容词] кого́-что 现在时：терплю́, те́рпишь, те́рпят；现在时主动形动词：терпя́щий；现在时被动形动词：терпи́мый；副动词：терпя́ // потерпе́ть [完成体] 过去时主动形动词：потерпе́вший；过去时被动形动词：поте́рпленный；副动词：потерпе́в 忍受,忍耐；遭受,遭遇 терпе́ть боле́знь 忍受疾病 терпе́ть дете́й 忍耐孩子 терпе́ть не мочь 受不了；不喜欢 терпе́ть неуда́чу 遭受失败,遭受挫折
хоро́шенький	[形容词] хоро́шенькая, хоро́шенькое, хоро́шенькие 长得很不错的,好看的 хоро́шенькая де́вушка 长得好看的女孩
блонди́н	[阳性] 单数：блонди́н, блонди́на, блонди́ну, блонди́на, блонди́ном, о блонди́не；复数：блонди́ны, блонди́нов, блонди́нам, блонди́нов, блонди́нами, о блонди́нах 淡黄发男子 широкопле́чий блонди́н 槐梧的淡黄发男子
фигу́ра	[阴性] 单数：фигу́ра, фигу́ры, фигу́ре, фигу́ру, фигу́рой, о фигу́ре 人的身形,身段,体型 стро́йная фигу́ра 苗条的体型 худа́я фигу́ра 削瘦的身材
атле́т	[阳性] 单数：атле́т, атле́та, атле́ту, атле́та, атле́том, об атле́те；复数：атле́ты, атле́тов, атле́там, атле́тов, атле́тами, об атле́тах 运动员(田径、举重等) корена́стый атле́т 壮实的运动员

улыбну́ться	[完成体]将来时：улыбну́сь, улыбнёшься, улыбну́тся；过去时：улыбну́лся, улыбну́лась, улыбну́лось, улыбну́лись；过去时主动形动词：улыбну́вшийся；副动词：улыбну́вшись//улыба́ться[未完成体]现在时：улыба́юсь, улыба́ешься, улыба́ются；过去时：улыба́лся, улыба́лась, улыба́лось, улыба́лись；现在时主动形动词：улыба́ющийся；过去时主动形动词：улыба́вшийся；副动词：улыба́ясь 微笑；露出笑容 улыба́ться от души́ 由衷地微笑 улыбну́ться дру́гу 向朋友笑一下
сало́н	[阳性]单数：сало́н, сало́на, сало́ну, сало́н, сало́ном, о сало́не；复数：сало́ны, сало́нов, сало́нам, сало́ны, сало́нами, о сало́нах 客舱；沙龙；(理发店、服装店的)客厅，接待室 сало́н самолёта 机舱 сало́н ру́сского языка́ 俄语沙龙 сало́н красоты́ 美容美发店 сало́н же́нского пла́тья 女装店
брюне́т	[阳性]单数：брюне́т, брюне́та, брюне́ту, брюне́та, брюне́том, о брюне́те；复数：брюне́ты, брюне́тов, брюне́там, брюне́тов, брюне́тами, о брюне́тах 黑发男子 по́лный брюне́т 胖黑发男子
усы́	[复数]усо́в, уса́м, усы́, уса́ми, об уса́х 髭，小胡子 пожило́й челове́к с уса́ми 留小胡子的上了年纪的人
одноку́рсник	[阳性]单数：одноку́рсник, одноку́рсника, одноку́рснику, одноку́рсника, одноку́рсником, об одноку́рснике；复数：одноку́рсники, одноку́рсников, одноку́рсникам, одноку́рсников, одноку́рсниками, об одноку́рсниках (大学)同年级同学 одноку́рсник моего́ вну́ка 我孙子的大学同学
рассмотре́ть	[完成体]кого́-что 将来时：рассмотрю́, рассмо́тришь, рассмо́трят；过去时：рассмотре́л, рассмотре́ла, рассмотре́ло, рассмотре́ли；过去时主动形动词：рассмотре́вший 过去时被动形动词：рассмо́тренный；副动词：рассмотре́в//рассма́тривать[未完成体]现在时：рассма́триваю, рассма́триваешь, рассма́тривают；过去时：рассма́тривал, рассма́тривала, рассма́тривало, рассма́тривали；现在时主动形动词：рассма́тривающий；过去时主动形动词：рассма́тривавший；现在时被动形动词：рассма́триваемый；副动词：рассма́тривая 看清楚, 观察；分析 с трудо́м рассмотре́ть но́мер трамва́я 费力地看清有轨电车的车号 рассмотре́ть ка́рту 察看地图 рассмотре́ть вопро́с со всех сторо́н 全面分析问题
сиде́ться	[未完成体]кому́ 现在时(无人称)：сиди́тся；过去时(无人称)：сиде́лось 愿意坐着, 坐得住 Де́тям не сиди́тся на одно́м ме́сте. 孩子们在一个地方坐不住。 Вчера́ сы́ну не сиде́лось. 昨天儿子坐不下来。
близнецы́	[复数]близнецо́в, близнеца́м, близнецо́в, близнеца́ми, о близнеца́х 孪生子，双胞胎 Близнецы́ похо́жи друг на дру́га как две ка́пли воды́. 双胞胎长得一模一样。
горби́нка	[阴性]单数：горби́нка, горби́нки, горби́нке, горби́нку, горби́нкой, о горби́нке；复数：горби́нки, горби́нок, горби́нкам, горби́нки, горби́нками, о горби́нках 小鼓包, 小隆起 нос горби́нкой 鹰钩鼻
лома́ть	[未完成体]что 现在时：лома́ю, лома́ешь, лома́ют；过去时：лома́л, лома́ла,

ломáло, ломáли; 现在时主动形动词: ломáющий; 过去时主动形动词: ломáвший; 现在时被动形动词: лóманный; 副动词: ломáя // сломáть [完成体]过去时主动形动词: сломáвший; 过去时被动形动词: слóманный; 副动词: сломáв 折断; 毁坏 сломáть дéрево 折断树木 сломáть стáрые домá 毁坏老房子 сломáть традиции 破坏传统 ломáть гóлову над плáном 冥思苦想计划

повернýться	[完成体]将来时: повернýсь, повернёшься, повернýтся; 过去时: повернýлся, повернýлась, повернýлось, повернýлись; 过去时主动形动词: повернýвшийся; 副动词: повернýвшись // повёртываться 或 повора́чиваться [未完成体]现在时: повора́чиваюсь, повора́чиваешься, повора́чиваются; 过去时: повора́чивался, повора́чивалась, повора́чивалось, повора́чивались; 现在时主动形动词: повора́чивающийся; 过去时主动形动词: повора́чивавшийся; 副动词: повора́чиваясь 转身; 转变 повернýться на мéсте 原地转动 повернýться на 90 грáдусов 转动 90° повернýться назáд 向后转 Дéло поернýлось к лýчшему. 事情好转了。
сомневáться	[未完成体]в чём 现在时: сомневáюсь, сомневáешься, сомневáются; 过去时: сомневáлся, сомневáлась, сомневáлось, сомневáлись; 现在时主动形动词: сомневáющийся; 过去时主动形动词: сомневáвшийся; 副动词: сомневáясь 怀疑; 犹豫 сомневáться в словáх внýка 怀疑孙子的话 Я сомневáюсь, поéду на концéрт или нет. 去不去看音乐会，我还在犹豫。

голливýдский	[形容词] голливýдская, голливýдское, голливýдские 好莱坞式的 голливýдская улы́бка 好莱坞式的微笑
улы́бка	[阴性]单数: улы́бка, улы́бки, улы́бке, улы́бку, улы́бкой, об улы́бке 微笑, 笑容 дóбрая улы́бка 善意的微笑 говори́ть с улы́бкой 微笑着说
кандидáт	[阳性]单数: кандидáт, кандидáта, кандидáту, кандидáта, кандидáтом, о кандидáте; 复数: кандидáты, кандидáтов, кандидáтам, кандидáтов, кандидáтами, о кандидáтах 副博士; 候选人 кандидáт экономи́ческих наýк 经济学副博士 кандидáт филологи́ческих наýк 语文学副博士 кандидáт техни́ческих наýк 工学副博士 кандидáт пáртии 预备党员
Внешторгбáнк	[阳性]单数: Внешторгбáнк, Внешторгбáнка, Внешторгбáнку, Внешторгбáнк, Внешторгбáнком, о Внешторгбáнке 外贸银行 рабóтать во Внешторгбáнке 在外贸银行工作
стажирóвка	[阴性]单数: стажирóвка, стажирóвки, стажирóвке, стажирóвку, стажирóвкой, о стажирóвке 进修; 实习 стажирóвка за грани́цей 在国外进修 лéтняя стажирóвка на фáбрике 夏季在工厂实习
знакóмство	[中性]单数: знакóмство, знакóмства, знакóмству, знакóмство, знакóмством, о знакóмстве 相识, 了解 пéрвое знакóмство 初识 поддéрживать бли́зкое знакóмство с дрýгом 与朋友保持紧密联系 знакóмство с рýсским иску́сством 了解俄罗斯艺术

коллектив	[阳性]单数：коллектив, коллектива, коллективу, коллектив, коллективом, о коллективе 全体人员；团体，集体 коллектив учителей 全体老师 небольшой коллектив 人数不多的集体
офис	[阳性]单数：офис, офиса, офису, офис, офисом, об офисе；复数：офисы, офисов, офисам, офисы, офисами, об офисах 办公室 офис директора 经理办公室
иной	[形容词]иная, иное, иные 别的，另外的 иная жизнь 另一种生活 иные страны 其他国家 тот или иной 某个
причёска	[阴性]单数：причёска, причёски, причёске, причёску, причёской, о причёске 发型 короткая причёска 短发 сделать причёску 做发型
парикмахерская	[阴性]单数：парикмахерская, парикмахерской, парикмахерской, парикмахерскую, парикмахерской, о парикмахерской；复数：парикмахерские, парикмахерских, парикмахерским, парикмахерские, парикмахерскими, о парикмахерских 理发店 часы работы марикмахерской 理发店作息时间 стричь в парикмахерской 在理发店理发
парикмахер	[阳性]单数：парикмахер, парикмахера, парикмахеру, парикмахера, парикмахером, о парикмахере；复数：парикмахеры, парикмахеров, парикмахерам, парикмахеров, парикмахерами, о парикмахерах 理发师 опытный парикмахер 有经验的理发师
процедура	[阴性]单数：процедура, процедуры, процедуре, процедуру, процедурой, о процедуре；复数：процедуры, процедур, процедурам, процедуры, процедурами, о процедурах 手续，程序 сложная процедура 复杂的手续 процедура голосования 表决程序
командовать	[未完成体]кем-чем 现在时：командую, командуешь, командуют；过去时：командовал, командовала, командовало, командовали 现在时主动形动词：командующий；过去时主动形动词：командовавший；副动词：командуя//скомандовать[完成体]过去时主动形动词：скомандовавший；副动词：скомандовав 发口令；指挥 начать командовать 开始发口令 командовать коллективом 指挥集体
сушиться	[未完成体]现在时：сушусь, сушишься, сушатся；过去时：сушился, сушилась, сушилось, сушились//высушиться[完成体]烘干，晒干 Платье сушится на воздухе. 在户外晒衣服。
следить	[未完成体]за кем-чем 现在时：слежу, следишь, следят；过去时：следил, следила, следило, следили；现在时主动形动词：следящий；过去时主动形动词：следивший；副动词：следя 注视；关注，观察；照料，照看 следить за машиной 观察机器 следить за восходом солнца 看日出 следить за успехами науки и техники 关注科技成就 следить за детьми 照看孩子
сушилка	[阴性]单数：сушилка, сушилки, сушилке, сушилку, сушилкой, о сушилке；复数：сушилки, сушилок, сушилкам, сушилки, сушилками, о сушилках 烘干器，干燥器 сушилка для волос(理发)吹风机

закры́ть [完成体] кого́-что 将来时: закро́ю, закро́ешь, закро́ют; 过去时: закры́л, закры́ла, закры́ло, закры́ли; 过去时主动形动词: закры́вший; 过去时被动形动词: закры́тый; 副动词: закры́в//**закрыва́ть** [未完成体] 现在时: закрыва́ю, закрыва́ешь, закрыва́ют; 过去时: закрыва́л, закрыва́ла, закрыва́ло, закрыва́ли; 现在时主动形动词: закрыва́ющий; 过去时主动形动词: закрыва́вший; 现在时被动形动词: закрыва́емый; 副动词: закрыва́я 盖上, 蒙上; 关闭 закры́ть глаза́ рука́ми 用双手蒙上眼睛 закры́ть го́лову рука́ми от уда́ра 用双手捂住头以免遭打 закры́ть кни́гу 合上书 закры́ть дверь 关门

безволо́сый [形容词] безволо́сая, безволо́сое, безволо́сые 秃头的, 光秃的 безволо́сый стари́к 秃顶老头

у́жас [阳性]单数: у́жас, у́жаса, у́жасу, у́жас, у́жасом, об у́жасе 恐怖, 恐惧 с у́жасом вспо́мнить де́тство 惊恐地想起童年

шум [阳性]单数: шум, шу́ма, шу́му, шум, шу́мом, о шу́ме 嘈杂声; 噪音 шум ве́тра 风声 войти́ без шу́ма 悄无声息地走进来 Шум с у́лицы меша́ет де́тям занима́ться. 街上传来的喧哗声影响孩子们学习。

сбежа́ться [完成体] 将来时: сбегу́сь, сбежи́шься, сбегу́тся; 过去时: сбежа́лся, сбежа́лась, сбежа́лось, сбежа́лись; 过去时主动形动词: сбежа́вшийся; 副动词: сбежа́вшись//**сбега́ться** [未完成体] 现在时: сбега́юсь, сбега́ешься, сбега́ются; 过去时: сбега́лся, сбега́лась, сбега́лось, сбега́лись; 现在时主动形动词: сбега́ющийся; 过去时主动形动词: сбега́вшийся; 副动词: сбега́ясь 跑到一起, 聚拢起来 сбега́ться с ра́зных сторо́н 从四面八方跑到一起

пла́кать [未完成体] 现在时: пла́чу, пла́чешь, пла́чут; 过去时: пла́кал, пла́кала, пла́кало, пла́кали; 现在时主动形动词: пла́чущий; 过去时主动形动词: пла́кавший; 副动词: пла́ча 哭, 哭泣, 流泪 пла́кать от бо́ли 疼得哭起来

винова́тый [形容词] в чём 长尾: винова́тая, винова́тое, винова́тые; 短尾: винова́т, винова́та, винова́то, винова́ты 有罪过的, 有过错的 винова́тый учени́к 犯错的学生 Кто винова́т в э́том? 这件事是谁的错?

пове́рить [完成体] кому́-чему́ 或 во что 将来时: пове́рю, пове́ришь, пове́рят; 过去时: пове́рил, пове́рила, пове́рило, пове́рили; 过去时主动形动词: пове́ривший; 副动词: пове́рив//**ве́рить** [未完成体] 现在时主动形动词: ве́рящий; 过去时主动形动词: ве́ривший; 副动词: ве́ря 相信; 信任 ве́рить в успе́х 相信会成功 ве́рить в ма́ссы 相信群众 ве́рить друзья́м 信任朋友

преврати́ться [完成体] в кого́-что 将来时: превращу́сь, преврати́шься, превратя́тся; 过去时: преврати́лся, преврати́лась, преврати́лось, преврати́лись; 过去时主动形动词: преврати́вшийся; 副动词: преврати́вшись//**превраща́ться** [未完成体] 现在时: превраща́юсь, превраща́ешься, превраща́ются; 过去时: превраща́лся, превраща́лась, превраща́лось, превраща́лись; 现在时主动形动词: превраща́ющийся; 过去时主动形动词: превраща́вшийся; 副动词: превраща́ясь 变为, 变成 преврати́ться в сад 变成花园 превра-

	ти́ться в во́ду 变成水
цыга́нка	[阴性]单数：цыга́нка, цыга́нки, цыга́нке, цыга́нку, цыга́нкой, о цыга́нке；复数：цыга́нки, цыга́нок, цыга́нкам, цыга́нок, цыга́нками, о цыга́нках 吉卜赛女人
Фра́нция	[阴性]单数：Фра́нция, Фра́нции, Фра́нции, Фра́нцию, Фра́нцией, о Фра́нции 法国 путеше́ствовать по Фра́нции 在法国旅行

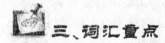

三、词汇重点

во́лос	[阳性]单数：во́лос, во́лоса, во́лосу, во́лос, во́лосом, о во́лосе；复数：во́лосы, воло́с, волоса́м, во́лосы, волоса́ми, о волоса́х 毛发；头发 во́лосы кота́ 猫毛 седы́е во́лосы 花白的头发 ка́рие во́лосы 褐色的头发
	[注意] во́лос 复数第二、三、五、六格重音后移
борода́	[阴性]单数：борода́, бороды́, бороде́, бо́роду, бородо́й, о бороде́；复数：бо́роды, боро́д, борода́м, бо́роды, борода́ми, о борода́х（下巴上的）胡子 стари́к с борода́ми 留大胡子的老头
	[注意] борода́ 的单数第四格和复数第一格重音前移
пари́к	[阳性]单数：пари́к, парика́, парику́, пари́к, парико́м, о парике́；复数：парики́, парико́в, парика́м, парики́, парика́ми, о парика́х 假发 ка́рий пари́к 深棕色的假发 арти́ст в парике́ 戴假发的演员 пари́к с лы́синой 掉了头发的假发
	[注意] пари́к 变格时重音后移
стричь	[未完成体] кого́-что 现在时：стригу́, стрижёшь, стригу́т 过去时：стриг, стри́гла, стри́гло, стри́гли；现在时主动形动词：стригу́щий；过去时主动形动词：стри́гший；现在时被动形动词：стри́женный；副动词：стрига́ 剪短；给……剪发 стричь во́лосы 理发 стричь усы́ 剪胡子 стричь ребёнка 给小孩剪发 Ле́том мно́гих дете́й стригу́т о́чень ко́ротко. 夏天许多孩子的头发都剪得很短。
	[注意] стричь 过去时形式特殊
зе́ркало	[中性]单数：зе́ркало, зе́ркала, зе́ркалу, зе́ркало, зе́ркалом, о зе́ркале；复数：зеркала́, зерка́л, зеркала́м, зеркала́, зеркала́ми, о зеркала́х 镜，镜子 туале́тное зе́ркало 梳妆镜 смотре́ть в зе́ркало 照镜子
	[注意] зе́ркало 复数重音后移

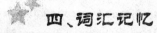

四、词汇记忆

описа́ние	描写，记述；叙述文	description
вне́шность	外表，外貌	physical appearance
рост	身高；生长	stature, growth

сантиме́тр	厘米,公分;米尺	centimeter
лы́сина	秃顶	bald, bald head
внук	孙子,外孙;(复数)后辈,儿孙们	grandson
ка́пля	滴;少量;滴剂	drop, droplet
геогра́фия	地理;地理学	geography
во́лос	毛发;头发	hair
черта́	脸盘,容貌;轮廓,线条;特点,特征	feature, characteristic
худо́й	瘦的,消瘦的	thin, slim
по́лный	(肥)胖的;丰满的;完全的	full
ка́рий	(指人的眼睛)暗棕色的,深棕色的	brown, hazel
двою́родный	叔伯的,堂房的;表的	cousin
пожило́й	上了年纪的	old, senior
то́лстый	胖的;肥大的;粗的,厚的	fat, colon
корена́стый	身材不高而结实的,矮小的	stocky
вы́литый	长得和……一模一样的,十分相似的	alike
широкопле́чий	宽肩膀的	broad shoulder
пра́вильный	端正的,匀称的(指脸、头等);有规律性的;正确的	right, proper
кудря́вый	卷曲的,生有卷发的	curly, crispy
ру́сый	淡褐色的(指毛发)	brown
ры́жий	棕红色的(指毛发)	ginger
седо́й	银白的(指头发);生有白发的	grey, white
сму́глый	皮肤黝黑的	dark, brown
бле́дный	苍白的,无血色的(指脸色)	pale
загоре́лый	晒黑了的	brown, tanned
раздева́ться// разде́ться	脱去衣服	to undress
стара́ться// постара́ться	勤奋(工作),努力(干);力求,竭力	endeavour
терпе́ть// потерпе́ть	忍受,忍耐;遭受,蒙受	to suffer, endure
скоре́е	确切些说;较快地	rather
дово́льно	相当地,颇;满意地	quite
а то	否则,不然	and then

блонди́н/ блонди́нка	淡黄发男子(女子)	blond man (woman)
фигу́ра	人的身形,身段,体型	figure, statue
атле́т	运动员(田径、举重等)	athlete, lifter
сало́н	客舱;沙发(理发店、服装店的)客厅,接待室	salon; cabin, compartment

брюнéт/брюнéтка	黑发男子(女子)	dark man (woman)
усы́	髭，小胡子	mustache
бородá	(下巴上的)胡子	beard
однокýрсник/однокýрсница	(大学)同年级男(女)同学	classmate
близнецы́	孪生子，双胞胎	twins
горби́нка	小鼓包，小隆起	hump
хорóшенький	长得很不错的，好看的	pretty
улыбáться//улыбнýться	微笑；露出笑容	to smile
рассмáтривать//рассмотрéть	看清楚；观察；分析	to look, consider
сидéться	愿意坐着，坐得住	to sidesa
ломáть//сломáть	折断；毁坏	to break
повора́чиваться (повёртываться)//повернýться	转身；转变	to turn
сомневáться	怀疑；犹豫	to doubt, hesitale

пари́к	假发	wig
улы́бка	微笑，笑容	smile
кандидáт	副博士；候选人	candidate, nominee
Внешторгбáнк	外资银行	foreign trade bank
стажирóвка	进修；实习	training
бухгáлтер	会计员	accountant, bookkeeper
стри́жка	发式；剪发	haircut
знакóмство	相识；了解	acquaintance
коллекти́в	全体人员，团体，集体	team, collective
óфис	办公室	office
причёска	发型	hairstyle
парикмáхерская	理发店	hair salon
парикмáхер	理发师	hairdresser
процедýра	手续，程序	procedure
суши́лка	烘干器，干燥器	dryer
зéркало	镜，镜子	mirror
ýжас	恐怖，恐惧	horror
шум	嘈杂声；嗓音	noise, clamor
цыгáнка	吉卜赛女人	gypsy
Фрáнция	法国	France
голливýдский	好莱坞式的	Hollywood
инóй	别的，另外的	another
безволóсый	秃头的，光秃的	hairless, bald
виновáтый	有罪过的，有过错的	quilty, sorry

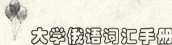

стричь	剪短；给……剪发	to cut hair
кома́ндовать//скома́ндовать	发口令；指挥	to command
суши́ться//вы́сушиться	烘干，晒干	to dry
следи́ть	注视，关注，观察；照料，照看	to watch, follow
закрыва́ть//закры́ть	盖上，蒙上；关闭	to close
сбега́ться//сбежа́ться	跑到一起，聚拢起来	to run, escape
пла́кать	哭，哭泣，流泪	to cry, weep
ве́рить//пове́рить	相信；信任	to believe
превраща́ться//преврати́ться	变为，变成	to turn, become

 五、词汇造句

терпе́ть//потерпе́ть [未//完成体]*кого-что* 忍受，忍耐；遭受，蒙受

Ма́льчик не те́рпит боль и пла́чет. 小男孩不能忍受疼痛就哭了。

Он не лю́бит, а то́лько те́рпит меня́. 他不喜欢我，只不过是在容忍我。

Молодо́й челове́к потерпе́л неуда́чу. 年轻人遭受了挫折。

Терпе́ть не могу́ европе́йские блю́да. 我不喜欢西餐。

рассма́тривать//рассмотре́ть [未//完成体]*кого-что* 看清楚；观察；分析

Тури́ст с трудо́м рассмотре́л но́мер маши́ны но́чью. 夜里游客费了好大力气才看清车号。

Учёный рассма́тривает ка́рту. 科学家在察看地图。

Специали́сты рассмотре́ли э́тот вопро́с со всех сторо́н. 专家全面地分析了这个问题。

лома́ть//слома́ть [未//完成体]*что* 折断；毁坏

Ве́тер слома́л де́рево. 风刮断了大树。

Совреме́нные лю́ди слома́ли ста́рые тради́ции. 现代人破坏了旧传统。

Он до́лго лома́л го́лову над зада́чей. 他费了很大劲解题。

сомнева́ться [未完成体]*в чём* 怀疑；犹豫

Студе́нты сомнева́ются в успе́хе де́ла. 学生们对事情能否成功表示怀疑。

Я сомнева́юсь, что вы вы́полните зада́ние во́время. 我对您按期完成任务表示怀疑。

Я сомнева́юсь, пое́ду на бале́т и́ли нет. 是否去看芭蕾舞我还在犹豫。

следи́ть	[未完成体] *за кем-чем* 注视；关注，观察；照料，照看
	Ребя́та следя́т за пти́цами. 孩子们在看鸟。
	Сестра́ внима́тельно следи́т, как я пишу́. 妹妹在认真地看我写字。
	Ба́бушка следи́т за больны́м вну́ком. 奶奶在照看生病的孙子。
превраща́ться// преврати́ться	[未//完成体] *в кого-что* 变为，变成
	При температу́ре 100℃ вода́ превраща́ется в пар. 水在100摄氏度时变成蒸汽。
	Вчера́шние ма́льчики преврати́лись в мужчи́н. 昨天的男孩成长为男人。

第二课

一、词汇导读

本课表示人的性格的词汇很多,需要特殊记忆。

二、词汇注释

хара́ктер	[阳性]单数:хара́ктер, хара́ктера, хара́ктеру, хара́ктер, хара́ктером, о хара́ктере 性格;性质 мя́гкий хара́ктер 温和的性格 тру́дный хара́ктер 难以相处的性格 хара́ктер рабо́ты 工作性质
легкомы́сленный	[形容词]长尾:легкомы́сленная, легкомы́сленное, легкомы́сленные;短尾:легкомы́слен, легкомы́сленна, легкомы́сленно, легкомы́сленны 轻佻的,轻率的 легкомы́сленный хара́ктер 轻浮的性格 легкомы́сленные слова́ 轻率的话
общи́тельный	[形容词]长尾:общи́тельная, общи́тельное, общи́тельные;短尾:общи́телен, общи́тельна, общи́тельно, общи́тельны 平易近人的,好交际的 общи́тельный хара́ктер 爱交际的性格
сли́шком	[副词]太,过于,过分 идти́ сли́шком бы́стро 走得太快 сли́шком больша́я ко́мната 太大的房间
разгово́рчивый	[形容词]长尾:разгово́рчивая, разгово́рчивое, разгово́рчивые;短尾:разгово́рчив, разгово́рчива, разгово́рчиво, разгово́рчивы 爱说话的,好与人攀谈的 разгово́рчивая же́нщина 爱说话的女人
молчали́вый	[形容词]长尾:молчали́вая, молчали́вое, молчали́вые 短尾:молчали́в, молчали́ва, молчали́во, молчали́вы 不爱说话的,沉默寡言的 молчали́вый ма́льчик 不爱说话的小男孩
действи́тельно	[副词]的确,确实 Он действи́тельно заболе́л пти́чьим гри́ппом. 他真的染上了禽流感。
лени́вый	[形容词]长尾:лени́вая, лени́вое, лени́вые;短尾:лени́в, лени́ва, лени́во, лени́вы 懒惰的;懒洋洋的 лени́вый по хара́ктеру челове́к 性格懒惰的人
ску́чный	[形容词]长尾:ску́чная, ску́чное, ску́чные;短尾:ску́чен, скучна́, ску́чно, ску́чны 无聊的,烦闷的,枯燥无味的 ску́чный вид 烦闷的样子 ску́чная кни́га 枯燥的书 ску́чная рабо́та 枯燥的工作
засте́нчивый	[形容词]长尾:засте́нчивая, засте́нчивое, засте́нчивые;短尾:засте́нчив, засте́нчива, засте́нчиво, засте́нчивы 腼腆的,羞怯的 засте́нчивый учени́к 腼腆的学生

характе́рный	[形容词] 长尾: *характе́рная, характе́рное, характе́рные*; 短尾: *характе́рен, характе́рна, характе́рно, характе́рны* 有特点的, 突出的; 特有的, 典型的 *характе́рная улы́бка* 有特点的微笑 *характе́рные цвета́* 特殊的颜色 *характе́рные черты́* 特点 *характе́рная оши́бка* 典型错误 *характе́рный для се́веро-восто́ка кли́мат* 东北特有的气候
общи́тельность	[阴性] 单数: *общи́тельность, общи́тельности, общи́тельности, общи́тельность, общи́тельностью, об общи́тельности* 善于交际 *Она́ отлича́ется общи́тельностью.* 她善于交际。
удиви́тельный	[形容词] 长尾: *удиви́тельная, удиви́тельное, удиви́тельные*; 短尾: *удиви́телен, удиви́тельна, удиви́тельно, удиви́тельны* 令人惊异的, 异常的 *удиви́тельный хара́ктер* 奇怪的性格 *удиви́тельный тала́нт* 惊人的才华
обижа́ть	[未完成体] *кого́* 现在时: *обижа́ю, обижа́ешь, обижа́ют*; 过去时: *обижа́л, обижа́ла, обижа́ло, обижа́ли*; 现在时主动形动词: *обижа́ющий*; 过去时主动形动词: *обижа́вший*; 现在时被动形动词: *обижа́емый*; 副动词: *обижа́я*//*оби́деть* [完成体] 将来时: *оби́жу, оби́дишь, оби́дят*; 过去时: *оби́дел, оби́дела, оби́дело, оби́дели*; 过去时主动形动词: *оби́девший*; 过去时被动形动词: *оби́женный*; 副动词: *оби́дев* 欺负, 欺侮, 使受委屈, 使难受 *Почему́ ты пла́чешь? Кто тебя́ оби́дел?* 你怎么哭了? 谁欺负你了? *Извини́те, я не хоте́л вас оби́деть.* 对不起, 我不想让你生气。 *Я не зна́ю, чем её оби́дел.* 我不知道怎么得罪了她。 *Он о́чень оби́дел меня́ тем, что он не пришёл.* 他没有来让我很不高兴。
соверше́нно	[副词] 完全地, 十分 *соверше́нно пра́вильно* 完全正确 *соверше́нно седы́е во́лосы* 头发全白了
нача́льник	[阳性] 单数: *нача́льник, нача́льника, нача́льнику, нача́льника, нача́льником, о нача́льнике*; 复数: *нача́льники, нача́льников, нача́льникам, нача́льников, нача́льниками, о нача́льниках* 领导, 首长; 主任 *нача́льник ста́нции* 站长 *нача́льник це́ха* 车间主任
обща́ться	[未完成体] *с кем* 现在时: *обща́юсь, обща́ешься, обща́ются*; 过去时: *обща́лся, обща́лась, обща́лось, обща́лись*; 现在时主动形动词: *обща́ющийся*; 过去时主动形动词: *обща́вшийся*; 副动词: *обща́ясь* 与……交往, 交际 *обща́ться с незнако́мыми* 与陌生人交往
ску́ка	[阴性] 单数: *ску́ка, ску́ки, ску́ке, ску́ку, ску́кой, о ску́ке* 无聊, 没意思; 寂寞, 烦闷 *почу́вствовать ску́ку* 感到寂寞 *На ве́чере была́ стра́шная ску́ка.* 晚会无聊之至。
скро́мный	[形容词] 长尾: *скро́мная, скро́мное, скро́мные*; 短尾: *скро́мен, скромна́, скро́мно, скро́мны* 谦虚的; 朴素的; 微薄的 *скро́мный специали́ст* 谦虚的专家 *скро́мная жизнь* 朴素的生活 *скро́мный обе́д* 粗茶淡饭 *скро́мный пода́рок* 小礼物 *скро́мная зарпла́та* 微薄的工资
скро́мность	[阴性] 单数: *скро́мность, скро́мности, скро́мности, скро́мность, скро́мностью, о скро́мности* 谦虚; 朴素; 微薄 *скро́мность хара́ктера* 性格谦虚 *скро́м-*

	ность одéжды 衣着朴素 скрóмность зарплáты 薪水微薄
достóинство	[中性] 单数: *достóинство, достóинства, достóинству, достóинство, достóинством, о достóинстве* 复数: *достóинства, достóинств, достóинствам, достóинства, достóинствами, о достóинствах* 优点,长处;尊严 достóинства дóкторской диссертáции 博士论文的优点 обращáть внимáние на достóинства 看到长处 потерять мужскóе достóинство 失去男人的尊严
укрáсить	[完成体] *когó-чтó чем* 将来时: *укрáшу, укрáсишь, укрáсят*；过去时: *укрáсил, укрáсила, укрáсило, укрáсили*；过去时主动形动词: *укрáсивший*；过去时被动形动词: *укрáшенный*；副动词: *укрáсив*//**украшáть**[未完成体] 现在时: *украшáю, украшáешь, украшáют*；过去时: *украшáл, украшáла, украшáло, украшáли*；现在时主动形动词: *украшáющий*；过去时主动形动词: *украшáвший*；现在时被动形动词: *украшáемый*；副动词: *украшáя* 把……装饰(或美化)起来,使(生活等)丰富多彩 укрáсить кóмнаты картúнами 用画装饰房间 укрáсить жизнь 使生活更美好
лицемéрие	[中性] 单数: *лицемéрие, лицемéрия, лицемéрию, лицемéрие, лицемéрием, о лицемéрии* 虚伪,伪善 В кáждом слóве начáльника я почýвствовал егó лицемéрие. 从领导的每一句话里我都感到了他的虚伪。
ценúть	[未完成体] *когó-чтó* 现在时: *ценю́, цéнишь, цéнят*；过去时: *ценúл, ценúла, ценúло, ценúли*；现在时主动形动词: *цéнящий*；过去时主动形动词: *ценúвший*；现在时被动形动词: *ценúмый*；副动词: *ценя́* 定价格,评价;珍惜,重视 ценúть золотóе кольцó 评定金戒指的价格 ценúть врéмя 珍惜时间 ценúть сотрýдников 重视员工
застéнчивость	[阴性] 单数: *застéнчивость, застéнчивости, застéнчивости, застéнчивость, застéнчивостью, о застéнчивости* 羞怯,腼腆 застéнчивость харáктера 性格腼腆
поддержáть	[完成体] *когó-чтó* 将来时: *поддержý, поддéржишь, поддéржат*；过去时: *поддержáл, поддержáла, поддержáло, поддержáли*；过去时主动形动词: *поддержáвший*；过去时被动形动词: *поддéржанный*；副动词: *поддержáв*//**поддéрживать**[未完成体] 现在时: *поддéрживаю, поддéрживаешь, поддéрживают*；现在时主动形动词: *поддéрживающий*；过去时主动形动词: *поддéрживавший*；现在时被动形动词: *поддéрживаемый*；副动词: *поддéрживая* 搀扶;帮助,鼓励;支持,保持 поддержáть старикá под рýку 搀扶着老人的胳膊 поддержáть ребёнка зá руку 拉着小孩的手 поддержáть дрýга в бедé деньгáми 给遭受不幸的朋友接济一些钱 поддержáть полúтику пáртии 支持党的政策 поддéрживать жизнь больнóго 维持病人的生命
купé	[中性,不变化] (旅客列车上的)包厢 сосéди по купé 同一包厢的乘客
чéстный	[形容词] 长尾: *чéстная, чéстное, чéстные*；短尾 *чéстен, честнá, чéстно, чéстны* 诚实的,正直的;廉洁的 чéстный человéк 诚实的人,正直的人

	чéстная жизнь 清白的一生 чéстная зарплáта 正当的收入 дать чéстное слóво 许诺
обратить	［完成体］*что* 将来时：*обращý, обратишь, обратя́т*；过去时：*обратил, обратила, обратило, обратили* 过去时主动形动词：*обративший*；过去时被动形动词：*обращённый*；副动词：*обратив*//**обращáть**［未完成体］现在时：*обращáю, обращáешь, обращáют*；过去时：*обращáл, обращáла, обращáло, обращáли*；现在时主动形动词：*обращáющий*；过去时主动形动词：*обращáвший*；现在时被动形动词：*обращáемый*；副动词：*обращáя* 把……转向……；把(目光、视线)投向…… обрати́ть лицó к окнý 把脸转向窗户 обрати́ть разговóр на другýю проблéму 把谈话转向另一个问题 обращáть внимáние на футбóльный матч 关注足球赛事
краснéть	［未完成体］现在时：*краснéю, краснéешь, краснéют*；过去时：*краснéл, краснéла, краснéло, краснéли*；现在时主动形动词：*краснéющий*；过去时主动形动词：*краснéвший*；副动词：*краснéя*//**покраснéть**［完成体］过去时主动形动词：*покраснéвший*；副动词：*покраснéв* 发红，泛红；脸红 Нéбо краснéет. 天空泛红。Лицó покраснéло от морóза. 脸冻得通红。Онá услы́шала эти словá и покраснéла. 她听了这些话脸红了。

библиóграф	［阳性］单数：*библиóграф, библиóграфа, библиóграфу, библиóграфа, библиóграфом, о библиóграфе*；复数：*библиóграфы, библиóграфов, библиóграфам, библиóграфов, библиóграфами, о библиóграфах* 图书编目专家 *рабóтать библиóграфом* 做图书编目工作
незначительный	［形容词］长尾：*незначительная, незначительное, незначительные*；短尾：*незначителен, незначительна, незначительно, незначительны* 微不足道的，无关紧要的 *незначи́тельный слýчай* 无关紧要的事件 *незначительные люди* 小人物
смешнó	［副词］可笑地 Он хóдит смешнó. 他走路的姿势很滑稽。 ［谓语副词］*комý* 觉得可笑 Мне смешнó. 我感到很可笑。
произвести́	［完成体］*что* 将来时：*произведý, произведёшь, произведýт*；过去时：*произвёл, произвелá, произвелó, произвели́*；过去时主动形动词：*произвéдший*；过去时被动形动词：*произведённый*；副动词：*произведя́*//**производи́ть**［未完成体］现在时：*произвожý, произвóдишь, произвóдят*；过去时：*производи́л, производи́ла, производи́ло, производи́ли*；现在时主动形动词：*производя́щий*；过去时主动形动词：*производи́вший*；现在时被动形动词：*производи́мый*；副动词：*производя́* 进行；生产，制造 *производи́ть óпыты* 做实验 *производи́ть ремóнт* 进行修理 *производи́ть одéжду* 生产服装 *производи́ть маши́ну* 制造机器
посети́тель	［阳性］单数：*посети́тель, посети́теля, посети́телю, посети́теля, посети́телем, о посети́теле*；复数：*посети́тели, посети́телей, посети́телям, посети́телей, посети́телями, о посети́телях* 访问者，参观者，客人

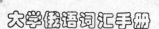

	посети́тель теа́тра 看剧的观众 посети́тель музе́я 博物馆的参观者 посети́тель библиоте́ки 图书馆的读者 принима́ть посети́телей 接待来访者 Приём посети́телей от 10 до 12. 会客时间:10~12点。
библиографи́ческий	［形容词］библиографи́ческая, библиографи́ческое, библиографи́ческие 图书索引的 библиографи́ческий кабине́т 图书索引查询室
диссерта́ция	［阴性］单数: диссерта́ция, диссерта́ции, диссерта́ции, диссерта́цию, диссерта́цией, о диссерта́ции; 复数: диссерта́ции, диссерта́ций, диссерта́циям, диссерта́ции, диссерта́циями, о диссерта́циях 学位论文 написа́ть диссерта́цию 写论文 кандида́тская диссерта́ция 副博士论文 до́кторская диссерта́ция 博士论文
забы́тый	［形容词］长尾: забы́тая, забы́тое, забы́тые 短尾: забы́т, забы́та, забы́то, забы́ты 被遗忘的, 失传的 забы́тый сад 荒芜的花园 забы́тый писа́тель 被人们淡忘了的作家
журна́льный	［形容词］журна́льная, журна́льное, журна́льные 杂志的, 期刊的; 新闻事业的 журна́льная статья́ 杂志上的文章 журна́льное де́ло 新闻事业
ре́дкий	［形容词］长尾: ре́дкая, ре́дкое, ре́дкие; 短尾: ре́док, редка́, ре́дко, ре́дки; 比较级: ре́же 稀少的, 罕见的 ре́дкие ка́пли дождя́ 稀稀拉拉的雨点 ре́дкие во́лосы 稀疏的头发 ре́дкий слу́чай 罕见的事情, 罕见的机会
ро́бко	［副词］胆怯地 ро́бко обраща́ться к преподава́телю с вопро́сами 胆怯地向老师求教
просто́й	［形容词］长尾: проста́я, просто́е, просты́е; 短尾: прост, проста́, про́сто, про́сты; 比较级: про́ще 简单的, 容易的; 朴素的, 普遍的 просто́е де́ло 简单的事情 проста́я зада́ча 容易的任务 просто́й костю́м 朴素的服装 просты́е лю́ди 普通人
про́сьба	［阴性］单数: про́сьба, про́сьбы, про́сьбе, про́сьбу, про́сьбой, о про́сьбе; 复数: про́сьбы, просьб, про́сьбам, про́сьбы, про́сьбами, о про́сьбах 请求, 申请 обрати́ться к дру́гу с про́сьбой 向朋友求援 У меня́ к вам небольша́я про́сьба. 我对你有一个小小的请求。
обыкнове́нный	［形容词］长尾: обыкнове́нная, обыкнове́нное, обыкнове́нные; 短尾: обыкнове́нен, обыкнове́нна, обыкнове́нно, обыкнове́нны 常见的, 寻常的; 平凡的, 普遍的 обыкнове́нный челове́к 平常人 обыкнове́нный труд 平凡的劳动
спра́вка	［阴性］单数: спра́вка, спра́вки, спра́вке, спра́вку, спра́вкой, о спра́вке; 复数: спра́вки, спра́вок, спра́вкам, спра́вки, спра́вками, о спра́вках（查询、收集到的）消息, 情报, 情况; 证明书 обрати́ться к дека́ну за спра́вкой 向系主任询问 собира́ть спра́вки 收集情报 дать спра́вку 提供情况 спра́вки с ме́ста рабо́ты 工作单位的证明
среди́	［前置词］кого́-чего́ 在……中间, 在……（过程）中, 在……之间 останови́ться среди́ пло́щади 停在广场中间 лечь спать среди́ но́чи 半夜睡觉
материа́л	［阳性］单数: материа́л, материа́ла, материа́лу, материа́л, материа́лом, о

		материа́ле;复数:материа́лы, материа́лов, материа́лам, материа́лы, материа́лами, о материа́лах 资料, 材料;(复数) 文件 материа́л для экза́мена 考试资料 материа́лы для докла́да 报告用的材料 па́пка для материа́лов 文件夹
вряд (ли)	[副词]	未必, 不至于 Вряд ли они́ прие́дут сего́дня. 他们今天未必能来。
незаме́тный	[形容词]	长尾:незаме́тная, незаме́тное, незаме́тные;短尾:незаме́тен, незаме́тна, незаме́тно, незаме́тны 不易觉察的, 不引人注目的, 默默无闻的 незаме́тная улы́бка 不易觉察的微笑 незаме́тный библио́граф 默默无闻的图书编目员
шёпотом	[副词]	小声地, 悄悄地 разгова́ривать шёпотом 低声交谈
вско́ре	[副词]	很快(就), 不久(就) вско́ре по́сле оконча́ния университе́та 大学毕业后不久
смерть	[阴性]	单数:смерть, сме́рти, сме́рти, смерть, сме́ртью, о сме́рти 死, 死亡 по́сле сме́рти 死后 Вели́кая жизнь, сла́вная смерть. 生的伟大, 死的光荣。(毛泽东)
па́мятник	[阳性]	кому́ 单数:па́мятник, па́мятника, па́мятнику, па́мятник, па́мятником, о па́мятнике;复数:па́мятники, па́мятников, па́мятникам, па́мятники, па́мяниками, о па́мятниках 纪念碑, 纪念像;墓碑;古迹;遗迹 мра́морный па́мятник 大理石雕像 па́мятник А. С. Пу́шкину 普希金纪念碑 па́мятник наро́дным геро́ям 人民英雄纪念碑 истори́ческие па́мятники 历史古迹 храни́ть па́мятники 保护古迹
мра́морный	[形容词]	мра́морная, мра́морное, мра́морные 大理石(制)的 мра́морная плита́ 大理石板
похорони́ть	[完成体]	кого́-что 将来时:похороню́, похоро́нишь, похоро́нят;过去时:похорони́л, похорони́ла, похорони́ло, похорони́ли;过去时主动形动词:похорони́вший;过去时被动形动词:похоро́ненный;副动词:похорони́в//хорони́ть [未完成体] 现在时主动形动词:хоро́нящий;过去时主动形动词:хорони́вший;现在时被动形动词:хорони́мый;副动词:хороня́ 埋葬, 摒弃, 抛弃(习惯、幻想等) похорони́ть Ле́нина на Кра́сной пло́щади 把列宁葬在红场 похорони́ть тради́ции 抛弃传统
стра́нный	[形容词]	长尾:стра́нная, стра́нное, стра́нные;短尾:стра́нен, стра́нна, стра́нно, стра́нны 奇怪的, 古怪的, 不正常的 стра́нная встре́ча 奇遇 стра́нный хара́ктер 古怪的性格 стра́нная мысль 奇怪的想法
взгляд	[阳性]	单数:взгляд, взгля́да, взгля́ду, взгляд, взгля́дом, о взгля́де;复数:взгля́ды, взгля́дов, взгля́дам, взгля́ды, взгля́дами, о взгля́дах 视线, 目光;观点, 见解 изме́рить незнако́мого взгля́дом 用目光打量陌生人 на мой взгляд 依我看 взгляд на жизнь 对生活的看法 обменя́ться взгля́дами 交换观点
логи́чный	[形容词]	长尾:логи́чная, логи́чное, логи́чные;短尾:логи́чен, логи́чна, логи́чно, логи́чны 合乎逻辑的, 合理的 логи́чный взгляд 合乎逻辑的看法

жела́ние	[中性]单数:жела́ние,жела́ния,жела́нию,жела́ние,жела́нием,о жела́нии 愿望,希望 жела́ние свобо́ды 渴望自由 жела́ние учи́ться 学习的愿望	
гото́вый	[形容词]长尾:гото́вая,гото́вое,гото́вые;短尾:гото́в,гото́ва,гото́во,гото́вы 现成的;做好……准备的 отде́л гото́вого пла́тья 成衣部 гото́вый отве́т 现成的答案 Арти́сты гото́вы, мо́жно нача́ть. 演员准备好了,可以开演了。Студе́нты гото́вы к экза́менам. 大学生准备考试。	
реши́ться	[完成体]на что 将来时:решу́сь,реши́шься,реша́тся;过去时:реши́лся,реши́лась,реши́лось,реши́лись;过去时主动形动词:реши́вшийся;副动词:реши́вшись//реша́ться[未完成体]现在时:реша́юсь,реша́ешься,реша́ются;过去时:реша́лся,реша́лась,реша́лось,реша́лись;现在时主动形动词:реша́ющийся;过去时主动形动词:реша́вшийся;副动词:реша́ясь 下定决心(要);敢于 реши́ться перейти́ на другу́ю рабо́ту 决心换工作 реши́ться на отъе́зд 决心离开	
одновре́менно	[副词]同时地 одновре́менно нача́ть 同时开始 Одновре́менно стро́ятся три до́ма. 三所房子在同时兴建。	
обая́тельный	[形容词]长尾:обая́тельная,обая́тельное,обая́тельные;短尾:обая́телен,обая́тельна,обая́тельно,обая́тельны 迷人的,有吸引力的;非常可爱的 обая́тельная фигу́ра 迷人的身段 обая́тельная улы́бка 迷人的微笑	
ли́чно	[副词]亲自,亲身 сде́лать ли́чно поку́пку 亲自购物	
со́тня	[阴性]单数:со́тня,со́тни,со́тне,со́тню,со́тней,о со́тне;复数:со́тни,со́тен,со́тням,со́тни,со́тнями,о со́тнях 百,一百;大量,许多 со́тня яи́ц 一百个鸡蛋 со́тни люде́й 几百人 со́тни ра́зных дел 许许多多的事情	
тала́нт	[阳性]单数:тала́нт,тала́нта,тала́нту,тала́нт(а),тала́нтом,о тала́нте 天才,才能,人才 удиви́тельный тала́нт 惊人的才华 цени́ть тала́нт 重视才华 У него́ большо́й тала́нт. 他很有才华。	
зна́ние	[中性]单数:зна́ние,зна́ния,зна́нию,зна́ние,зна́нием,о зна́нии;复数:зна́ния,зна́ний,зна́ниям,зна́ния,зна́ниями,о зна́ниях 知识;知道,了解 День зна́ний(俄罗斯)知识日 зна́ние пра́вды 了解真相 Зна́ние — си́ла. 知识就是力量。	
трудолю́бие	[中性]单数:трудолю́бие,трудолю́бия,трудолю́бию,трудолю́бие,трудолю́бием,о трудолю́бии 勤劳 трудолю́бие наро́да 人民的勤劳	
уда́ться	[完成体]将来时(第一、二人称不用或无人称):уда́стся,удаду́тся;过去时:уда́лся,удала́сь,удало́сь,удали́сь//удава́ться[未完成体]现在时:удаётся,удаю́тся;过去时:удава́лся,удава́лась,удава́лось,удова́лись 成功,顺利进行;得手;办得到 Опера́ция уда́лась. 手术很成功。Мне удало́сь попа́сть к па́мятнику А. С. Пу́шкину. 我找到了普希金纪念碑。	
потеря́ть	[完成体]кого́-что 将来时:потеря́ю,потеря́ешь,потеря́ют;过去时:потеря́л,потеря́ла,потеря́ло,потеря́ли;过去时主动形动词:потеря́вший;过去时被动形动词:поте́рянный;副动词:потеря́в//теря́ть[未完成	

	体]现在时主动形动词：теря́ющий；过去时主动形动词：теря́вший；现在时被动形动词：теря́емый；副动词：теря́я 遗失；错过；失去 потеря́ть де́ньги 丢钱 потеря́ть отца́ 丧父 потеря́ть доро́гу 迷路 потеря́ть дру́га 失去朋友
значе́ние	[中性]单数：значе́ние, значе́ния, значе́нию, значе́ние, значе́нием, о значе́нии 意义 прямо́е значе́ние 直义 име́ть значе́ние 有意义 потеря́ть значе́ние 失去意义
утра́та	[阴性]单数：утра́та, утра́ты, утра́те, утра́ту, утра́той, об утра́те 失去；损失（主要指某人逝世）утра́та докуме́нтов 遗失文件 Смерть учёного — больша́я утра́та для страны́. 学者的逝世是国家的重大损失。

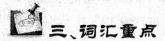

三、词汇重点

относи́ться	[未完成体]к кому́-чему́ 现在时：отношу́сь, отно́сишься, отно́сятся；过去时：относи́лся, относи́лась, относи́лось, относи́лись；现在时主动形动词：относя́щийся；过去时主动形动词：относи́вшийся；副动词：относя́сь//**отнести́сь**[完成体]将来时：отнесу́сь, отнесёшься, отнесу́тся；过去时：отнёсся, отнесла́сь, отнесло́сь, отнесли́сь；过去时主动形动词：отнёсшийся；副动词：отнеся́сь 对待，对……持（某种）态度 серьёзно относи́ться к оши́бке 认真对待错误 легкомы́сленно относи́ться к рабо́те 轻率地对待工作
	[注意]отнести́сь 过去时特殊
па́хнуть	[未完成体]чем 现在时：па́хну, па́хнешь, па́хнут；过去时：пах, па́хла, па́хло, па́хли；现在时主动形动词：па́хнущий；过去时主动形动词：па́хший 发出……气味 па́хнуть цвета́ми 散发花香 па́хнуть блина́ми 散发薄饼的味道
	[注意]па́хнуть 的过去时-нуть 脱落
плита́	[阴性]单数：плита́, плиты́, плите́, плиту́, плито́й, о плите́；复数：пли́ты, плит, пли́там, пли́ты, пли́тами, о пли́тах（金属、石等的）方板；厨炉 мра́морная плита́ 一块大理石板 га́зовая плита́ 煤气灶 печь блины́ на плите́ 在炉灶上烙饼
	[注意]плита́ 复数各格形式重音前移
умира́ть	[未完成体]现在时：умира́ю, умира́ешь, умира́ют；过去时：умира́л, умира́ла, умира́ло, умира́ли；现在时主动形动词：умира́ющий；过去时主动形动词：умира́вший；副动词：умира́я//**умере́ть**[完成体]将来时：умру́, умрёшь, умру́т；过去时：у́мер, умерла́, у́мерло, у́мерли；过去时主动形动词：уме́рший；副动词：у́мерши 死亡；消失 Де́душка у́мер, а ба́бушка ещё жива́. 爷爷去逝了，奶奶还活着。Больно́й почти́ умира́л, но вра-

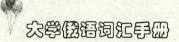

чи́ спасли́ жизнь. 病人差点儿死了，是医生挽救了他的生命。Де́ло па́ртии не умрёт. 党的事业永存.

[注意] умере́ть 过去时特殊

полтора́/ полто-ры́ [数词] полу́тора, полу́тора, 同第一格, полу́тора, о полу́тора 一个半, 一又二分之一 полтора́ ме́тра 一点五米 полтора́ я́блока 一个半苹果 полторы́ буты́лки вина́ 一瓶半葡萄酒

[注意] полтора́/полторы́ 的用法与два/две 相同

 四、词汇记忆

хара́ктер	性格；性质	a character, nature
общи́тельность	善于交际	sociability
нача́льник	领导，首长；主任	chief, boss
ску́ка	无聊，没意思；寂寞，烦闷	boredom
скро́мность	谦虚；朴素；微薄	humility
досто́инство	优点，长处；尊严	admntage, merit
лицеме́рие	虚伪，伪善	hypocrisy
засте́нчивость	羞怯，腼腆	shyness
легкомы́сленный	轻佻的，轻率的	thoughtless
общи́тельный	平易近人的，好交际的	sociable
разгово́рчивый	爱说话的，好与人攀谈的	talkative
молчали́вый	不爱说话的，沉默寡言的	taciturn, reticent
лени́вый	懒惰的；懒洋洋的	lazy
ску́чный	无聊的，烦闷的，枯燥无味的	boring, dull
засте́нчивый	腼腆的，羞怯的	shy
характе́рный	有特点的，突出的；特有的，典型的	characteristic, typical
удиви́тельный	令人诧异的，异常的	amazing
скро́мный	谦虚的；朴素的；微薄的	modest
обижа́ть// оби́деть	欺负，欺侮，使受委屈	to hurt
обща́ться	与……交往，交际	communicate, talk
относи́ться// отнести́сь	对待，对……持(某种)态度	to treat
украша́ть// укра́сить	把……装饰(或美化)起来；使(生活等)丰富多采	to decorate
цени́ть	定价格，评价；珍惜，重视	to appreciate, value
подде́рживать// поддержа́ть	搀扶；帮助，鼓励；支持；保持	to support
сли́шком	太，过于，过分	too
действи́тельно	的确，确实	really, truly
соверше́нно	完全地，十分	completely

купе́	（旅客列车上的）包厢	compartment
че́стный	诚实的，正直的，廉洁的	honest, honorable
па́хнуть	发出……气味	to smell
обраща́ть// обрати́ть	把……转向；把（目光、视线）投向……	to note, notice
красне́ть// покрасне́ть	发红，泛红；脸红	to blush
библио́граф	图书编目专家	bibliographer
посети́тель	访问者，参观者，客人	visitor
диссерта́ция	学位论文	thesis, dissertation
про́сьба	请求，申请	reguest
спра́вка	（查询、收集到的）消息，情报，情况；证明书	inquiry; certificate; information
материа́л	资料，材料；文件	material, stuff
смерть	死，死亡	death
па́мятник	纪念碑，纪念像；墓碑；古迹；遗迹	memorial, statue
плита́	（金属、石等的）方板；厨炉	plate, kitchen range
взгляд	视线，目光；观点，见解	view, opinion
жела́ние	愿望，希望	wish
со́тня	百，一百；（复数）大量，许多	hundred
тала́нт	天才，才能，人才	talent
зна́ние	知识；知道，了解	knowledge
трудолю́бие	勤劳	diligence, hard work
значе́ние	定义；意义	meaning
утра́та	失去；损失（主要指人逝世）	loss, losing
незначи́тельный	微不足道的，无关紧要的	minor, small
библиографи́ческий	图书索引的	bibliographical
забы́тый	被遗忘的，失传的	forgotten
журна́льный	杂志的，期刊的；新闻事业的	journal
ре́дкий	稀少的，罕见的	rare
просто́й	简单的，容易的；朴素的，普遍的	simple, mere
обыкнове́нный	常见的，寻常的；平凡的，普通的	ordinary, common
незаме́тный	不易觉察的，不引人注目的，默默无闻的	unnoticeable
мра́морный	大理石（制）的	marble
стра́нный	奇怪的，古怪的，不正常的	strange
логи́чный	合乎逻辑的，合理的	logical
гото́вый	现成的；做好……准备的	ready
обая́тельный	迷人的，有吸引力的；非常可爱的	charming
производи́ть// произвести́	进行；生产，制造	to generate, produce

хоронить// похоронить	埋葬;摒弃,抛弃(习惯、幻想等)	to bury
умирать// умереть	死亡;消失	to die
решаться// решиться	下定决心(要);敢于	to solve, settled
удаваться// удаться	成功,顺利进行;保手;办得到	to be succeed
терять// потерять	遗失;错过;失去	to lose
смешно	可笑地;觉得可笑	ridiculous
робко	胆怯地	shyly
вряд (ли)	未必,不至于	unlikely
шёпотом	小声地,悄悄地	in a whisper
вскоре	很快(就),不久(就)	soon, shortly
своевременно	及时地,按时地	timely
лично	亲自,亲身	personally
среди	在……中间,在……(过程)中,在……之间	among, in the midst
полтора	一个半,一又二分之一	one and half

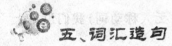

五、词汇造句

относиться// отнестись	[未//完成体] к кому-чему 对待,对……持(某种)态度

Молодые люди серьёзно относятся к делу партии. 年轻人认真对待党的事业。

В этой больнице медсёстры внимательно относятся к пациентам. 这家医院的护士对待患者很贴心。

пахнуть	[未完成体]发出……气味

Цветы пахнут приятно. (人称动词)花散发出香味。

Платье неприятно пахнет. (人称动词)衣服散发怪味。

В саду пахнет цветами. (无人称动词)花园里散发着花香。

В кухне пахло пирогами. (无人称动词)厨房里散发着馅饼的香味。

обращать// обратить	[未//完成体] что 把……转向;把……(目光、视线)投向……

Отец обратил лицо к окну. 父亲把脸转向窗户。

Мальчик обратил глаза на передачу по телевизору. 小男孩把目光转向电视节目。

Китай обращает внимание на рост детей. 中国很关注孩子的成长。

Он обратил на себя внимание соседей. 他引起了邻居们的注意。

производить// произвести	[未//完成体] что 进行;生产,制造

Учёные производят о́пыты на соба́ке. 科学家在狗身上做实验。

На э́той фа́брике рабо́чие произво́дят о́бувь. 这个工厂生产鞋。

Пейза́ж Во́лги произвёл впечатле́ние на посети́телей. 伏尔加河的风景给参观者留下印象。

Слова́ учи́теля не произвели́ на меня́ впечатле́ния. 老师的话没留给我什么印象。

реша́ться//реши́ться [未//完成体] *на что* 下定决心(要);敢于

Я не зна́ю, на что на́до реши́ться. 我不知道该怎么办。

Я реши́лся перейти́ на другу́ю рабо́ту. 我决定跳槽。

удава́ться//уда́ться [未//完成体] 成功,顺利进行; *кому́* 得手;办得到

О́пыт уда́лся. (人称动词) 实验成功了。

Докла́д уда́лся. (人称动词) 报告会很成功。

Мне не удало́сь доста́ть биле́т на самолёт. (无人称动词) 我没买到飞机票。

Нам не удало́сь встре́титься. (无人称动词) 我们没见上面。

теря́ть//потеря́ть [未//完成体] *кого́-что* 遗失;错过;失去

Мать потеря́ла ребёнка на ста́нции метро́. 母亲在地铁站把孩子弄丢了。

Студе́нты потеря́ли паспорта́ за грани́цей. 学生们在国外丢了护照。

Де́ти потеря́ли интере́с к матема́тике. 孩子们对数学丧失了兴趣。

Стари́к потеря́л аппети́т. 老人没有食欲。

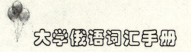

第三课

 一、词汇导读

本课主题是兴趣和爱好，词汇量大，加油吧！

二、词汇注释

хо́бби	[中性,不变格]业余爱好,嗜好 моё хо́бби 我的业余爱好
корт	[阳性]单数:корт, ко́рта, ко́рту, корт, ко́ртом, о ко́рте;复数:ко́рты, ко́ртов, ко́ртам, ко́рты, ко́ртами, о ко́ртах 网球场 игра́ть в те́ннис на ко́рте 在网球场打网球
террито́рия	[阴性]单数:террито́рия, террито́рии, террито́рии, террито́рию, террито́рией, о террито́рии 领土;地域(一定范围的)用地 потеря́ть террито́рию страны́ 丧失国家领土 террито́рия го́рода 市区 террито́рия фа́брики 厂区 По террито́рии Кита́й занима́ет тре́тье ме́сто в ми́ре. 中国领土位居世界第三位。
партнёр	[阳性]单数:партнёр, партнёра, партнёру, партнёра, партнёром, о партнёре;复数:партнёры, партнёров, партнёрам, партнёров, партнёрами, о партнёрах 伙伴;搭档 партнёр в ша́хматы 下棋的对手 партнёр для прогу́лки 游玩的伙伴 гла́вные торго́вые партнёры Кита́я 中国的主要贸易伙伴
уве́ренный	[形容词]в чём 长尾:уве́ренная, уве́ренное, уве́ренные;短尾:уве́рен, уве́ренна, уве́ренно, уве́ренны① 确信的,有把握的;可靠的 уве́ренный взгляд 坚定的目光 уве́ренная в себе́ же́нщина 自信的女性 уве́ренные в бу́дущем де́ти 相信未来的孩子们 Я уве́рен, что мы победи́м. 我相信我们会胜利。
да́вний	[形容词]长尾:да́вняя, да́внее, да́вние 古老的,由来已久的 да́вний слу́чай 很久以前的事 да́внее увлече́ние 老爱好 да́вний друг 老朋友
увлече́ние	[中性]单数:увлече́ние, увлече́ния, увлече́нию, увлече́ние, увлече́нием, об увлече́нии;复数:увлече́ния, увлече́ний, увлече́ниям, увлече́ния, увлече́ниями, об увлече́ниях 爱好;酷爱,钟情 увлече́ние рабо́той 痴迷工作 увлече́ние теа́тром 迷恋戏剧 увлече́ние игро́й на музыка́льном инструме́-

---

① 有补语时短尾用:уве́рен, уве́рена, уве́рено, уве́рены。

· 25 ·

нте 迷恋弹乐器 увлечéние стрóйной дéвушкой 爱上一个苗条的女孩 с увлечéнием говорúть 津津有味地谈论

равнодýшный	[形容词]к комý-чемý 长尾：равнодýшная, равнодýшное, равнодýшные；短尾：равнодýшен, равнодýшна, равнодýшно, равнодýшны 冷淡的，漠不关心的；对……不感兴趣的 равнодýшный взгляд 冷淡的目光 Дéти равнодýшны к теáтру. 孩子们对戏剧不感兴趣。
по-прéжнему	[副词]照旧，依然 Отéц по-прéжнему мнóго рабóтает. 父亲像以前一样勤奋工作。
перестáть	[完成体]将来时：перестáну, перестáнешь, перестáнут；过去时：перестáл, перестáла, перестáло, перестáли；命令式：перестáньте；过去时主动形动词：перестáвший；副动词：перестáв//**переставáть**[未完成体]现在时：перестаю́, перестаёшь, перестаю́т；过去时：переставáл, переставáла, переставáло, переставáли；现在时主动形动词：перестаю́щий；过去时主动形动词：переставáвший；副动词：переставáя 不再，停止；中止 перестáть рабóтать 停止工作 Он перестáл ходúть ко мне. 他不再到我这儿来了。Снег перестáл. 雪停了。
достáвить	[完成体]что 将来时：достáвлю, достáвишь, достáвят；过去时：достáвил, достáвила, достáвило, достáвили；过去时主动形动词：достáвивший；过去时被动形动词：достáвленный；副动词：достáвив//**доставля́ть**[未完成体]现在时：доставля́ю, доставля́ешь, доставля́ют；过去时：доставля́л, доставля́ла, доставля́ло, доставля́ли；现在时主动形动词：доставля́ющий；过去时主动形动词：доставля́вший；现在时被动形动词：доставля́емый；副动词：доставля́я 送到，递交；给予，提供 достáвить товáры нá дом 送货到家 достáвить больнóго домóй 把病人送回家 достáвить дрýгу пóмощь 给朋友以帮助 достáвить сотрýднику зарплáту 给员工工资 достáвить дéтям рáдость 给孩子们带来快乐
мáрка	[阴性]单数：мáрка, мáрки, мáрке, мáрку, мáркой, о мáрке；复数：мáрки, мáрок, мáркам, мáрки, мáрками, о мáрках 邮票 собирáть мáрки 集邮 обменя́ться мáрками 交换邮票 альбóм для мáрок 集邮册
сéрия	[阴性]单数：сéрия, сéрии, сéрии, сéрию, сéрией, о сéрии；复数：сéрии, сéрий, сéриям, сéрии, сéриями, о сéриях 一组，一套；一系列 сéрия мáрок 一套邮票 сéрия книг для детéй 一套儿童读物 фильм в двух сéриях 分两集的电影 телесéрия 电视连续剧
филателúст	[阳性]单数：филателúст, филателúста, филателúсту, филателúста, филателúстом, о филателúсте；复数：филателúсты, филателúстов, филателúстам, филателúстов, филателúстами, о филателúстах 集邮者 клуб филателúстов 集邮爱好者俱乐部
óбщий	[形容词]长尾：óбщая, óбщее, óбщие；短尾：общ, общá, óбще, óбщи 普通的，共同的；公共的 óбщее собрáние 全体会议 имéть óбщий язы́к 有共同语言 óбщая кýхня 公用厨房 óбщие взгля́ды 共同的观点

коллéкция	[阴性]	单数：*коллéкция, коллéкции, коллéкции, коллéкцию, коллéкцией, о коллéкции* 收藏品 *коллéкция мáрок* 集的邮票 *коллéкция монéт* 集的钱币
коллекциони́ровать	[未完成体]	*что* 现在时：*коллекциони́рую, коллекциони́руешь, коллекциони́руют*；过去时：*коллекциони́ровал, коллекциони́ровала, коллекциони́ровало, коллекциони́ровали*；现在时主动形动词：*коллекциони́рующий*；过去时主动形动词：*коллекциони́ровавший*；现在时被动形动词：*коллекциони́руемый*；副动词：*коллекциони́руя* 收集，搜集；收藏 *коллекциони́ровать мáрки* 集邮 *коллекциони́ровать монéты* 收集钱币
ли́шний	[形容词]	*ли́шняя, ли́шнее, ли́шние* 过量的，多余的；无益的 *ли́шние дéньги* 剩余的钱 *два килогрáмма с ли́шним* 两公斤多 *ли́шние вéщи* 没用的东西 *У вас нет ли ли́шнего билéта?* 您有多余的票吗？
космонáвтика	[阴性]	单数：*космонáвтика, космонáвтики, космонáвтике, космонáвтику, космонáвтикой, о космонáвтике* 航天学 *День космонáвтики* 宇航日
óбраз	[阳性]	单数：*óбраз, óбраза, óбразу, óбраз, óбразом, об óбразе*；复数：*óбразы, óбразов, óбразам, óбразы, óбразами, об óбразах* 方式，方法；（文艺作品的）形象；形状 *óбраз жи́зни* 生活方式 *óбраз мы́слей* 思维方式 *óбраз герóя* 英雄形象 *óбраз мáтери* 母亲的面容
потрéбовать	[完成体]	*чегó от когó* 将来时：*потрéбую, потрéбуешь, потрéбуют*；过去时：*потрéбовал, потрéбовала, потрéбовало, потрéбовали*；过去时主动形动词：*потрéбовавший*；副动词：*потрéбовав*//*трéбовать*[未完成体] 现在时主动形动词：*трéбующий*；过去时主动形动词：*трéбовавший*；副动词：*трéбуя* 需求，要求 *трéбовать свобóды* 需要自由 *трéбовать счастли́вой жи́зни* 需要幸福的生活 *трéбовать дéнег от роди́телей* 向父母要钱 *трéбовать спрáвки от коллéги* 向同事咨询
воздухоплáвание	[中性]	单数：*воздухоплáвание, воздухоплáвания, воздухоплáванию, воздухоплáвание, воздухоплáванием, о воздухоплáвании* 浮空飞行（学）*занимáться воздухоплáванием* 从事浮空飞行研究
полёт	[阳性]	单数：*полёт, полёта, полёту, полёт, полётом, о полёте* 飞行 *полёт космонáвта* 宇航员的飞行
яхта	[阴性]	单数：*яхта, яхты, яхте, яхту, яхтой, о яхте*；复数：*яхты, яхт, яхтам, яхты, яхтами, о яхтах* 帆艇；快艇 *плáвать на яхте* 乘坐快艇 *прогýлка на яхте* 乘快艇兜风
внезáпно	[副词]	突然地，意外地 *Внезáпно пошёл дождь.* 突然下起雨来。
меня́ться	[未完成体]	现在时：*меня́юсь, меня́ешься, меня́ются*；过去时：*меня́лся, меня́лась, меня́лось, меня́лись*；现在时主动形动词：*меня́ющийся*；过去时主动形动词：*меня́вшийся*；副动词：*меня́ясь* 改变，变更 *Харáктер брáта меня́ется к лýчшему.* 弟弟的性格在变好。*Веснóй погóда меня́ется.* 春天天气多变。
мнóжество	[中性]	单数：*мнóжество, мнóжества, мнóжеству, мнóжество, мнóжеством, о*

		мно́жестве 多数，大量，繁多 мно́жество дете́й 很多孩子 мно́жество впечатле́ний 大量印象 дома́шние зада́ния со мно́жеством оши́бок 有很多错误的家庭作业
причи́на	[阴性]	单数：причи́на, причи́ны, причи́не, причи́ну, причи́ной, о причи́не；复数：причи́ны, причи́н, причи́нам, причи́ны, причи́нами, о причи́нах 原因，理由，缘故 причи́на боле́зни 病因 причи́на сме́рти 死因
пропада́ние	[中性]	单数：пропада́ние, пропада́ния, пропада́нию, пропада́ние, пропада́нием, о пропада́нии 消失；落空；衰落 пропада́ние интере́са к матема́тике 对数学的兴趣消失 пропада́ние де́нег 丢钱 пропада́ние труда́ 工作白费 пропада́ние цвето́в 花儿衰败
нехва́тка	[阴性]	кого́-чего́ 或 в ком-чём 单数：нехва́тка, нехва́тки, нехва́тке, нехва́тку, нехва́ткой, о нехва́тке 不足，缺乏 нехва́тка вре́мени 时间不够 нехва́тка рабо́чих рук 人手不够 нехва́тка в деньга́х 缺钱
узнава́ние	[中性]	单数：узнава́ние, узнава́ния, узнава́нию, узнава́ние, узнава́нием, об узнава́нии 发现；了解 узнава́ние но́вого 发现新鲜事物 узнава́ние зна́ний 了解知识
причём	[连接词]	并且，而且 Он до́лго жил в Кита́е, причём жени́лся на китая́нке. 他在中国生活了很久，而且还娶了中国妻子。
хвата́ть	[未完成体]	кого́-что 现在时：хвата́ю, хвата́ешь, хвата́ют；过去时：хвата́л, хвата́ла, хвата́ло, хвата́ли；现在时主动形动词：хвата́ющий；过去时主动形动词：хвата́вший；现在时被动形动词：хвата́емый；副动词：хвата́я//**хвати́ть** 或 **схвати́ть** [完成体] 将来时：хвачу́, хва́тишь, хва́тят；过去时主动形动词：хвати́вший；过去时被动形动词：хва́ченный；副动词：хвати́в 抓，握；拿住 схвати́ть су́мку 抓起书包 схвати́ть тру́бку телефо́на 拿起电话听筒 схвати́ть ма́льчика за́ руку 抓住小孩的手 схвати́ть его́ за во́лосы 抓住他的头发 Соба́ка схвати́л его́ за́ ногу. 狗咬住了他的腿。
одна́ко	[连接词]	然而，但是 Уже́ оди́ннадцать часо́в, одна́ко оте́ц ещё не лёг спать. 已经11点了，但父亲还没有睡觉。
полуго́дие	[中性]	单数：полуго́дие, полуго́дия, полуго́дию, полуго́дие, полуго́дием, о полуго́дии 半年 пе́рвое полуго́дие 上半年 второ́е полуго́дие 下半年
еженеде́льный	[形容词]	еженеде́льная, еженеде́льное, еженеде́льные 每周的，每周一次的 еженеде́льная газе́та 周报 еженеде́льный журна́л 周刊
турни́р	[阳性]	单数：турни́р, турни́ра, турни́ру, турни́р, турни́ром, о турни́ре；复数：турни́ры, турни́ров, турни́рам, турни́ры, турни́рами, о турни́рах 比赛，循环赛 междунаро́дный турни́р 国际比赛 футбо́льный турни́р 足球循环赛
ме́жду	[前置词]	кем-чем 在……之间 расстоя́ние ме́жду города́ми 城市之间的距离
совмести́ть	[完成体]	что 将来时：совмещу́, совмести́шь, совмести́т；过去时：совмести́л, совмести́ла, совмести́ло, совмести́ли；过去时主动形动词：совмести́в-

ший；过去时被动形动词：*совмещённый*；副动词：*совместив*//*совме-
щáть*[未完成体]现在时：*совмещáю, совмещáешь, совмещáют*；过去
时：*совмещáл, совмещáла, совмещáло, совмещáли*；现在时主动形动词：
совмещáющий；过去时主动形动词：*совмещáвший*；现在时被动形动词：
совмещáемый；副动词：*совмещáя* 使结合起来；兼任 *совместúть рабóту с
учёбой* 把工作和学习结合起来 *совместúть слóво и дéло* 言行合一 *со-
вмещáть мнóго дóлжностей* 兼任很多职务

оказáться　[完成体]将来时：*окажýсь, окáжешься, окáжутся*；过去时：*оказáлся, оказáлась,
оказáлось, оказáлись*；过去时主动形动词：*оказáвшийся*；副动词：*оказáв-
шись*//*окáзываться*[未完成体]现在时：*окáзываюсь, окáзываешься,
окáзываются*；过去时：*окáзывался, окáзывалась, окáзывалось, окáзыва-
лись*；现在时主动形动词：*окáзывающийся*；过去时主动形动词：*окáзыва-
вшийся*；副动词：*окáзываясь*（实际上）是，原来是；（发现）有；（不觉）来
到（某处）*Он оказáлся скрóмным человéком.* 他原来是一个很谦虚的
人。*В кóмнате оказáлась тóлько однá кровáть и два стýла.* 房间里只
有一张床和两把椅子。*Мáльчик оказáлся на незнакóмой ýлице.* 小男
孩来到一条陌生的街上。

сомнéние　[中性]в чём 单数：*сомнéние, сомнéния, сомнéнию, сомнéние, сомнéнием, о со-
мнéнии*；复数：*сомнéния, сомнéний, сомнéниям, сомнéния, сомнéниями, о
сомнéниях* 怀疑，疑惑，疑问 *сомнéние в отвéтах* 怀疑答案的正确性
разрешúть все сомнéния 解决一切疑问 *Нет сомнéния, что нáша ко-
мáнда победúт.* 毫无疑问，我们队一定获胜。

чемпионáт　[阳性] 单数：*чемпионáт, чемпионáта, чемпионáту, чемпионáт, чемпионá-
том, о чемпионáте*；复数：*чемпионáты, чемпионáтов, чемпионáтам,
чемпионáты, чемпионáтами, о чемпионáтах* 锦标赛，冠军赛 *шáхма-
тный чемпионáт* 象棋冠军赛 *чемпионáт по футбóлу* 足球锦标赛

касáться　[未完成体]*когó-чегó* 现在时：*касáюсь, касáешься, касáются*；过去时：*касáлся,
касáлась, касáлось, касáлись*；现在时主动形动词：*касáющийся*；过去时主
动形动词：*касáвшийся*；副动词：*касáясь*//*коснýться*[完成体]将来时：
коснýсь, коснёшься, коснýтся；过去时：*коснýлся, коснýлась, коснýлось,
коснýлись*；过去时主动形动词：*коснýвшийся*；副动词：*коснýвшись* 接触，
触及；涉及，关系到 *коснýться её рукú* 摸到她的手 *касáться рукóй сто-
лá* 用手摸桌子 *касáться вторóго вопрóса* 涉及第二个问题 *касáться
полúтики* 涉及政策

несомнéнно　[副词]无疑，当然 *Он несомнéнно знáет, что это непрáвда.* 他一定知道，这不
是真相。

жанр　[阳性]单数：*жанр, жáнра, жáнру, жанр, жáнром, о жáнре*；复数：*жáнры, жáнров, жáнрам, жáнры, жáнрами, о жáнрах*（文艺作品的）种类，体裁 *лú-
рический жанр* 抒情体 *Изо всех жáнров картúн емý тóлько нрáвится
пейзáж.* 在所有的绘画中他只喜欢风景画。

выбор	[阳性]	单数：вы́бор, вы́бора, вы́бору, вы́бор, вы́бором, о вы́боре 选择，选中的人或物，供挑选的东西 вы́бор рабо́ты 挑选工作 сде́лать вы́бор 做选择 большо́й вы́бор това́ров 货物一应俱全 нет вы́бора 没有选择的余地
однозна́чный	[形容词]	长尾：однозна́чная, однозна́чное, однозна́чные；短尾：однозна́чен, однозна́чна, однозна́чно, однозна́чны 单义的 однозна́чное сло́во 单义词
фанта́стика	[阴性]	单数：фанта́стика, фанта́стики, фанта́стике, фанта́стику, фанта́стикой, о фанта́стике 幻想，幻境 нау́чная фанта́стика 科学幻想
короле́вство	[中性]	单数：короле́вство, короле́вства, короле́вству, короле́вство, короле́вством, о короле́встве 王国 дре́внее короле́вство 古代王国
маг	[阳性]	单数：маг, ма́га, ма́гу, ма́га, ма́гом, о ма́ге；复数：ма́ги, ма́гов, ма́гам, ма́гов, ма́гами, о ма́гах 魔法师 Маг и волше́бник. 双料魔法师。（喻指神通广大的人。）
отва́жный	[形容词]	长尾：отва́жная, отва́жное, отва́жные；短尾：отва́жен, отва́жна, отва́жно, отва́жны 勇敢的，大无畏的 отва́жный наро́д 勇敢的人民
сочета́ние	[中性]	单数：сочета́ние, сочета́ния, сочета́нию, сочета́ние, сочета́нием, о сочета́нии 结合，组合 краси́вое сочета́ние цвето́в 配得很好看的颜色
найти́сь	[完成体]	将来时：найду́сь, найдёшься, найду́тся；过去时：нашёлся, нашла́сь, нашло́сь, нашли́сь；过去时主动形动词：наше́дшийся；副动词：найдя́сь // находи́ться [未完成体] 现在时：нахожу́сь, нахо́дишься, нахо́дятся；现在时主动形动词：находя́щийся；过去时主动形动词：находи́вшийся；副动词：находя́сь（被）找到 Кни́га нашла́сь. 书找到了。

сувени́р	[阳性]	单数：сувени́р, сувени́ра, сувени́ру, сувени́р, сувени́ром, о сувени́ре；复数：сувени́ры, сувени́ров, сувени́рам, сувени́ры, сувени́рами, о сувени́рах（作纪念的）礼物；（旅游）纪念品 купи́ть сувени́ры 买礼物 магази́н сувени́ров 旅游纪念品商店
коллекционе́р	[阳性]	单数：коллекционе́р, коллекционе́ра, коллекционе́ру, коллекционе́ра, коллекционе́ром, о коллекционе́ре；复数：коллекционе́ры, коллекционе́ров, коллекционе́рам, коллекционе́ров, коллекционе́рами, о коллекционе́рах 收集者，收藏家 коллекционе́р ма́рок 集邮爱好者
моне́та	[阴性]	单数：моне́та, моне́ты, моне́те, моне́ту, моне́той, о моне́те；复数：моне́ты, моне́т, моне́там, моне́ты, моне́тами, о моне́тах 硬币；金属货币 моне́та в пять рубле́й 五卢布的硬币 собира́ть моне́ты 收藏钱币
диск	[阳性]	单数：диск, ди́ска, ди́ску, диск, ди́ском, о ди́ске；复数：ди́ски, ди́сков, ди́скам, ди́ски, ди́сками, о ди́сках 圆盘；光盘 спорти́вный диск 铁饼 компью́терный диск 计算机光盘
за́пись	[阴性]	单数：за́пись, за́писи, за́писи, за́пись, за́писью, о за́писи；复数：за́писи, за́писей, за́писям, за́писи, за́писями, о за́писях 记录；笔记；录音 за́пись наро́дных пе́сен 记录民歌 де́лать за́пись 做笔记 тетра́дь для за́писей 笔记本 тетра́дь с за́писями 记着笔记的本子 диск с за́писями наро́д-

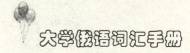

ной му́зыки 民乐光碟

откры́тка [阴性]单数：*откры́тка, откры́тки, откры́тке, откры́тку, откры́ткой, об откры́тке*；复数：*откры́тки, откры́ток, откры́ткам, откры́тки, откры́тками, об откры́тках* 明信片 посла́ть откры́тку дру́гу 给朋友寄明信片 откры́тка с ви́дами Москвы́ 带有莫斯科风景的明信片

игру́шка [阴性]单数：*игру́шка, игру́шки, игру́шке, игру́шку, игру́шкой, об игру́шке*；复数：*игру́шки, игру́шек, игру́шкам, игру́шки, игру́шками, об игру́шках* 玩具，玩物 игру́шки для дете́й 儿童玩具 слома́ть игру́шку 弄坏玩具

отойти́ [完成体]将来时：*отойду́, отойдёшь, отойду́т*；过去时：*отошёл, отошла́, отошло́, отошли́* 过去时主动形动词：*отоше́дший*；副动词：*отойдя́*// **отходи́ть**[未完成体]现在时：*отхожу́, отхо́дишь, отхо́дят*；过去时：*отходи́л, отходи́ла, отходи́ло, отходи́ли*；现在时主动形动词：*отходя́щий*；过去时主动形动词：*отходи́вший*；副动词：*отходя́* 走开，离开；车开出，船启航 отойти́ от окна́ 离开窗口 Теплохо́д отхо́дит. 船启航了。

моме́нт [阳性]单数：*моме́нт, моме́нта, моме́нту, моме́нт, моме́нтом, о моме́нте*；复数：*моме́нты, моме́нтов, моме́нтам, моме́нты, моме́нтами, о моме́нтах* 时刻；(生活及某事物发展中的)阶段；因素；成分 в э́тот моме́нт 这时 в са́мый тру́дный моме́нт 在最困难的时刻 ва́жный моме́нт в рабо́те 工作中的重要因素

подбежа́ть [完成体]将来时：*подбегу́, подбежи́шь, подбегу́т*；过去时：*подбежа́л, подбежа́ла, подбежа́ло, подбежа́ли*；过去时主动形动词：*подбежа́вший*；副动词：*подбежа́в*// **подбега́ть**[未完成体]现在时：*подбега́ю, подбега́ешь, подбега́ют*；过去时：*подбега́л, подбега́ла, подбега́ло, подбега́ли*；现在时主动形动词：*подбега́ющий*；过去时主动形动词：*подбега́вший*；副动词：*подбега́я* 向……跑近，跑到……跟前 подбежа́ть к до́му 向房子跑去 подбежа́ть к ма́тери 跑到母亲跟前

поцелова́ть [完成体]кого́-что 将来时：*поцелу́ю, поцелу́ешь, поцелу́ют*；过去时：*поцелова́л, поцелова́ла, поцелова́ло, поцелова́ли*；过去时主动形动词：*поцелова́вший*；过去时被动形动词：*поцело́ванный*；副动词：*поцелова́в*// **целова́ть**[未完成体]现在时主动形动词：*целу́ющий*；过去时主动形动词：*целова́вший*；现在时被动形动词：*целу́емый* 吻，亲吻 поцелова́ть ребёнка 吻小孩 поцелова́ть ру́ку 吻手

одина́ковый [形容词]长尾：*одина́ковая, одина́ковое, одина́ковые*；短尾：*одина́ков, одина́кова, одина́ково, одина́ковы* 同样的，一样的 одина́ковая судьба́ 相同的命运 одина́ковые взгля́ды 相同的观点

конве́рт [阳性]单数：*конве́рт, конве́рта, конве́рту, конве́рт, конве́ртом, о конве́рте*；复数：*конве́рты, конве́ртов, конве́ртам, конве́рты, конве́ртами, о конве́ртах* 信封 конве́рт с ма́ркой 带邮票的信封 написа́ть а́дрес на конве́рте 在信封上写地址

стари́нный [形容词]*стари́нная, стари́нное, стари́нные* 古代的，古老的 стари́нный го́род

古城 старинный памятник 古迹

постепенно [副词]渐渐地,逐渐地 постепенно забыть 逐渐忘记

подъехать [完成体]将来时:*подъеду, подъедешь, подъедут*;过去时:*подъехал, подъехала, подъехало, подъехали*;过去时主动形动词:*подъехавший*;副动词:*подъехав*//**подъезжать**[未完成体]现在时:*подъезжаю, подъезжаешь, подъезжают*;过去时:*подъезжал, подъезжала, подъезжало, подъезжали*;现在时主动形动词:*подъезжающий*;过去时主动形动词:*подъезжавший*;副动词:*подъезжая*(乘车、马、船等)来到跟前;驶近,开到 подъехать на лодке к берегу 驶到岸边 Машина подъехала к нам. 车开到我们跟前。

закричать [完成体]将来时:*закричу, закричишь, закричат*;过去时:*закричал, закричала, закричало, закричали*;过去时主动形动词:*закричавший*;副动词:*закричав* 喊叫起来 Дети закричали на улице. 孩子们在街上喊叫起来。

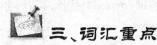

三、词汇重点

отнять [完成体] *кого-что* 将来时:*отниму, отнимешь, отнимут*;过去时:*отнял, отняла, отняло, отняли*;过去时主动形动词:*отнявший*;过去时被动形动词:*отнятый*;副动词:*отняв*//**отнимать**[未完成体]现在时:*отнимаю, отнимаешь, отнимают*;过去时:*отнимал, отнимала, отнимало, отнимали*;现在时主动形动词:*отнимающий*;过去时主动形动词:*отнимавший*;现在时被动形动词:*отнимаемый*;副动词:*отнимая* 夺去;占去 отнять свободу 夺走自由 отнять деньги 抢走钱 Болезнь отняла у него жизнь. 疾病夺去了他的生命。Домашняя работа отнимает у жены много времени. 家务劳动占用了妻子很多时间。

исчезнуть [完成体]将来时:*исчезну, исчезнешь, исчезнут*;过去时:*исчез, исчезла, исчезло, исчезли*;过去时主动形动词:*исчезший*;副动词:*исчезши*//**исчезать**[未完成体]现在时:*исчезаю, исчезаешь, исчезают*;过去时:*исчезал, исчезала, исчезало, исчезали*;现在时主动形动词:*исчезающий*;过去时主动形动词:*исчезавший*;副动词:*исчезая* 消失;不见,失踪 Традиция исчезла. 传统不存在了。Сомнения исчезли. 怀疑消除了。Берег моря исчез из виду. 海岸看不见了。

[注意]*исчезнуть* 的过去时-нуть 脱落

возникнуть [完成体]将来时:*возникну, возникнешь, возникнут*;过去时:*возник, возникла, возникло, возникли*;过去时主动形动词:*возникший*;副动词:*возникши*//**возникать**[未完成体]现在时:*возникаю, возникаешь, возникают*;过去时:*возникал, возникала, возникало, возникали*;现在时主动形动词:*возникающий*;过去时主动形动词:*воникавший*;副动词:*возникая* 产生,发生;出现 Возник вопрос. 出现一个问题。Возникло сомнение. 产生怀疑。В нашей стране возникают много экономических цент-

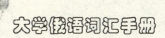

ров. 在我国形成多个经济中心。

[注意]возни́кнуть 的过去时 -нуть 脱落

роль [阴性]单数：роль, ро́ли, ро́ли, роль, ро́лью, о ро́ли；复数：ро́ли, роле́й, роля́м, ро́ли, роля́ми, о роля́х 作用；角色 игра́ть ва́жную роль 起重要作用 игра́ть гла́вную роль в фи́льме 在影片中扮演主角 чита́ть текст по роля́м 按角色读课文

[注意]роль 的复数第二、三、五、六重音后移

посла́ть [完成体]кого́-что 将来时：пошлю́, пошлёшь, пошлю́т；过去时：посла́л, посла́ла, посла́ло, посла́ли；命令式：пошли́(те)；过去时主动形动词：посла́вший；过去时被动形动词：по́сланный；副动词：посла́в // **посыла́ть**[未完成体]现在时：посыла́ю, посыла́ешь, посыла́ют；过去时：посыла́л, посыла́ла, посыла́ло, посыла́ли；现在时主动形动词：посыла́ющий；过去时主动形动词：посыла́вший；现在时被动动词：посыла́емый；副动词：посыла́я 派遣；寄出 посла́ть сы́на за поку́пками 派儿子去买东西 посла́ть студе́нтов на пра́ктику 派大学生去实习 посла́ть электро́нную по́чту 发邮件 посла́ть откры́тку 寄明信片

[注意]посла́ть 变位特殊

привезти́ [完成体]кого́-что 来时：привезу́, привезёшь, привезу́т；过去时：привёз, привезла́, привезло́, привезли́；过去时主动形动词：привёзший；过去时被动形动词：привезённый；副动词：привезя́ // **привози́ть**[未完成体]现在时 привожу́, приво́зишь, приво́зят；过去时：привози́л, привози́ла, привози́ло, привози́ли；现在时主动形动词：привозя́щий；过去时主动形动词：привози́вший；现在时被动形动词：привози́мый；副动词：привозя́ 运来，运到；搭车送来；带来 привезти́ тури́стов в аэропо́рт 把游客送到机场 привезти́ фру́кты в го́род 把水果送到城里 привезти́ больно́го в больни́цу на такси́ 用出租车把病人送到医院 привезти́ письмо́ 带来一封信

[注意]привезти́ 的过去时特殊

щека́ [阴性]单数：щека́, щеки́, щеке́, щёку, щеко́й, о щеке́；复数：щёки, щёк, щека́м, щёки, щека́ми, о щека́х 面颊，腮 бле́дные щёки 苍白的面颊 поцелова́ть в щёку 亲吻面颊

[注意]щека́ 的单数第四格和复数第一、二格形式的重音前移

 四、词汇记忆

хо́бби	业余爱好，嗜好	hobby
корт	网球场	court
террито́рия	领土；领域，(一定范围的)用地	territory, area
партнёр	伙伴；搭档	partner, mate
увлече́ние	爱好；酷爱，钟情	hobby

ма́рка	邮票,印花;商标	mark, stamp
се́рия	一组,一套;一系列	series
филатели́ст	集邮者	philatelist
колле́кция	收藏品	collection
космона́втика	航天学	cosmonautics, astronautics
уве́ренный	确信的,有把握的;可靠的	sure, certain
да́вний	古老的,由来已久的	old, ancient
равноду́шный	冷淡的,漠不关心的;对……不感兴趣的	indifferent
о́бщий	普通的,共同的;公共的	general, total
ли́шний	过量的,多余的;无益的	extra
отнима́ть//отня́ть	夺去;占去	to take
перестава́ть//переста́ть	不再,停止;中止	to stop
доставля́ть//доста́вить	送到,送交;给予,提供	to bring, take
коллекциони́ровать	收集,搜集;收藏	to collect
по-пре́жнему	照旧,依然	still

о́браз	方式,方法;(文学作品中的)形象;形状	way, manner; image
воздухопла́вание	浮空飞行学	aeronautics
полёт	飞行	flight
я́хта	帆艇;快艇	yacht, sailboat
внеза́пно	突然地,意外地	suddenly
мно́жество	多数,大量,繁多	lot, lots
причи́на	原因,理由,缘故	reason, cause
пропада́ние	消失,落空;衰落	disappearance, loss
нехва́тка	不足,缺乏	lack, insufficient
узнава́ние	发现;了解	recognition
полуго́дие	半年	half year, semester
турни́р	比赛,循环赛	tournament
сомне́ние	怀疑,疑惑,疑问	doubt
чемпиона́т	锦标赛,冠军赛	championship
роль	作用;角色	role
жанр	(文艺作品的)种类,体裁	genre
вы́бор	选择,选中的人或物,供挑选的东西	choice, selection
фанта́стика	幻想,幻境	fantasy, fiction
короле́вство	王国	Kingdom
маг	魔法师	magician
сочета́ние	结合,组合	combination

еженедéльный	每周的,每周一次的	weekly
однознáчный	单义的	unambiguous
отвáжный	勇敢的,大无畏的	brave
трéбовать//потрéбовать	需求,要求	to require
менáться	改变,变更	to change
исчезáть//исчéзнуть	消失;不见,失传	to disappear
хватáть//хватúть 或 схватúть	抓,握;拿住	to grab
совмещáть//совместúть	使结合起来;兼任	to combine
окáзываться//оказáться	(实际上)是,原来是;(发现)有;(不觉)来到(某处)	to be, turn
возникáть//возникнуть	发生,产生;出现	to arise, occur
касáться	接触,触及;涉及,关系到	to touch
находúться//найтúсь	(被)找到	to find
внезáпно	突然地,意外地	suddenly
несомнéнно	无疑,当然	certainly
причём	并且,而且	and
однáко	然而,但是	but
мéжду	在……之间	between, among

~~~~~~

сувенúр	(作纪念的)礼物;(旅游)纪念品	souvenir
коллекционéр	收集者,收藏家	collector
монéта	硬币;金属货币	coin
диск	圆盘;光盘	disk
зáпись	记录;笔记;录音	record, writing
открытка	明信片	postcard
игрушка	玩具,玩物	toy
момéнт	时刻;(生活及某事物发展中的)阶段;因素;成分	moment
щекá	面颊,腮	cheek
конвéрт	信封	envelope
одинáковый	同样的,一样的	same
старúнный	古代的,古老的	ancient
привозúть//привезтú	运来,运到;搭车送来;带来	to bring
отходúть//отойтú	走开,离开;车开出,船启航	to go, depart
подбегáть//подбежáть	向……跑近,跑到……跟前	to run
целовáть//поцеловáть	吻,亲吻	to kiss
посылáть//послáть	派遣;寄出	to send
подъезжáть//подъéхать	(乘车、马、船等)来到跟前;驶近,开到	to arrive

закричáть	喊叫起来	to cry, shout
постепéнно	渐渐地，逐渐地	gradually

 五、词汇造句

равнодýшный　　［形容词］*к комý-чемý* 冷淡的，漠不关心的；对……不感兴趣的

Дéвочки равнодýшны к футбóльному мáтчу. 小女孩对足球赛不感兴趣。

Старикú равнодýшны к полúтике. 老年人对政治不感兴趣。

отнимáть//отнять　　［未//完成体］*когó-что* 夺去；占去

Войнá отнялá у неё едúнственного сы́на. 战争使她失去了唯一的儿子。

Кáждый день рабóта отнимáет у отцá мнóго врéмени. 每天工作占用父亲很多时间。

перeставáть//перестáть　　［未//完成体］不再，停止；中止

Отéц перестáл рабóтать. 父亲不再工作了。

Дождь перестáл. 雨停了。

доставлять//достáвить　　［未//完成体］*что* 送到，送交；给予，提供；引起，造成

Шофёр достáвил турúстов в аэропóрт. 司机把游客送到机场。

Друг достáвил меня́ домóй на машúне. 朋友用车把我送回家。

В бедé коллéги достáвили мне пóмощь. 在我困难的时候同事们给我以帮助。

Родúтели достáвили сы́ну дéньги для учёбы. 父母给儿子提供学费。

Встрéча достáвила нам рáдость. 聚会给我们带来愉悦。

Покýпка доставля́ет жéнщинам удовóльствие. 购物给女性带来满足。

трéбовать//потрéбовать　　［未//完成体］*чегó от когó* 需要，要求

Дом трéбует ремóнта. 房子需要修缮。

Здорóвье мáтери трéбует тёплого клúмата. 母亲的身体需要暖和的气候。

Учёба трéбует большóго трудá от студéнтов. 学习要求学生花大力气。

Дéти трéбуют от родúтелей забóты. 孩子们需要父母关心。

Рабóта трéбует врéмени от рабóчих. 工作需要工人花费时间。

окáзываться//оказáться　　［未//完成体］(实际上)是，原来是；(发现)有；(不觉)来到(某处)

Он оказа́лся челове́ком с тру́дным хара́ктером. 他原来是一个很难相处的人。

Зада́ние оказа́лось о́чень тру́дным. 任务其实很艰巨。

В су́мке оказа́лись де́ньги. 包里还有钱。

Мы до́лго соба́ку иска́ли, а она́ оказа́лась в углу́ ко́мнаты. 我们找小狗找了很长时间，原来它藏在房间的角落里。

Де́ти оказа́лись на незнако́мом ме́сте. 孩子们来到一个陌生的地方。

каса́ться//косну́ться	[未//完成体] *кого-чего* 接触，触及；涉及，关系到

Его́ рука́ каса́ется мои́х воло́с. 他的手摸到我的头发。

Разгово́р каса́ется моего́ колле́ги. 谈话涉及我的同事。

Это каса́ется тебя́. 这件事与你有关。

Что каса́ется меня́, то я не могу́ ве́рить. 至于我，我不能相信。

отходи́ть//отойти́	[未//完成体] 走开，离开；车开出，船启航

Де́вочка пла́чет и отхо́дит в сто́рону. 小女孩哭着躲到一边去了。

По́езд уже́ отошёл. 火车已经开走了。

第四课

一、词汇导读

本课词汇以旅游为主,请记住风景名胜的表达方法。

二、词汇注释

чемодáн	[阳性]单数:чемодáн, чемодáна, чемодáну, чемодáн, чемодáном, о чемодáне;复数:чемодáны, чемодáнов, чемодáнам, чемодáны, чемодáнами, о чемодáнах 手提箱,(行李)箱 лёгкий чемодáн 轻便手提箱 туристи́ческий чемодáн 旅行箱
укачáть	[完成体]когó-что 将来时:укачáю, укачáешь, укачáют;过去时:укачáл, укачáла, укачáло, укачáли;过去时主动形动词:укачáвший;过去时被动形动词:укáчанный;副动词:укачáв//укáчивать[未完成体]现在时:укáчиваю, укáчиваешь, укáчивают;过去时:укáчивал, укáчивала, укáчивало, укáчивали;现在时主动形动词:укáчивающий;过去时主动形动词:укáчивавший;现在时被动形动词:укáчиваемый;副动词:укáчивая 摇晃着使睡去;(摇晃、颠簸得)使眩晕,使呕吐 Мáма укáчивает ребёнка на рукáх. (人称动词)妈妈抱着孩子摇他入睡。Егó укачáло на теплохóде. (无人称动词)他晕船了。
сверхскоростнóй	[形容词]сверхскоростнáя, сверхскоростнóе, сверхскоростны́е 超速的 сверхскоростнóй пóезд 快速列车
вéрно	[副词]正确地,合适地 вéрно отвéтить на все вопрóсы 正确回答全部问题
скóрый	[形容词]长尾:скóрая, скóрое, скóрые;短尾:скор, скорá, скóро, скóры 快的,迅速的 скóрый пóезд 快车 скóрая пóмощь 急救 скóрый полёт 快速飞行
агéнт	[阳性]单数:агéнт, агéнта, агéнту, агéнта, агéнтом, об агéнте;复数:агéнты, агéнтов, агéнтам, агéнтов, агéнтами, об агéнтах 代表;代理人 торгóвый агéнт 商务代表 агéнт фи́рмы 公司代理
тур	[阳性]单数:тур, тýра, тýру, тур, тýром, о тýре;复数:тýры, тýров, тýрам, тýры, тýрами, о тýрах (比赛)一轮;游览 послéдний тур мáтча 最后一轮比赛 недéльный тур по Еврóпе 欧洲一周游
прожива́ние	[中性]单数:прожива́ние, прожива́ния, прожива́нию, прожива́ние, прожива́нием, о прожива́нии 居住,住所 прожива́ние на окра́ине гóрода 住在郊外 плати́ть за прожива́ние 交宿费

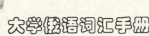

cáyна	[阴性]单数：*cáyна, cáyны, cáyне, cáyну, cáyной, о cáyне*（芬兰式）蒸汽浴，桑拿浴 принима́ть cáyну 洗桑拿浴
сто́имость	[阴性]单数：*сто́имость, сто́имости, сто́имости, сто́имость, сто́имостью, о сто́имости* 价格；价值 сто́имость биле́та 票价 о́бщая сто́имость това́ров 商品总价值
посеще́ние	[中性]单数：*посеще́ние, посеще́ния, посеще́нию, посеще́ние, посеще́нием, о посеще́нии* 参观；访问，探望 посеще́ние вы́ставки 参观展览 посеще́ние музе́я 参观博物馆 посеще́ние больно́го 看望病人
аквапа́рк	[阳性]单数：*аквапа́рк, аквапа́рка, аквапа́рку, аквапа́рк, аквапа́рком, об аквапа́рке*；复数：*аквапа́рки, аквапа́рков, аквапа́ркам, аквапа́рки, аквапа́рками, об аквапа́рках* 海洋公园 посеща́ть аквапа́рк 参观海洋公园
дополни́тельный	[形容词] *дополни́тельная, дополни́тельное, дополни́тельные* 补充的，附加的 дополни́тельные материа́лы 补充材料 дополни́тельная пла́та 另加钱，额外付费
пла́та	[阴性]单数：*пла́та, пла́ты, пла́те, пла́ту, пла́той, о пла́те* 费用；酬金，工资 пла́та за кварти́ру 房租 пла́та за во́ду 水费 внести́ пла́ту за телефо́н 交电话费 получи́ть пла́ту 领工资
подро́бный	[形容词] 长尾：*подро́бная, подро́бное, подро́бные*；短尾：*подро́бен, подробна́, подро́бно, подро́бны* 详细的，详尽的 подро́бный план 详细的计划 подро́бная програ́мма 详尽的大纲
неде́льный	[形容词] *неде́льная, неде́льное, неде́льные* 一星期的，一周的 неде́льный план 一周的计划 неде́льное путеше́ствие 一周的旅行
устра́ивать	[未完成体] что 现在时：*устра́иваю, устра́иваешь, устра́ивают*；过去时：*устра́ивал, устра́ивала, устра́ивало, устра́ивали*；现在时主动形动词：*устра́ивающий*；过去时主动形动词：*устра́ивавший*；现在时被动形动词：*устра́иваемый*；副动词：*устра́ивая*//***устро́ить*** [完成体] 将来时：*устро́ю, устро́ишь, устро́ят*；过去时：*устро́ил, устро́ила, устро́ило, устро́или*；过去时主动形动词：*устро́ивший*；过去时被动形动词：*устро́енный*；副动词：*устро́ив* 组织，举办；安插，安置；对……方便，对……合适 устро́ить ве́чер 举办晚会 устро́ить конце́рт 举办音乐会 устро́ить свою́ жизнь 安排自己的生活 устро́ить свои́ дела́ 安排好自己的事情 устро́ить го́стя на дива́н 让客人坐到沙发上 устро́ить сы́на в фи́рму 安排儿子到公司上班 Гости́ница меня́ устра́ивает. 我对宾馆很满意。
соверши́ть	[完成体] что 将来时：*совершу́, соверши́шь, соверша́т*；过去时：*соверши́л, соверши́ла, соверши́ло, соверши́ли*；过去时主动形动词：*соверши́вший*；过去时被动形动词：*совершённый*；副动词：*соверши́в*//***соверша́ть*** [未完成体] 现在时：*соверша́ю, соверша́ешь, соверша́ют*；过去时：*соверша́л, соверша́ла, соверша́ло, соверша́ли*；现在时主动形动词：*соверша́ющий*；过去时主动形动词：*соверша́вший*；现在时被动形动词：*соверша́емый*；副动词：*соверша́я* 完成；实行 соверша́ть рабо́ту 完成工作，做功 соверша́ть

	путешéствие по Вóлге 沿伏尔加河游览
великолéпный	[形容词]长尾:*великолéпная*,*великолéпное*,*великолéпные*;短尾:*великолéпен*, *великолéпна*,*великолéпно*,*великолéпны* 出色的;华丽的 *великолéпный обéд* 丰盛的午餐 *великолéпный пáмятник* 雄伟的遗址 *великолéпная одéжда* 华丽的服装
картúнный	[形容词]长尾:*картúнная*,*картúнное*,*картúнные*;短尾:*картúнен*,*картúнна*,*картúнно*,*картúнны* 图画的;美观的 *картúнная галерéя* 画廊,美术馆 *картúнные местá* 风景如画的地方 *картúнная внéшность* 美丽的外表
достопримечáте-льность	[阴性]单数:*достопримечáтельность*,*достопримечáтельности*,*достопримечáтельности*,*достопримечáтельность*,*достопримечáтельностью*,*о достопримечáтельности*;复数:*достопримечáтельности*,*достопримечáтельностей*,*достопримечáтельностям*,*достопримечáтельности*,*достопримечáтельностями*,*о достопримечáтельностях* 名胜古迹 *истори́ческие достопримечáтельности* 历史古迹 *посещáть достопримечáтельности* 参观古迹
разочаровáться	[完成体]*в ком-чём* 将来时:*разочарýюсь*,*разочарýешься*,*разочарýются*;过去时:*разочаровáлся*,*разочаровáлась*,*разочаровáлось*,*разочаровáлись*;过去时主动形动词:*разочаровáвшийся*;副动词:*разочаровáвшись*//*разочарóвываться*[未完成体]现在时:*разочарóвываюсь*,*разочарóвываешься*,*разочарóвываются*;过去时:*разочарóвывался*,*разочарóвывалась*,*разочарóвывалось*,*разочарóвывались*;现在时主动形动词:*разочарóвывающийся*;过去时主动形动词:*разочарóвывавшийся*;副动词:*разочарóвываясь* 对……失望;扫兴 *разочаровáться в друзьях* 对朋友们失望 *разочаровáться в жи́зни* 对生活失去信心
берёзовый	[形容词]*берёзовая*,*берёзовое*,*берёзовые* 桦树的;桦木制的 *берёзовый лес* 桦树林 *берёзовый стол* 桦木桌子
рóща	[阴性]单数:*рóща*,*рóщи*,*рóще*,*рóщу*,*рóщей*,*о рóще*;复数:*рóщи*,*рóщей*,*рóщам*,*рóщи*,*рóщами*,*о рóщах* 小树林 *берёзовая рóща* 桦树林
Финля́ндия	[阴性]单数:*Финля́ндия*,*Финля́ндии*,*Финля́ндии*,*Финля́ндию*,*Финля́ндией*,*о Финля́ндии* 芬兰
Хéльсинки	[阳性,不变化]赫尔辛基
Казáнь	[阴性]单数:*Казáнь*,*Казáни*,*Казáни*,*Казáнь*,*Казáнью*,*о Казáни* 喀山
Ульяновск	[阳性]单数:*Ульяновск*,*Ульяновка*,*Ульяновску*,*Ульяновск*,*Ульяновском*,*о Ульяновске* 乌里扬诺夫斯克
Áстрахань	[阴性]单数:*Áстрахань*,*Áстрахани*,*Áстрахани*,*Áстрахань*,*Áстраханью*,*об Áстрахани* 阿斯特拉罕
национáльный	[形容词]*национáльная*,*национáльное*,*национáльные* 民族的;国家的,国立的 *национáльный вопрóс* 民族问题 *национáльная поли́тика* 民族政策

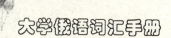

		национа́льная оде́жда 民族服装 национа́льные музыка́льные инструме́нты 民族乐器 национа́льные пра́здники 国家节日,全民节日
карнава́л	[阳性]	单数：*карнава́л, карнава́ла, карнава́лу, карнава́л, карнава́лом, о карнава́ле*；复数：*карнава́лы, карнава́лов, карнава́лам, карнава́лы, карнава́лами, о карнава́лах* 狂欢；嘉年华会 первома́йский карнава́л 五一节狂欢
пра́здновать	[未完成体]	*что* 现在时：*пра́здную, пра́зднуешь, пра́зднуют*；过去时：*пра́здновал, пра́здновала, пра́здновало, пра́здновали*；现在时主动形动词：*пра́зднующий*；过去时主动形动词：*пра́здновавший*；现在时被动形动词：*пра́зднуемый*；副动词：*пра́зднуя*//*отпра́здновать*[完成体]过去时主动形动词：*отпра́здновавший*；过去时被动形动词：*отпра́зднованный*；副动词：*отпра́здновав* 庆祝节日（纪念日）пра́здновать побе́ду 庆祝胜利 пра́здновать новосе́лье 庆祝乔迁 пра́здновать день рожде́ния 庆祝生日
везде́	[副词]	到处,处处 всегда́ и везде́ 随时随地
собы́тие	[中性]	单数：*собы́тие, собы́тия, собы́тию, собы́тие, собы́тием, о собы́тии*；复数：*собы́тия, собы́тий, собы́тиям, собы́тия, собы́тиями, о собы́тиях* 事件；大事 истори́ческое собы́тие 历史事件 междунаро́дные собы́тия 国际大事
комфорта́бельный	[形容词]	长尾：*комфорта́бельная, комфорта́бельное, комфорта́бельные*；短尾：*комфорта́белен, комфорта́бельна, комфорта́бельно, комфорта́бельны* 舒适的 комфорта́бельная ко́мната 舒适的房间
электри́чка	[阴性]	单数：*электри́чка, электри́чки, электри́чке, электри́чку, электри́чкой, об электри́чке* 电气火车；电气轨道 е́хать на электри́чке 乘坐电气火车
ме́дленно	[副词]	缓慢地；动作迟缓地 Де́ти иду́т ме́дленно. 孩子们走得很慢。Цветы́ расту́т ме́дленно. 花开得很慢。
ико́на	[阴性]	单数：*ико́на, ико́ны, ико́не, ико́ну, ико́ной, об ико́не*；复数：*ико́ны, ико́н, ико́нам, ико́ны, ико́нами, об ико́нах* 圣像；圣像画 ико́ны в Кремле́ 克里姆林宫里的圣像画
скульпту́ра	[阴性]	单数：*скульпту́ра, скульпту́ры, скульпту́ре, скульпту́ру, скульпту́рой, о скульпту́ре*；复数：*скульпту́ры, скульпту́р, скульпту́рам, скульпту́ры, скульпту́рами, о скульпту́рах* 雕塑艺术；雕塑品,雕像 занима́ться скульпту́рой 从事雕塑 мра́морная скульпту́ра 大理石雕塑
гре́ться	[未完成体]	现在时：*гре́юсь, гре́ешься, гре́ются*；过去时：*гре́лся, гре́лась, гре́лось, гре́лись*；现在时主动形动词：*гре́ющийся*；过去时主动形动词：*гре́вшийся*；副动词：*гре́ясь*//*нагре́ться* 或 *согре́ться*[完成体]过去时主动形动词：*нагре́вшийся*；副动词：*нагре́вшись* 取暖；烧热 гре́ться на со́лнце 在阳光下取暖 Вода́ гре́ется. 水烧热了。
удиви́тельно	[副词]	奇怪地,令人诧异地；惊人地,非常地 удиви́тельно краси́вая де́вушка 美貌惊人的女孩 удиви́тельно интере́сно 非常有趣
вокру́г	[副词]	周围,附近 смотре́ть вокру́г 四下里望望

	[前置词]кого-чего 在……周围,围绕着 сидéть вокрýг столá 围桌而坐
захотéть	[完成体]кого-что 将来时:захочý, захóчешь, захóчет, захотим, захотите, захотят;过去时:захотéл, захотéла, захотéло, захотéли;过去时主动形动词:захотéвший;副动词:захотéв 想要,想起(做某事) захотéть воды́ 想喝水 захотéть спать 想睡觉
создáтель	[阳性]单数:создáтель, создáтеля, создáтелю, создáтеля, создáтелем, о создáтеле;复数:создáтели, создáтелей, создáтелям, создáтелей, создáтелями, о создáтелях 创造者,创始人 создáтель истóрии 历史的创造者 создáтель картинной галерéи 美术馆的创始人
колокóльчик	[阳性]单数:колокóльчик, колокóльчика, колокóльчику, колокóльчик, колокóльчиком, о колокóльчике;复数:колокóльчики, колокóльчиков, колокóльчикам, колокóльчики, колокóльчиками, о колокóльчиках 铃,铃铛,小钟 дверной колокóльчик 门铃 звонить в колокóльчик 摇铃
пластинка	[阴性]单数:пластинка, пластинки, пластинке, пластинку, пластинкой, о пластинке;复数:пластинки, пластинок, пластинкам, пластинки, пластинками, о пластинках 唱片;薄片,薄板 пластинка с пéснями 唱片
накопиться	[完成体]将来时:накоплюсь, накопишься, накóпятся;过去时:накопился, накопилась, накопилось, накопились;过去时主动形动词:накопившийся;副动词:накопившись//накопляться 或 накáпливаться[未完成体]现在时:накопляюсь, накопляешься, накопляются;过去时:накоплялся, накоплялась, накоплялось, накоплялись;现在时主动形动词:накопляющийся;过去时主动形动词:накоплявшийся;副动词:накопляясь 蓄积起来,集中起来 Накопились дéньги. 攒了一些钱。 Накáпливается рáдость. 越来越高兴。
трóйка	[阴性]单数:трóйка, трóйки, трóйке, трóйку, трóйкой, о трóйке;复数:трóйки, трóек, трóйкам, трóйки, трóйками, о трóйках 数字三;三路车;三分;三套马车 написáть трóйку 写数字"三" получить трóйку по истóрии 历史得三分 éхать на трóйке 乘三路车,坐三套马车
настоящий	[形容词]настоящая, настоящее, настоящие 现在的,目前的;真正的,真实的 в настоящее врéмя 现在 настоящее имя 真名 настоящие дéньги 真钱
ярко	[副词]明亮地;晴朗地;鲜艳地 Сóлнце ярко свéтит. 阳光明媚。 Онá одевáется ярко. 她穿着鲜艳。
снéжный	[形容词]снéжная, снéжное, снéжные 雪的,雪做的;雪一般的 снéжное пóле 雪原 снéжная зимá 多雪的冬天
мчáться	[未完成体]现在时:мчусь, мчишься, мчáтся;过去时:мчáлся, мчáлась, мчáлось, мчáлись;现在时主动形动词:мчáщийся;过去时主动形动词:мчáвшийся;副动词:мчáсь 飞驰,疾驰 Электричка мчится. 电气火车在飞驰。
прямо	[副词]照直;直接;直截了当地 стоять прямо 笔直地站着 идти прямо к цéли

直奔目的地 обратиться прямо к директору 直接找经理 сказать прямо 直率地说

отмечать	[未完成体]кого-что 现在时:отмечаю,отмечаешь,отмечают;过去时:отмечал,отмечала,отмечало,отмечали;现在时主动形动词:отмечающий;过去时主动形动词:отмечавший;现在时被动形动词:отмечаемый;副动词:отмечая//**отметить**[完成体]将来时:отмечу,отметишь,отметят;过去时:отметил,отметила,отметило,отметили;过去时主动形动词:отметивший;过去时被动形动词:отмеченный;副动词:отметив 标出,作记号;庆祝,纪念 отметить новые слова красным карандашом 用红笔标出生词 отметить дорогу на карте 在地图上标出道路 отметить день рождения 庆祝生日
стиль	[阳性]单数:стиль,стиля,стилю,стиль,стилем,о стиле;复数:стили,стилей,стилям,стили,стилями,о стилях 风格;方式;语体 восточный стиль в искусстве 东方艺术风格 национальный стиль в архитектуре 民族建筑风格 хороший стиль в работе 良好的工作作风 литературный стиль 文学体裁 книжный стиль 书面语体
покататься	[完成体]将来时:покатаюсь,покатаешься,покатаются;过去时:покатался,покаталась,покаталось,покатались;过去时主动形动词:покатавшийся;副动词:покатавшись（乘车、船等）玩儿一会儿,兜一会儿风 покататься на лыжах 滑一滑雪
заранее	[副词]领先,事先 заранее сообщить 预先通知
платформа	[阴性]单数:платформа,платформы,платформе,платформу,платформой,о платформе;复数:платформы,платформ,платформам,платформы,платформами,о платформах 站台,月台;（铁路）小站 проводить гостей на платформе 在站台上送客人
Ярославль	[阳性]单数:Ярославль,Ярославля,Ярославлю,Ярославль,Ярославлем,о Ярославле 雅罗斯拉夫尔 Ярославль — один из городов Золотого кольца России. 雅罗斯拉夫尔是俄罗斯金环上的城市。
Масленица	[阴性]单数:Масленица,Масленицы,Масленице,Масленицу,Масленицей,о Масленице 谢肉节 отметить Масленицу 庆祝谢肉节
Япония	[阴性]单数:Япония,Японии,Японии,Японию,Японией,о Японии 日本 путешествовать по Японии 在日本旅行
основатель	[阳性]单数:основатель,основателя,основателю,основателя,основателем,об основателе;复数:основатели,основателей,основателям,основателей,основателями,об основателях 创始人,奠基人 основатель города 城市的奠基人 основатель университета 学校的创建人
основать	[完成体]что на чём 将来时:осную,оснуёшь,оснуют;过去时:основал,основала,основало,основали;过去时主动形动词:основавший;过去时被动形动词:основанный;副动词:основав//**основывать**[未完成体]现在时:

		оснóвываю, оснóвываешь, оснóвывают；过去时：оснóвывал, оснóвывала, оснóвывало, оснóвывали；现在时主动形动词：оснóвывающий；过去时主动形动词：оснóвывавший；现在时被动形动词：оснóвываемый；副动词：оснóвывая 建立，创立；根据，以……为基础 основáть университéт 创办大学 основáть отношéния на дрýжбе 把关系建立在友谊的基础之上 основáть свою рáдость на чужóм гóре 把自己的快乐建立在别人的痛苦之上
óблик	[阳性]	单数：óблик, óблика, óблику, óблик, óбликом, об óблике 外表，外貌；面貌，风貌 óблик гóрода 城市外观 политíческий óблик 政治面貌
архитектýра	[阴性]	单数：архитектýра, архитектýры, архитектýре, архитктýру, архитектýрой, об архитектýре 建筑学，建筑艺术；建筑式样，建筑风格 интерéс к архитектýре 对建筑学的兴趣 дом япóнской архитектýры 日本建筑风格的房屋
поэ́ма	[阴性]	单数：поэ́ма, поэ́мы, поэ́ме, поэ́му, поэ́мой, о поэ́ме；复数：поэ́мы, поэ́м, поэ́мам, поэ́мы, поэ́мами, о поэ́мах 长诗；史诗；史诗般的巨著 лирíческая поэ́ма 抒情长诗 романтíческая поэ́ма 浪漫长诗
симфóния	[阴性]	单数：симфóния, симфóнии, симфóнии, симфóнию, симфóнией, о симфóнии 交响乐，交响曲 слýшать симфóнию 听交响乐
нáбережная	[阴性]	单数：нáбережная, нáбережной, нáбережной, нáбережную, нáбережной, о нáбережной；复数：нáбережные, нáбережных, нáбережным, нáбережные, нáбережными, о нáбережных 堤岸；沿岸街 нáбережная рекú Янцзы́ 长江堤岸 гуля́ть по нáбережной 沿河岸散步
собóр	[阳性]	单数：собóр, собóра, собóру, собóр, собóром, о собóре；复数：собóры, собóров, собóрам, собóры, собóрами, о собóрах 大教堂，大礼拜堂 Казáнский собóр 喀山大教堂
эпóха	[阴性]	单数：эпóха, эпóхи, эпóхе, эпóху, эпóхой, об эпóхе 时代，阶段，时期 велúкая эпóха 伟大的时代
чуть	[副词]	稍微，有点儿；刚刚，勉强 чуть улыбáться 微微笑 чуть не опоздáть на пóезд 差点儿没赶上火车 чуть не упáсть 差点儿跌倒
горáздо	[副词]	（与比较级连用）……得多 горáздо лýчше 好得多
придавáть	[未完成体]	что кому́-чему́ 现在时：придаю́, придаёшь, придаю́т；过去时：придавáл, придавáла, придавáло, придавáли；现在时主动形动 придаю́щий；过去时主动形动词：придавáвший；现在时被动形动词：придавáемый；副动词：придавáя//придáть[完成体]придáм, придáшь, придáст, придадúм, придадúте, придадýт；过去时：прúдал, придалá, прúдало, прúдали；过去时主动形动词：придáвший；过去时被动形动词：прúданный；副动词：придáв 使具有，赋予；认为……(有意义)；补充上，补给 придáть кнúге красúвую внéшность 给书加上漂亮的装潢 придáть гóроду красúвый óблик 使城市外观更美 придáть большóе значéние фúзике 认为物理学意义重大 придáть цéну кнúге 认为书很有价值 придáть трёх

человéк футбóльной комáнде 给足球队增加三人

романти́ческий [形容词]*романти́ческая, романти́ческое, романти́ческие* 浪漫主义的；充满浪漫色彩的 *романти́ческая поэ́ма* 浪漫主义长诗 *романти́ческая любóвь* 浪漫的爱情

архитекту́рный [形容词]*архитекту́рная, архитекту́рное, архитекту́рные* 建筑的 *архитекту́рный институ́т* 建筑学院 *архитекту́рный стиль* 建筑风格

ежегóдно [副词]每年地，一年一度地 *Факультéт ежегóдно организу́ет вéчер на рýсском языкé.* 系里每年都举办俄语晚会。

маршру́т [阳性]单数：*маршру́т, маршру́та, маршру́ту, маршру́т, маршру́том, о маршру́те*；复数：*маршру́ты, маршру́тов, маршру́там, маршру́ты, маршру́тами, о маршру́тах* 路线，行进路线 *туристи́ческий маршру́т* 旅游路线

включáть [未完成体]*когó-что во что* 现在时：*включáю, включáешь, включáют*；过去时：*включáл, включáла, включáло, включáли*；现在时主动形动词：*включáющий*；过去时主动形动词：*включáвший*；现在时被动形动词：*включáемый*；副动词：*включáя*//**включи́ть**[完成体]将来时：*включу́, включи́шь, включáт*；过去时：*включи́л, включи́ла, включи́ло, включи́ли*；过去时主动形动词：*включи́вший*；过去时被动形动词：*включённый*；副动词：*включи́в* 列入，编入；接通（电源），开（开关）*включи́ть егó в футбóльную комáнду* 把他编入足球队 *включи́ть егó мнéние в прогрáмму* 把他的意见列入大纲 *включи́ть лáмпу* 开灯 *включи́ть газ* 开煤气开关

специáльный [形容词]长尾：*специáльная, специáльное, специáльные*；短尾：*специáлен, специáльна, специáльно, специáльны* 专门的，特别的；专业的 *специáльный самолёт* 专机 *специáльная одéжда* 工作服 *специáльные знáния* 专业知识 *специáльная литератýра* 专业书籍

тéма [阴性]单数：*тéма, тéмы, тéме, тéму, тéмой, о тéме*；复数：*тéмы, тем, тéмам, тéмы, тéмами, о тéмах* 题目，题材；话题；主题 *глубóкая тéма* 深奥的题目 *истори́ческая тéма* 历史题材 *доклáд на тéму «Путешéствие»* 题目为《旅行》的报告 *тéма разговóра* 话题 *касáться тéмы* 涉及主题

си́мвол [阳性]单数：*си́мвол, си́мвола, си́мволу, си́мвол, си́мволом, о си́мволе*；复数：*си́мволы, си́мволов, си́мволам, си́мволы, си́мволами, о си́мволах* 象征；标志；符号，记号 *си́мвол ми́ра* 和平的象征 *си́мвол нóвой эпóхи* 新时代的标志 *хими́ческий си́мвол* 化学符号

явля́ться [未完成体]*кем-чем* 现在时：*явля́юсь, явля́ешься, явля́ются*；过去时：*явля́лся, явля́лась, явля́лось, явля́лись*；现在时主动形动词：*явля́ющийся*；过去时主动形动词：*явля́вшийся*；副动词：*явля́ясь*//**яви́ться**[完成体]将来时：*явлю́сь, я́вишься, я́вятся*；过去时：*яви́лся, яви́лась, яви́лось, яви́лись*；过去时主动形动词：*яви́вшийся*；副动词：*яви́вшись* 出现；出席；是，成为 *У меня́ яви́лась мысль.* 我有一个想法。*Тóлько вéчером отéц яви́лся домóй.* 到了晚上父亲才回到家。*Просту́да яви́лась причи́ной болéз-*

ни. 感冒是生病的原因。Пекин является одним из самых крупных городов мира. 北京是世界上最大的城市之一。

светло	[副词]	明亮；心情愉快 В комнате светло. 房间里很明亮。На душе светло. 心情愉快。
сутки	[复数]	*суток*, *суткам*, *сутки*, *сутками*, *о сутках*（一）昼夜 работать сутки 昼夜工作
различный	[形容词]	长尾：*различная*, *различное*, *различные*；短尾：*различен*, *различна*, *различно*, *различны* 不同的，不一样的；各种各样的 различные люди 不一样的人们 различные вещи 各种各样的东西
фестиваль	[阳性]	单数：*фестиваль*, *фестиваля*, *фестивалю*, *фестиваль*, *фестивалем*, *о фестивале*；复数：*фестивали*, *фестивалей*, *фестивалям*, *фестивали*, *фестивалями*, *о фестивалях* 汇演，联欢会 музыкальный фестиваль 音乐会演 фестиваль фильмов 电影节
гулянье	[中性]	单数：*гулянье*, *гулянья*, *гулянью*, *гулянье*, *гуляньем*, *о гулянье* 散步；游玩，游艺会 гулянье по лесам 在林中散步 устроить гулянье 举办游园会
широко	[副词]	宽阔地；广泛地；开朗地 широко известный писатель 知名作家 широко использоваться 广泛地使用 широко на сердце 心情开朗
использоваться	[未完成体]	现在时：*используюсь*, *используешься*, *используются*；过去时：*использовался*, *использовалась*, *использовалось*, *использовались*；现在时主动形动词：*использующийся*；过去时主动形动词：*использовавшийся*；副动词：*используясь* 使用；利用，采用 На фабриках широко используются машины. 工厂广泛使用机器。Этот метод используется на практике. 实践中采用这种方法。
данные	[复数]	*данных*, *данным*, *данные*, *данными*, *о данных* 资料，数据 по данным ЮНЕСКО 根据联合国教科文组织的数据 обработать данные 处理数据
восьмёрка	[阴性]	单数：*восьмёрка*, *восьмёрки*, *восьмёрке*, *восьмёрку*, *восьмёркой*, *о восьмёрке* 数字八；八个，八个一组的东西 восьмёрка стран 八国集团
привлекательный	[形容词]	长尾：*привлекательная*, *привлекательное*, *привлекательные*；短尾：*привлекателен*, *привлекательна*, *привлекательно*, *привлекательны* 招人喜爱的，有吸引力的；美丽的 привлекательная лекция 吸引人的课程 привлекательная внешность 美丽的外貌
Венеция	[阴性]	单数：*Венеция*, *Венеции*, *Венеции*, *Венецию*, *Венецией*, *о Венеции* 威尼斯 северная Венеция 北方威尼斯
Эрмитаж	[阳性]	单数：*Эрмитаж*, *Эрмитажа*, *Эрмитажу*, *Эрмитаж*, *Эрмитажем*, *об Эрмитаже* 埃尔米塔什博物馆 осмотреть Эрмитаж 参观埃尔米塔什博物馆

三、词汇重点

перенести　[完成体]что 将来时：перенесу́, перенесёшь, перенесу́т；过去时：перенёс, перенесла́, перенесло́, перенесли́；过去时主动形动词：перенёсший；过去时被动形动词：перенесённый；副动词：перенеся́//**переноси́ть**[未完成体]现在时：переношу́, перено́сишь, перено́сят；过去时：переноси́л, переноси́ла, переноси́ло, переноси́ли；现在时主动形动词：перенося́щий；过去时主动形动词：переноси́вший；现在时被动形动词：переноси́мый；副动词：перенося́ 搬到，运到(另一处)；经受，遭受(病痛等) перенести́ ребёнка на рука́х в другу́ю ко́мнату 把小孩抱到另一个房间 перенести́ стол в ку́хню 把桌子搬到厨房 перенести́ боле́знь 遭受病痛 перенести́ уда́р 遭受打击 перенести́ тру́дности 遭受困难

[注意]перенести́ 过去时形式特殊

путь　[阳性]单数：путь, пути́, пути́, путь, путём, о пути́；复数：пути́, путе́й, путя́м, пути́, путя́ми, о путя́х 路，道路；路线 прямо́й путь 直路 путь сообще́ния 交通 провожа́ть кого́ в после́дний путь 为……送葬 возду́шные пути́ 空中航线 морско́й путь 海上航线

[注意]путь 是阳性名词，但单数第二、三、六格按阴性名词变化

бой　[阳性]单数：бой, бо́я, бо́ю, бой, бо́ем, о бо́е(в бою́)；复数：бои́, боёв, боя́м, бои́, боя́ми, о боя́х 战斗，作战；(钟、鼓等)声响 тяжёлый бой 艰苦的战斗 бой на грани́це 边界战斗 побе́да в бою́ 在作战中获胜 проигра́ть бой 战斗失败 бой часо́в 钟声

[注意]бой 与 в 连用时，第六格为бою́；бой 的复数各格重音后移

луг　[阳性]单数：луг, лу́га, лу́гу, луг, лу́гом, о лу́ге(на лугу́)；复数：луга́, луго́в, луга́м, луга́, луга́ми, о луга́х 草地；牧场 зелёные луга́ 绿色的草地，绿色的牧场

[注意]луг 与 на 连用时第六格为лугу́；луг 复数为луга́, 复数各格重音后移

развлека́ться　[未完成体]现在时：развлека́юсь, развлека́ешься, развлека́ются；过去时：развлека́лся, развлека́лась, развлека́лось, развлека́лись；现在时主动形动词：развлека́ющийся；过去时主动形动词：развлека́вшийся；副动词：развлека́ясь//**развле́чься**[完成体]将来时：развлеку́сь, развлечёшься, развлеку́тся；过去时：развлёкся, развлекла́сь, развлекло́сь, развлекли́сь；过去时主动形动词：развлёкшийся；副动词：развлёкшись 消遣，娱乐 развле́чься по́сле труда́ 工作后娱乐

[注意]развле́чься 变位和过去时特殊

поспа́ть　[完成体]将来时：посплю́, поспи́шь, поспя́т；过去时：поспа́л, поспала́, поспа́ло, поспа́ли 睡一会儿 немно́го поспа́ть 睡一会儿

[注意]поспа́ть 过去时阴性形式重音后移

лошадь	[阴性]单数:лóшадь,лóшади,лóшади,лóшадь,лóшадью,о лóшади;复数:лоша́ди,лошаде́й,лошадя́м,лошаде́й,лошадя́ми,о лошадя́х 马;(复数)马车 па́ра лошаде́й 两匹马 сесть на лóшадь 上马 éхать на лошадя́х 乘马车
	[注意]лóшадь 复数第二、三、四、五、六格形式重音后移
са́ни	[复数]сане́й,саня́м,са́ни,саня́ми,о саня́х 雪橇,爬犁 ката́ться на саня́х 滑雪橇
	[注意]са́ни 的间接格的重音后移

царь	[阳性]单数:царь,царя́,царю́,царя́,царём,о царе́;复数:цари́,царе́й,царя́м,царе́й,царя́ми,о царя́х 皇帝,沙皇 царь Росси́и 俄国沙皇 царь птиц 百鸟之王
	[注意]царь 变格时重音后移
ка́мень	[阳性]单数:ка́мень,ка́мня,ка́мню,ка́мень,ка́мнем,о ка́мне;复数:ка́мни,камне́й,камня́м,ка́мни,камня́ми,о камня́х 石头,岩石 сиде́ть на ка́мне 坐在石头上 дом из камне́й 石头房子 кольцо́ с краси́вым зелёным ка́мнем 镶着美丽绿宝石的戒指
	[注意]ка́мень 变格时 -е- 脱落,复数第二、三、五、六格重音后移

 四、词汇记忆

чемода́н	手提箱,(行李)箱	suitcase
путь	路,道路;路线	path
аге́нт	代表;代理人	agent
тур	(比赛)一轮;游览	tour
прожива́ние	居住,住所	accommodation
са́уна	(芬兰式)蒸汽浴,桑拿浴	sauna
сто́имость	价格;价值	cost
посеще́ние	参观,访问,探望	visit
аквапа́рк	海洋公园	seapark
пла́та	费用;酬金,工资	fee
бой	战斗,作战;(钟、鼓等)声响	fight
достопримеча́тельность	名胜古迹	landmark
луг	草地;牧场	meadow
ро́ща	小树林	grove
Финля́ндия	芬兰	Finland
Хе́льсинки	赫尔辛基	Helsinki
Каза́нь	喀山	Kazan
Улья́новск	乌里扬诺夫斯克	Ulyanovsk
А́страхань	阿斯特拉罕	Astrakhan
сверхскоростно́й	超速的	superfast
ско́рый	快的,迅速的	fast, quick

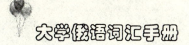

дополни́тельный	补充的，附加的	additional
подро́бный	详细的，详尽的	detail
неде́льный	一星期的，一周的	weekly
великоле́пный	出色的；华丽的	magnificent, wonderful
карти́нный	图画的；美观的	picture
берёзовый	桦树的；桦木制的	birch
переноси́ть//перенести́	搬到，运到（另一处）；经受，遭受（病痛等）	to move, suffer
ука́чивать//укача́ть	摇晃着使睡去；(摇晃、颠簸得)使眩晕，使呕吐	to rock
устра́ивать//устро́ить	组织，举办；安插，安置；对……方便，对……合适	to arrange, suit
соверша́ть//соверши́ть	完成；实行	to do, perform
разочаро́вываться//разочарова́ться	对……失望；扫兴	to be disappointed

ве́рно	正确地，合适地	rightly
карнава́л	狂欢；嘉年华会	carnival
собы́тие	事件；大事	event
электри́чка	电气火车；电气轨道	electric train
ико́на	圣像；圣像画	icon
скульпту́ра	雕塑艺术；雕塑品，雕像	sculpture
созда́тель	创造者，创始人	creator
колоко́льчик	铃，铃铛，小钟	bell
пласти́нка	唱片；薄片，薄板	record, plate, disk
тро́йка	数字三；三路车；三分；三套马车	three, troika
ло́шадь	马；马车	horse, horseback
са́ни	雪橇，爬犁	sleigh
стиль	风格；方式；文体	style
платфо́рма	站台，月台；(铁路)小站	platform
Яросла́вль	雅罗斯拉夫尔	Yaroslavl
Ма́сленица	谢肉节	Maslenitsa
Япо́ния	日本	Japan
национа́льный	民族的；国家的，国立的	national
комфорта́бельный	舒适的	comfortable
настоя́щий	现在的，目前的；真正的，真实的	present, real
сне́жный	雪的，雪做的；雪一般的	snow, snowy
развлека́ться//развле́чься	消遣，娱乐	to fun
пра́здновать//отпра́здновать	庆祝节日（纪念日）	to celebrate

гре́ться// согре́ться	取暖;烧	to bask
захоте́ть	想要,想起(做某事)	to wish
поспа́ть	睡一会儿	to sleep
накопля́ться 或 накапливаться// накопи́ться	蓄积起来,集中起来	to collect
мча́ться	飞驰,疾驰	to rush
отмеча́ть// отме́тить	标出,作记号;庆祝,纪念	to mark, celebrate
поката́ться	(乘车、船等)玩儿一会儿,兜一会儿风	to ride, drive
везде́	到处,处处	everywhere
ме́дленно	缓慢地;行动迟缓地	slowly
удиви́тельно	奇怪地,令人诧异地;惊人地,非常地	amazingly
вокру́г	周围,附近;在……周围,围绕着	around
я́рко	明亮地;晴朗地;鲜艳地	brightly, clearly
пря́мо	照直;直接;直截了当地	directly
зара́нее	预先,事先	in advance, beforehand
основа́тель	创始人,奠基者	founder
царь	皇帝,沙皇	king, czar
о́блик	外表,外貌;面貌,风貌	shape, image, form
архитекту́ра	建筑学;建筑艺术;建筑式样,建筑风格	architecture
поэ́ма	长诗;史诗;史诗般的巨著	poem, poetry
симфо́ния	交响乐,交响曲	symphony
ка́мень	石头,岩石	stone
на́бережная	堤岸;沿岸街	waterfront
собо́р	大教堂,大礼拜堂	cathedral
маршру́т	路线,行进路线	route
те́ма	题目,题材;话题;主题	theme, topic
си́мвол	象征;标志;符号,记号	symbol
су́тки	(一)昼夜	day
фестива́ль	汇演,联欢节	festival
гуля́нье	散步;游玩,游艺会	festival, walking
да́нные	资料,数据	datas, information
восьмёрка	数字八;八个,八个一组的东西	eight
Вене́ция	威尼斯	Venice
Эрмита́ж	埃尔米塔什(博物馆)	Hermitage
Исаа́киевский собо́р	伊萨基耶夫大教堂	Isaac's cathedral
Каза́нский собо́р	喀山大教堂	Kazan cathedral

ЮНЕСКО	联合国教科文组织	UNESCO
романти́ческий	浪漫主义的；充满浪漫色彩的	romantic
архитекту́рный	建筑的	architectural
специа́льный	专门的，特别的；专业的	special
разли́чный	不同的，不一样的；各种各样的	different
привлека́тельный	招人喜欢的，有吸引力的；美丽的	attractive
осно́вывать//основа́ть	建立，创立；根据，以……为基础	to found, establish
придава́ть//прида́ть	使具有，赋予；认为……（有意义）；补充上，补给	to give
включа́ть//включи́ть	列入，编入；接通（电源），开（开关）	to include, turn on
явля́ться//яви́ться	出现；出席；是，成为	to appear, come, be
испо́льзоваться	使用；利用，采用	to be used
чуть	稍微，有点儿；刚刚，勉强	almost
гора́здо	（与比较级连用）……得多	much
ежего́дно	每年地，一年一度地	yearly
светло́	明亮；心情愉快	lightly, brightly
широко́	宽阔地；广泛地；开朗地	widely

五、词汇造句

переноси́ть//перенести́	[未//完成体]*что* 搬到，运到（另一处）；经受，遭受（疾病等） Лю́ди перенесли́ больно́го в больни́цу. 人们把病人送进医院。 Ребёнок неда́вно перенёс воспале́ние лёгких. 小孩不久前得了一次肺炎。 Я уже́ переношу́ се́верный кли́мат. 我在适应北方的气候。 Я не переношу́ э́того челове́ка. 这个人让我无法容忍。 Южа́не не перено́сят моро́за. 南方人怕冷。
ука́чивать//укача́ть	[未//完成体]*кого-что* 摇晃得使睡去；（摇晃）使眩晕，使呕吐 Ма́ма ука́чивает ребёнка на рука́х.（人称动词）妈妈摇孩子睡觉。 Его́ укача́ло на теплохо́де.（无人称动词）他晕船了。 Я предпочита́ю е́здить на по́езде, меня́ ука́чивает на самолёте.（无人称动词）我更喜欢坐火车，因为我晕机。
устра́ивать//устро́ить	[未//完成体]*что* 组织，举办；安排，安置；对……方便，对……合适 На про́шлом семе́стре мы устро́или ве́чер на ру́сском языке́. 上学期我们举办了俄语晚会。 Сестра́ хорошо́ устро́ила свою́ ко́мнату. 妹妹把自己的房间布置得很漂亮。

Отéц устрóил сы́на в фи́рму на рабóту. 父亲安排儿子到公司上班。

Вáше мнéние меня́ устрóило. 您的意见我很满意。

отмечáть // отмéтить　　[未//完成体] *когó-что* 标注,作记号；庆祝,纪念

Учи́тель отмéтил оши́бки в тетрáди крáсной рýчкой. 老师用红笔标出学生作业本里的错误。

Дéти отмéтили интерéсные местá в скáзке. 孩子们把童话中有趣的地方画出来。

Мы отмéтим Пéрвое октября́ свои́ми отли́чными успéхами. 我们要以优异成绩庆祝十一。

оснóвывать // основáть　　[未//完成体] *что на чём* 建立,创立；根据,以……为基础

Он основáл городскýю библиотéку. 他创办了市图书馆。

Нельзя́ оснóвывать свою́ рáдость на чужóм гóре. 不能把自己的快乐建立在别人的痛苦之上。

придавáть // придáть　　[未//完成体] *что комý-чемý* 或 *когó-что комý* 使具有,赋予；认为……(有意义)；补充上,补给

Пóвар придаёт блю́ду прекрáсный вкус. 厨师做的饭菜很好吃。

Учени́к придáл кни́ге краси́вую внéшность. 学生给书包了好看的书皮。

Улы́бка придаёт ей дóбрый вид. 微笑让她看起来很善良。

Учёные придáли фи́зике большóе значéние. 学者们认为物理学意义重大。

Университéт придáл двух человéк футбóльной комáнде. 学校给足球队又增派了两个人。

включáть // включи́ть　　[未//完成体] *когó-что (во что)* 列入,编入；接通(电源),开(开关)

По прóсьбе трéнера егó включи́ли в футбóльную комáнду. 根据教练的要求吸收他加入足球队。

Этот словáрь включáет в себя́ 50 000 слов. 这本词典收入录 50 000 个词条。

Рабóта учи́теля включáет в себя́ и преподавáние и воспитáние. 教师的工作包括教书和育人。

Мáма включи́ла газ и началá печь блины́. 妈妈打开煤气开始烙饼。

Дéти включи́ли телеви́зор и нáчали смотрéть интерéсную передáчу. 孩子们打开电视开始看有趣的节目。

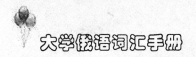

第五课

一、词汇导读

本课主题是图书，需记住各类图书的俄语表示法。

二、词汇注释

предъяви́ть	[完成体] что 将来时：предъявлю́, предъя́вишь, предъя́вят；过去时：предъяви́л, предъяви́ла, предъяви́ло, предъяви́ли 过去时主动形动词：предъяви́вший；过去时被动形动词：предъя́вленный；副动词：предъяви́в // **предъявля́ть** [未完成体] 现在时：предъявля́ю, предъявля́ешь, предъявля́ют；过去时：предъявля́л, предъявля́ла, предъявля́ло, предъявля́ли；现在时主动形动词：предъявля́ющий；过去时主动形动词：предъявля́вший；现在时被动形动词：предъявля́емый；副动词：предъявля́я 出示；提出 предъяви́ть па́спорт 出示护照 предъяви́ть спра́вку о боле́зни 交诊断书 предъяви́ть биле́т 出示车票 предъяви́ть про́сьбу 提出要求
запо́лнить	[完成体] что 将来时：запо́лню, запо́лнишь, запо́лнят；过去时：запо́лнил, запо́лнила, запо́лнило, запо́лнили；过去时主动形动词：запо́лнивший；过去时被动形动词：запо́лненный；副动词：запо́лнив // **заполня́ть** [未完成体] 现在时：заполня́ю, заполня́ешь, заполня́ют；过去时：заполня́л, заполня́ла, заполня́ло, заполня́ли；现在时主动形动词：заполня́ющий；过去时主动形动词：заполня́вший；现在时被动形动词：заполня́емый；副动词：заполня́я 填写；装满 запо́лнить ка́рточку чита́теля 填写读者卡片 запо́лнить весь день рабо́той 整天排满工作 Всю мою́ ду́шу запо́мнил э́тот прекра́сный о́браз. 这个美好形象占据了我的心灵。
ка́рточка	[阴性] 单数：ка́рточка, ка́рточки, ка́рточке, ка́рточку, ка́рточкой, о ка́рточке；复数：ка́рточки, ка́рточек, ка́рточкам, ка́рточки, ка́рточками, о ка́рточках 卡片；票证 визи́тная ка́рточка 名片 ка́рточка в библиоте́ке 图书卡片
чита́тельский	[形容词] чита́тельская, чита́тельское, чита́тельские 读者的 чита́тельский биле́т 借阅证
зака́з	[阳性] 单数：зака́з, зака́за, зака́зу, зака́з, зака́зом, о зака́зе；复数：зака́зы, зака́зов, зака́зам, зака́зы, зака́зами, о зака́зах 预定，定做；定制品 кру́пный зака́з 大批量订货 ма́ленький зака́з 小批量订货 приня́ть зака́з 接受预

订 доста́вить зака́зы на́ дом 送货上门 Вы мо́жете получи́ть зака́з че́рез два дня. 过两天您就会收到订货。

указа́ть [完成体]*что кому́* 将来时：укажу́, ука́жешь, ука́жут；过去时：указа́л, указа́ла, указа́ло, указа́ли；过去时主动形动词：указа́вший；过去时被动形动词：ука́занный；副动词：указа́в//**ука́зывать**[未完成体]现在时：ука́зываю, ука́зываешь, ука́зывают；过去时：ука́зывал, ука́зывала, ука́зывало, ука́зывали；现在时主动形动词：ука́зывающий；过去时主动形动词：ука́зывавший；现在时被动形动词：ука́зываемый；副动词：ука́зывая 指出；规定 указа́ть причи́ну 指明原因 указа́ть оши́бки ученика́м 给学生指出错误 указа́ть срок 规定期限

шифр [阳性]单数：шифр, шифра, шифру, шифр, шифром, о шифре；复数：шифры, шифров, шифрам, шифры, шифрами, о шифрах 书号；密码 шифр кни́ги 图书分类号 числово́й шифр 数字密码

уточни́ть [完成体]*что* 将来时：уточню́, уточни́шь, уточня́т；过去时：уточни́л, уточни́ла, уточни́ло, уточни́ли；过去时主动形动词：уточни́вший；过去时被动形动词：уточнённый；副动词：уточни́в//**уточня́ть**[未完成体]现在时：уточня́ю, уточня́ешь, уточня́ют；过去时：уточня́л, уточня́ла, уточня́ло, уточня́ли；现在时主动形动词：уточня́ющий；过去时主动形动词：уточня́вший；现在时被动形动词：уточня́емый；副动词：уточня́я 使准确；更详细地说明 уточни́ть све́дения 把消息弄清楚 уточни́ть вре́мя встре́чи 明确约会时间 уточни́ть наш взгляд 详细阐述我们的观点

назва́ние [中性]单数：назва́ние, назва́ния, назва́нию, назва́ние, назва́нием, о назва́нии；复数：назва́ния, назва́ний, назва́ниям, назва́ния, назва́ниями, о назва́ниях 名称 назва́ние у́лицы 街道名 назва́ние кни́ги 书名

катало́г [阳性]单数：катало́г, катало́га, катало́гу, катало́г, катало́гом, о катало́ге；复数：катало́ги, катало́гов, катало́гам, катало́ги, катало́гами, о катало́гах 目录，一览表 катало́г това́ров 商品目录

электро́нный [形容词]электро́нная, электро́нное, электро́нные 电子的 электро́нный катало́г 电子目录 электро́нная кни́га 电子书

по́иск [阳性]单数：по́иск, по́иска, по́иску, по́иск, по́иском, о по́иске；复数：по́иски, по́исков, по́искам, по́иски, по́исками, о по́исках 寻找，搜寻 по́иск книг 查书

сбо́рник [阳性]单数：сбо́рник, сбо́рника, сбо́рнику, сбо́рник, сбо́рником, о сбо́рнике；复数：сбо́рники, сбо́рников, сбо́рникам, сбо́рники, сбо́рниками, о сбо́рниках 集，汇编 сбо́рник упражне́ний 练习册 сбо́рник стихотворе́ний 诗集

экземпля́р [阳性]单数：экземпля́р, экземпля́ра, экземпля́ру, экземпля́р, экземпля́ром, об экземпля́ре；复数：экземпля́ры, экземпля́ров, экземпля́рам, экземпля́ры, экземпля́рами, об экземпля́рах 本，册，份，件 два экземпля́ра сбо́рников стихотворе́ний 两本诗集

продли́ть [完成体]*что* 将来时：продлю́, продли́шь, продля́т；过去时：продли́л, продли́-

ла, продли́ло, продли́ли；过去时主动形动词：продли́вший；过去时被动形动词：продлённый；副动词：продли́в//**продлева́ть**［未完成体］现在时：продлева́ю, продлева́ешь, продлева́ют；过去时：продлева́л, продлева́ла, продлева́ло, продлева́ли；现在时主动形动词：продлева́ющий；过去时主动形动词：продлева́вший；现在时被动形动词：продлева́емый；副动词：продлева́я 延长，延期 продли́ть о́тпуск 延长假期

энциклопе́дия ［阴性］单数：энциклопе́дия, энциклопе́дии, энциклопе́дии, энциклопе́дию, энциклопе́дией, об энциклопе́дии；复数：энциклопе́дии, энциклопе́дий, энциклопе́диям, энциклопе́дии, энциклопе́диями, об энциклопе́диях 百科全书，百科词典 медици́нская энциклопе́дия 医学百科全书

оста́ться ［完成体］кем-чем 将来时：оста́нусь, оста́нешься, оста́нутся；过去时：оста́лся, оста́лась, оста́лось, оста́лись；过去时主动形动词：оста́вшийся；副动词：оста́вшись//**остава́ться**［未完成体］现在时：остаю́сь, остаёшься, остаю́тся；过去时：остава́лся, остава́лась, остава́лось, остава́лись；现在时主动形动词：остаю́щийся；过去时主动形动词：остава́вшийся；副动词：остава́ясь 留下，剩下；仍然是 оста́ться до́ма 留在家里 оста́ться в го́роде 留在城里 оста́ться дире́ктором шко́лы 仍然是校长 оста́ться секре́том 仍然是个秘密 Он остаётся весёлым. 他仍然很高兴。

худо́жественный ［形容词］长尾：худо́жественная, худо́жественное, худо́жественные；短尾：худо́жествен, худо́жественна, худо́жественно, худо́жественны 艺术的，美术的，文艺的 худо́жественный фильм 故事片 худо́жественная вы́ставка 画展 худо́жественная програ́мма 文艺节目

кла́ссика ［阴性］单数：кла́ссика, кла́ссики, кла́ссике, кла́ссику, кла́ссикой, о кла́ссике 经典著作，古典作品 чита́ть ру́сскую кла́ссику 读俄罗斯经典作品

принадлежа́ть ［未完成体］кому́-чему́ 或 к кому́-чему́ 现在时：принадлежу́, принадлежи́шь, принадлежа́т；过去时：принадлежа́л, принадлежа́ла, принадлежа́ло, принадлежа́ли；现在时主动形动词：принадлежа́щий；过去时主动形动词：принадлежа́вший；副动词：принадлежа́ 属于，归……所有；是……的一员，属于……之列 принадлежа́ть отцу́ 属于父亲 принадлежа́ть к числу́ изве́стных худо́жников 属于著名画家

перечита́ть ［完成体］что 将来时：перечита́ю, перечита́ешь, перечита́ют；过去时：перечита́л, перечита́ла, перечита́ло, перечита́ли；过去时主动形动词：перечита́вший；过去时被动形动词：перечи́танный；副动词：перечита́в//**перечи́тывать**［未完成体］现在时：перечи́тываю, перечи́тываешь, перечи́тывают；过去时：перечи́тывал, перечи́тывала, перечи́тывало, перечи́тывали；现在时主动形动词：перечи́тывающий；过去时主动形动词：перечи́тывавший；现在时被动形动词：перечи́тываемый；副动词：перечи́тывая 重读；读遍 перечита́ть кла́ссику 重读经典作品 перечита́ть все кни́ги 读遍所有的书

занима́тельный ［形容词］长尾：занима́тельная, занима́тельное, занима́тельные；短尾：занимателен, занимательна, занимательно, занимательны 引起兴趣的, 引人入胜的 занимательная книга 吸引人的书 занимательная игра 有趣的游戏

сюжéт	[阳性]单数:сюжéт, сюжéта, сюжéту, сюжéт, сюжéтом, о сюжéте;复数:сюжéты, сюжéтов, сюжéтам, сюжéты, сюжéтами, о сюжéтах 情节;主题 сюжéты фильма 电影情节 сюжéт ромáна 故事主题
остáвить	[完成体]когó-что 将来时:остáвлю, остáвишь, остáвят;过去时:остáвил, остáвила, остáвило, остáвили;过去时主动形动词:остáвивший;过去时被动形动词:остáвленный;副动词:остáвив//оставлять[未完成体]现在时:оставляю, оставляешь, оставляют;过去时:оставлял, оставляла, оставляло, оставляли;现在时主动形动词:оставляющий;过去时主动形动词:оставлявший;现在时被动形动词:оставляемый;副动词:оставляя 留下;停止 остáвить детéй бáбушке 把孩子留给奶奶 остáвить дрýгу билéт в кинó 给朋友留一张电影票 остáвить разговóр 停止谈话 остáвить плáвание 不再游泳 остáвить шкóлу 弃学
иллюстрáция	[阴性]单数:иллюстрáция, иллюстрáции, иллюстрáции, иллюстрáцию, иллюстрáцией, об иллюстрáции;复数:иллюстрáции, иллюстрáций, иллюстрáциям, иллюстрáции, иллюстрáциями, об иллюстрáциях 插图;例证 книга с иллюстрáциями 带插图的书 характéрная иллюстрáция 典型例证
детектив	[阳性]单数:детектив, детектива, детективу, детектив(-а), детективом, о детективе;复数:детективы, детективов, детективам, детективы(-ов), детективами, о детективах 侦探小说(影片);侦探 читáть детектив 读侦探小说 извéстный детектив 著名侦探
детективный	[形容词]детективная, детективное, детективные 侦探的 детективные сюжéты 侦探主题
юмористический	[形容词]юмористическая, юмористическое, юмористические 幽默的, 滑稽的 юмористическая литератýра 幽默文学

óтклик	[阳性]单数:óтклик, óтклика, óтклику, óтклик, óткликом, об óтклике;复数:óтклики, óткликов, óткликам, óтклики, óткликами, об óтикликах 回答;评论,反应 óтклик на книгу 书评 Прóсьба нашлá óтклик. 请求得到回应。
активно	[副词]积极地 активно учáствовать в общéственных рабóтах 积极参加社会活动
удивить	[完成体]когó-что 将来时:удивлю, удивишь, удивят;过去时:удивил, удивила, удивило, удивили;过去时主动形动词:удививший;过去时被动形动词:удивлённый;副动词:удивив//удивлять[未完成体]现在时:удивляю, удивляешь, удивляют;过去时:удивлял, удивляла, удивляло, удивляли;现在时主动形动词:удивляющий;过去时主动形动词:удивляв-

ший；现在时被动形动词：*удивля́емый*；副动词：*удивля́я* 使……惊讶 *удивля́ть роди́телей* 让父母吃惊

био́лог	[阳性]单数：*био́лог, био́лога, био́логу, био́лога, био́логом, о био́логе*；复数：*био́логи, био́логов, био́логам, био́логов, био́логами, о био́логах* 生物学家 *изве́стный всей стране́ био́лог* 全国著名的生物学家
зачита́ть	[完成体]*что* 将来时：*зачита́ю, зачита́ешь, зачита́ют*；过去时：*зачита́л, зачита́ла, зачита́ло, зачита́ли*；过去时主动形动词：*зачита́вший*；过去时被动形动词：*зачи́танный*；副动词：*зачита́в*//**зачи́тывать**[未完成体]现在时：*зачи́тываю, зачи́тываешь, зачи́тывают*；过去时：*зачи́тывал, зачи́тывала, зачи́тывало, зачи́тывали*；现在时主动形动词：*зачи́тывающий*；过去时主动形动词：*зачи́тывавший*；现在时被动形动词：*зачи́тываемый*；副动词：*зачи́тывая* 宣读；（把书等）读破 *зачита́ть нау́чную рабо́ту* 宣读论文 *зачита́ть до дыр* 把书读破
кана́дский	[形容词]*кана́дская, кана́дское, кана́дские* 加拿大（人）的 *кана́дская литерату́ра* 加拿大文学
отцо́вский	[形容词]*отцо́вская, отцо́вское, отцо́вские* 父亲的；父亲般的 *отцо́вская библиоте́ка* 父亲的书房 *отцо́вская любо́вь* 父亲般的爱
глубо́кий	[形容词]长尾：*глубо́кая, глубо́кое, глубо́кие*；短尾：*глубо́к, глубока́, глубоко́, глубо́ки*；比较级：*глу́бже*；最高级：*глубоча́йший* 深的，深远的；深刻的 *глубо́кое о́зеро* 深湖 *глубо́кая дру́жба* 深厚的友谊 *производи́ть глубо́кое впечатле́ние на дете́й* 对孩子产生深刻印象
вы́растить	[完成体]*кого́-что* 将来时：*вы́ращу, вы́растишь, вы́растят*；过去时：*вы́растил, вы́растила, вы́растило, вы́растили*；过去时主动形动词：*вы́растивший*；过去时被动形动词：*вы́ращенный*；副动词：*вы́растив*//**выра́щивать**[未完成体]现在时：*выра́щиваю, выра́щиваешь, выра́щивают*；过去时：*выра́щивал, выра́щивала, выра́щивало, выра́щивали*；现在时主动形动词：*выра́щивающий*；过去时主动形动词：*выра́щивавший*；现在时被动形动词：*выра́щиваемый*；副动词：*выра́щивая* 培育；抚养长大 *вы́растить о́вощи* 种植蔬菜 *вы́растить дете́й* 抚养孩子长大
культу́рный	[形容词]长尾：*культу́рная, культу́рное, культу́рные*；短尾：*культу́рен, культу́рна, культу́рно, культу́рны* 文化的；有文化的，有教养的 *культу́рный обме́н* 文化交流 *культу́рные лю́ди* 有文化的人
заду́маться	[完成体]*над чем 或 о чём* 将来时：*заду́маюсь, заду́маешься, заду́маются*；过去时：*заду́мался, заду́малась, заду́малось, заду́мались*；过去时主动形动词：*заду́мавшийся*；副动词：*заду́мавшись*//**заду́мываться**[未完成体]现在时：*заду́мываюсь, заду́мываешься, заду́мываются*；过去时：*заду́мывался, заду́мывалась, заду́мывалось, заду́мывались*；现在时主动形动词：*заду́мывающийся*；过去时主动形动词：*заду́мывавшийся*；副动词：*заду́мываясь* 思索，思考 *заду́маться над вопро́сом* 思考问题 *заду́маться о бу́дущем* 考虑未来

заме́тка	[阴性]单数:*заме́тка, заме́тки, заме́тке, заме́тку, заме́ткой, о заме́тке*;复数:*заме́тки, заме́ток, заме́ткам, заме́тки, заме́тками, о заме́тках* 记号,标记 сде́лать заме́тку 做记号
запо́мнить	[完成体]*кого́-что* 将来时:*запо́мню, запо́мнишь, запо́мнят*;过去时:*запо́мнил, запо́мнила, запо́мнило, запо́мнили*;过去时主动形动词:*запо́мнивший*;过去时被动形动词:*запо́мненный*;副动词:*запо́мнив*//*запомина́ть*[未完成体]现在时:*запомина́ю, запомина́ешь, запомина́ют*;过去时:*запомина́л, запомина́ла, запомина́ло, запомина́ли*;现在时主动形动词:*запомина́ющий*;过去时主动形动词:*запомина́вший*;现在时被动形动词:*запомина́емый*;副动词:*запомина́я* 记牢,记住 запо́мнить но́вые слова́ 记住生词
заучи́ть	[完成体]*что* 将来时:*заучу́, зау́чишь, зау́чат*;过去时:*заучи́л, заучи́ла, заучи́ло, заучи́ли*;过去时主动形动词:*заучи́вший*;过去时被动形动词:*зау́ченный*;副动词:*заучи́в*//*зау́чивать*[未完成体]现在时:*зау́чиваю, зау́чиваешь, зау́чивают*;过去时:*зау́чивал, зау́чивала, зау́чивало, зау́чивали*;现在时主动形动词:*зау́чивающий*;过去时主动形动词:*зау́чивавший*;现在时被动形动词:*зау́чиваемый*;副动词:*зау́чивая* 记熟,背会 заучи́ть текст 背熟课文
наизу́сть	[副词]背熟,一字不差地 вы́учить текст наизу́сть 背熟课文
ра́зве	[语气词]难道,莫非 Ра́зве вы не зна́ете об э́том? 难道你不知道这件事?
возмо́жность	[阴性]单数:*возмо́жность, возмо́жности, возмо́жности, возмо́жность, возмо́жностью, о возмо́жности* 可能性,机会 возмо́жность уе́хать за грани́цу 出国的可能性 по́льзоваться возмо́жностью 利用机会
перерабо́тать	[完成体]*что* 将来时:*перерабо́таю, перерабо́таешь, перерабо́тают*;过去时:*перерабо́тал, перерабо́тала, перерабо́тало, перерабо́тали*;过去时主动形动词:*перерабо́тавший*;过去时被动形动词:*перерабо́танный*;副动词:*перерабо́тав*//*перераба́тывать*[未完成体]现在时:*перераба́тываю, перераба́тываешь, перераба́тывают*;过去时:*перераба́тывал, перераба́тывала, перераба́тывало, перераба́тывали*;现在时主动形动词:*перераба́тывающий*;过去时主动形动词:*перераба́тывавший*;现在时被动形动词:*перераба́тываемый*;副动词:*перераба́тывая* 加工;领会 перерабо́тать проду́кты 加工食品 перерабо́тать информа́цию 处理信息 перерабо́тать план 领会计划,加工计划
духо́вный	[形容词]*духо́вная, духо́вное, духо́вные* 精神上的;宗教的 духо́вная жизнь 精神生活 духо́вное бога́тство 精神财富 духо́вная му́зыка 宗教音乐 духо́вные кни́ги 宗教书籍
реда́кция	[阴性]单数:*реда́кция, реда́кции, реда́кции, реда́кцию, реда́кцией, о реда́кции* 编辑(们);编辑部 гла́вная реда́кция 主编(人员) а́дрес реда́кции 编辑部地址
согла́сный	[形容词]*на что* 或 *с кем-чем* 长尾:*согла́сная, согла́сное, согла́сные*;短尾:

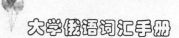

		согла́сен, согла́сна, согла́сно, согла́сны 同意的，赞同的 согла́сен на опе́рацию 同意做手术 согла́сен с ва́ми 同意您的意见
ли́чный	[形容词]	ли́чная, ли́чное, ли́чные 个 (私) 人的；亲自的 ли́чные ве́щи 私人的东西 ли́чная про́сьба 个人的请求 ли́чная по́мощь 亲自帮助
потре́бность	[阴性]	в чём 单数：потре́бность, потре́бности, потре́бности, потре́бность, потре́бностью, о потре́бности 需要，需求 культу́рная потре́бность 文化需求 потре́бность в кни́гах 对书的需求 потре́бность челове́ка в пи́ще 人对食物的需要
жи́вопись	[阴性]	单数：жи́вопись, жи́вописи, жи́вописи, жи́вопись, жи́вописью, о жи́вописи 彩色绘画法，写生画法；彩色画，写生画 уро́к жи́вописи 美术课 занима́ться жи́вописью 从事绘画 вы́ставка жи́вописи 画展
жела́тельно	[谓语副词]	最好，希望 жела́тельно получи́ть соли́дную зарпла́ту 希望得到高薪 Жела́тельно, что́бы вы доби́лись успе́хов в учёбе. 希望你们在学习上取得优异成绩。
отноше́ние	[中性]	单数：отноше́ние, отноше́ния, отноше́нию, отноше́ние, отноше́нием, об отноше́нии；复数：отноше́ния, отноше́ний, отноше́ниям, отноше́ния, отноше́ниями, об отноше́ниях 态度；(复数)关系 отноше́ние к рабо́те 对工作的态度 легкомы́сленное отноше́ние к жи́зни 对生活轻率的态度 отноше́ния ме́жду людьми́ 人与人之间的关系 разви́ть дипломати́ческие отноше́ния 发展外交关系
приме́р	[阳性]	单数：приме́р, приме́ра, приме́ру, приме́р, приме́ром, о приме́ре；复数：приме́ры, приме́ров, приме́рам, приме́ры, приме́рами, о приме́рах 示例；榜样 уда́чный приме́р 成功的例子 характе́рный приме́р 典型的例子 си́ла приме́ра 榜样的力量 взять приме́р с отца́ 以父亲为榜样 подава́ть де́тям приме́р 给孩子们做榜样
раскры́ть	[完成体]	что 将来时：раскро́ю, раскро́ешь, раскро́ют；过去时：раскры́л, раскры́ла, раскры́ло, раскры́ли；过去时主动形动词：раскры́вший；过去时被动形动词：раскры́тый；副动词：раскры́в // **раскрыва́ть** [未完成体] 现在时：раскрыва́ю, раскрыва́ешь, раскрыва́ют；过去时：раскрыва́л, раскрыва́ла, раскрыва́ло, раскрыва́ли；现在时主动形动词：раскрыва́ющий；过去时主动形动词：раскрыва́вший；现在时被动形动词：раскрыва́емый；副动词：раскрыва́я 敞开；吐露 раскры́ть шкаф 打开柜子 раскры́ть газе́ту 打开报纸 раскры́ть секре́т 吐露秘密 раскры́ть се́рдце 吐露心声
увлека́тельный	[形容词]	长尾：увлека́тельная, увлека́тельное, увлека́тельные；短尾：увлека́телен, увлека́тельна, увлека́тельно, увлека́тельны 诱人的，吸引人的 увлека́тельный сюже́т 引人入胜的情节 увлека́тельная красота́ 诱人的美
постоя́нно	[副词]	经常地 постоя́нно боле́ть 经常生病
попо́лнить	[完成体]	что чем 将来时：попо́лню, попо́лнишь, попо́лнят；过去时：попо́лнил, попо́лнила, попо́лнило, попо́лнили；过去时主动形动词：попо́лнивший；过去时被动形动词：попо́лненный；副动词：попо́лнив // **попо́лнять**

	[未完成体]现在时：*пополняю, пополняешь, пополняют*；过去时：*пополнял, пополняла, пополняло, пополняли*；现在时主动形动词：*пополняющий*；过去时主动形动词：*пополнявший*；现在时被动形动词：*пополняемый*；副动词：*пополняя* 补充；充实 *пополнить футбольную команду новыми спортсменами* 给足球队补充新队员 *пополнять новые знания* 充实新知识
мéра	[阴性]单数：*мера, меры, мере, меру, мерой, о мере*；复数：*меры, мер, мерам, меры, мерами, о мерах* 度量单位；程度；限度；措施 *мера веса* 重量单位 *мера длины* 长度单位 *в известной мере* 在一定程度上 *в полной мере* 十足地，充分地 *измерить общей мерой* 用共同的标准来衡量 *принимать срочные меры* 采取紧急措施
наступлéние	[中性]单数：*наступление, наступления, наступлению, наступление, наступлением, о наступлении* 到来；进攻 *наступление весны* 春天来临 *начать наступление* 开始进攻
издáние	[中性]单数：*издание, издания, изданию, издание, изданием, об издании*；复数：*издания, изданий, изданиям, издания, изданиями, об изданиях* 出版物 *электронное издание* 电子出版物
значúтельно	[副词]（规模、范围、程度）颇大地，可观地 *значительно вырасти* 快速增长
изменúть	[完成体]*что* 将来时：*изменю, изменишь, изменят*；过去时：*изменил, изменила, изменило, изменили*；过去时主动形动词：*изменивший*；过去时被动形动词：*измененный*；副动词：*изменив*//*изменять*[未完成体]现在时：*изменяю, изменяешь, изменяют*；过去时：*изменял, изменяла, изменяло, изменяли*；现在时主动形动词：*изменяющий*；过去时主动形动词：*изменявший*；现在时被动形动词：*изменяемый*；副动词：*изменяя* 改变，更改 *изменить облик деревни* 改变农村面貌 *изменить свою жизнь* 改变自己的生活
фóрма	[阴性]单数：*форма, формы, форме, форму, формой, о форме*；复数：*формы, форм, формам, формы, формами, о формах* 形状；制服；形式 *форма предмета* 物体的形状 *форма Земли* 地球的形状 *форма лётчика* 飞行员制服 *ходить в школьной форме* 穿校服 *традиционная форма литературы* 传统的文学形式
бýрный	[形容词]长尾：*бурная, бурное, бурные*；短尾：*бурен, бурна, бурно, бурны* 有暴风雨的；动荡不安的；急剧的，蓬勃的 *бурная осень* 常有暴风雨的秋天 *бурное море* 汹涌的大海 *бурная жизнь* 动荡的生活 *бурный рост* 快速增长
темп	[阳性]单数：*темп, темпа, темпу, темп, темпом, о темпе*；复数：*темпы, темпов, темпам, темпы, темпами, о темпах* 速度；节律，速率 *быстрый темп* 快速 *развиваться бурными темпами* 高速发展
технолóгия	[阴性]单数：*технология, технологии, технологии, технологию, технологией, о технологии* 工艺，工艺规程 *химическая технология* 化学工艺 техно-

		ло́гия ремо́нта 修理工艺
макулату́ра	[阴性]	单数：*макулату́ра*, *макулату́ры*, *макулату́ре*, *макулату́ру*, *макулату́рой*, *о макулату́ре* 废纸；毫无价值的文艺作品 сдать макулату́ру 交废纸 чита́ть макулату́ру 读如同废纸的作品
вме́сто	[前置词]	*кого́-чего́* 代替 вме́сто учи́теля 代替老师
нашуме́ть	[完成体]	将来时：*нашумлю́*, *нашуми́шь*, *нашумя́т*；过去时：*нашуме́л*, *нашуме́ла*, *нашуме́ло*, *нашуме́ли*；过去时主动形动词：*нашуме́вший*；副动词：*нашуме́в* 喧哗；轰动 Де́ти нашуме́ли на у́лице. 孩子们在街上大吵大嚷。Его́ кни́га си́льно нашуме́ла. 他的书产生了很大轰动。
любо́вный	[形容词]	*любо́вная*, *любо́вное*, *любо́вные* 爱情的；爱护的 любо́вное письмо́ 情书 любо́вный рома́н 爱情故事 любо́вный взгляд 关爱的目光
скача́ть	[完成体]	*что* 将来时：*скача́ю*, *скача́ешь*, *скача́ют*；过去时：*скача́л*, *скача́ла*, *скача́ло*, *скача́ли*；过去时主动形动词：*скача́вший*；过去时被动形动词：*ска́чанный*；副动词：*скача́в*//**ска́чивать** [未完成体] 现在时：*ска́чиваю*, *ска́чиваешь*, *ска́чивают*；过去时：*ска́чивал*, *ска́чивала*, *ска́чивало*, *ска́чивали*；现在时主动形动词：*ска́чивающий*；过去时主动形动词：*ска́чивавший*；现在时被动形动词：*ска́чиваемый*；副动词：*ска́чивая* 下载 скача́ть рома́н в Интерне́те 从网上下载小说
произведе́ние	[中性]	单数：*произведе́ние*, *произведе́ния*, *произведе́нию*, *произведе́ние*, *произведе́нием*, *о произведе́нии*；复数：*произведе́ния*, *произведе́ний*, *произведе́ниям*, *произведе́ния*, *произведе́ниями*, *о произведе́ниях* 作品，著作 литерату́рное произведе́ние 文学作品
тенде́нция	[阴性]	*к чему́* 单数：*тенде́нция*, *тенде́нции*, *тенде́нции*, *тенде́нцию*, *тенде́нцией*, *о тенде́нции* 趋势，倾向 акти́вная тенде́нция 积极趋势 тенде́нция к ро́сту 发展趋势
исходи́ть	[未完成体]	*от кого́-чего́* 或 *из кого́-чего́* 现在时：*исхожу́*, *исхо́дишь*, *исхо́дят*；过去时：*исходи́л*, *исходи́ла*, *исходи́ло*, *исходи́ли*；现在时主动形动词：*исходя́щий*；过去时主动形动词：*исходи́вший*；副动词：*исходя́* 来源于；从……出发 исходи́ть из интере́сов наро́да 从人民的利益出发 Но́вость исхо́дит от него́. 消息来源于他。
целико́м	[副词]	整个地，完全 печь ку́рицу целико́м 烤整只鸡 потеря́ть де́ньги целико́м 丢了全部的钱
непреры́вно	[副词]	连续不断地，不停地 расти́ непреры́вно 连续增长 Дожди́ иду́т непреры́вно. 雨不停地下。
содержа́ние	[中性]	单数：*содержа́ние*, *содержа́ния*, *содержа́нию*, *содержа́ние*, *содержа́нием*, *о содержа́нии* 内容；目录；成分 фо́рма и содержа́ние 形式与内容 гла́вное содержа́ние фи́льма 电影的主要内容 содержа́ние кни́ги 书的目录 содержа́ние воды́ 含水量
периоди́ка	[阴性]	单数：*периоди́ка*, *периоди́ки*, *периоди́ке*, *периоди́ку*, *периоди́кой*, *о периоди́ке* 期刊 изда́ть периоди́ку 出版期刊

пóльзование [中性]чем 单数：*пóльзование, пóльзования, пóльзованию, пóльзование, пóльзованием, о пóльзовании* 使用，应用 *ширóкое пóльзование* 广泛使用 *пóльзование Интернéтом* 利用网络

удовлетворéние [中性] 单数：*удовлетворéние, удовлетворéния, удовлетворéнию, удовлетворéние, удовлетворéнием, об удовлетворéнии* 满意，如愿 *получúть пóлное удовлетворéние от рабóты* 从工作中获得极大的满足 *с удовлетворéнием сказáть* 满意地说

графомáн [阳性] 单数：*графомáн, графомáна, графомáну, графомáна, графомáном, о графомáне*；复数：*графомáны, графомáнов, графомáнам, графомáнов, графомáнами, о графомáнах* 写作迷 *интернéтовский ромáн графомáна* 写作狂人的网络小说

三、词汇重点

выдать [完成体]что 将来时：*выдам, выдашь, выдаст, выдадим, выдадите, выдадут*；过去时：*выдал, выдала, выдало, выдали*；过去时主动形动词：*выдавший*；过去时被动形动词：*выданный*；副动词：*выдав* // *выдавáть*[未完成体] 现在时：*выдаю, выдаёшь, выдают*；过去时：*выдавáл, выдавáла, выдавáло, выдавáли*；现在时主动形动词：*выдающий*；过去时主动形动词：*выдавáвший*；现在时被动形动词：*выдавáемый*；副动词：*выдавáя* 付给，发给 *выдавáть сотрýдникам зарплáту* 给员工发工资 *выдавáть студéнтам тетрáди* 给学生发作业

[注意]*выдать* 变位特殊

прислáть [完成体]когó-что 将来时：*пришлю́, пришлёшь, пришлю́т*；过去时：*прислáл, прислáла, прислáло, прислáли*；命令式：*пришлú(те)*；过去时主动形动词：*прислáвший*；过去时被动形动词：*прúсланный*；副动词：*прислáв* // *присылáть*[未完成体] 现在时：*присылáю, присылáешь, присылáют*；过去时：*присылáл, присылáла, присылáло, присылáли*；现在时主动形动词：*присылáющий*；过去时主动形动词：*присылáвший*；现在时被动形动词：*присылáемый*；副动词：*присылáя* 寄来，派来 *прислáть мáтери письмó* 给母亲寄信 *прислáть сы́на за деньгáми* 派孩子来取钱

[注意]*прислáть* 变位特殊

отры́вок [阳性] 单数：*отры́вок, отры́вка, отры́вку, отры́вок, отры́вком, об отры́вке*；复数：*отры́вки, отры́вков, отры́вкам, отры́вки, отры́вками, об отры́вках* 摘录；片断 *отры́вок жúзни* 生活片断 *отры́вок ромáна* 小说片断

[注意]*отры́вок* 变格时第二个 -о- 脱落

дырá [阴性] 单数：*дырá, дыры́, дырé, дырý, дырóй, о дырé*；复数：*ды́ры, дыр, ды́рам, ды́ры, ды́рами, о ды́рах* 窟窿，洞孔 *мáленькая дырá* 小窟窿 *сдéлать дырý* 弄个洞

	[注意]дыра́ 的复数形式的重音前移
разви́ть	[完成体]*что* 将来时：*разовью́, разовьёшь, разовью́т*；过去时：*разви́л, развила́, разви́ло, разви́ли*；命令式：*разве́й(те)*；过去时主动形动词：*разви́вший*；过去时被动形动词：*разви́тый*；副动词：*разви́в*//***развива́ть***[未完成体]现在时：*развива́ю, развива́ешь, развива́ют*；过去时：*развива́л, развива́ла, развива́ло, развива́ли*；现在时主动形动词：*развива́ющий*；过去时主动形动词：*развива́вший*；现在时被动形动词：*развива́емый*；副动词：*развива́я* 使发展，使发达 развива́ть промы́шленность 发展工业 разви́ть страну́ 使国家变发达
	[注意]разви́ть 变位特殊，过去时重音变化
о́чередь	[阴性]单数：*о́чередь, о́череди, о́череди, о́чередь, о́чередью, об о́череди*；复数：*о́череди, очереде́й, очередя́м, о́череди, очередя́ми, об очередя́х* 次序；列队 по о́череди 按顺序 в пе́рвую о́чередь 首先 в после́днюю о́чередь 最后 стоя́ть в о́череди 站队
	[注意]о́чередь 的复数第二、三、五、六形式的格重音后移
малы́ш	[阳性]单数：*малы́ш, малыша́, малышу́, малыша́, малышо́м, о малыше́*；复数：*малыши́, малыше́й, малыша́м, малыше́й, малыша́ми, о малыша́х* 小孩子，男孩子 симпати́чные малыши́ 可爱的孩子们
	[注意]малы́ш 变格时重音后移

〜〜〜〜〜〜〜〜〜〜〜〜〜〜〜〜〜〜〜〜〜〜

восприня́ть	[完成体]*что* 将来时：*восприму́, восприме́шь, восприму́т*；过去时：*восприня́л, восприняла́, восприня́ло, восприня́ли*；过去时主动形动词：*восприня́вший*；过去时被动形动词：*восприня́тый*；副动词：*восприня́в*//***восприни-ма́ть***[未完成体]现在时：*воспринима́ю, воспринима́ешь, воспринима́ют*；过去时：*воспринима́л, воспринима́ла, воспринима́ло, воспринима́ли*；现在时主动形动词：*воспринима́ющий*；过去时主动形动词：*воспринима́вший*；现在时被动形动词：*воспринима́емый*；副动词：*воспринима́я* 感受到，领会 восприня́ть содержа́ние кни́ги 掌握书的内容
	[注意]восприня́ть 的过去时形式的重音发生变化

 四、词汇记忆

ка́рточка	卡片；票证	card
зака́з	预订，定做；定制品	order
шифр	书号；密码	cipher, code
назва́ние	名称	name
катало́г	目录，一览表	catalogue, catalog
по́иск	寻找，搜寻	searching
сбо́рник	集，汇编	collection
экземпля́р	本，册，份，件	copy, specimen

энциклопéдия	百科全书，百科词典	encyclopedia
клáссика	经典著作，古典作品	classic
сюжéт	情节；主题	story, scence
иллюстрáция	插图；例证	illustration, figure
детектив	侦探小说（影片）；侦探	detective, investigator
читáтельский	读者的	reader, reading
электрóнный	电子的	electronic
худóжественный	艺术的，美术的，文艺的	art
занимáтельный	引起兴趣的，引人入胜的	entertaining, interesting
детективный	侦探的	detective
юмористический	幽默的，滑稽的	humorous
предъявлять//предъявить	出示；提出	to present
заполнять//заполнить	填写；装满	to fill, complete
указывать//указáть	指出；规定	to indicate, point
уточнять//уточнить	使更准确；更详细地说明	to refine
выдавáть//выдать	付给，发给	to give
продлевáть//продлить	延长，延期	to extend
оставáться//остáться	留下，剩下；仍然是	to remain, stay, be
принадлежáть	属于，归……所有；是……的一员，属于……之列	to belong
перечитывать//перечитáть	重新年阅读；读遍	to read, reread
оставлять//остáвить	留下；停止	to leave, left
~~		
óтклик	回答；评论，反应	response, reply
отрывок	摘录；片断	fragment
биóлог	生物学家	biologist
дырá	窟窿，洞孔	hole
замéтка	记号，标记	note
возмóжность	可能性，机会	possibility, chance
редáкция	编辑（们）；编辑部	edition
потрéбность	需要，需求	need, requirement
живопись	彩色绘画法，写生画法；彩色画，写生画	apinting
отношéние	态度；关系	relation
примéр	示例；榜样	example
óчередь	次序；队列	turn, queue, waiting list
малыш	小孩子，男孩子	kid
канáдский	加拿大（人）的	canadican, Canada
отцóвский	父亲的；父亲般的	fatherly

глубо́кий	深的,深远的;深刻的	deep
культу́рный	文化的;有文化的,有教养的	cultural
духо́вный	精神上的;宗教的	spiritual
согла́сный	同意的,赞同的	agree
ли́чный	个(私)人的;亲自的	personal, private
увлека́тельный	诱人的,吸引人的	exciting, fun
присыла́ть//присла́ть	寄来;派来	to send
удивля́ть//удиви́ть	使惊讶	to surprise
зачи́тывать//зачита́ть	宣读;(把书等)读破	to read, read out
выра́щивать//вы́растить	培育;抚养长大	to grow
заду́мываться//заду́маться	思索,思考	to think
запомина́ть//запо́мнить	记牢,记住	to remember
зау́чивать//заучи́ть	记熟,背会	to learn
перераба́тывать//перерабо́тать	加上;领会	to process, rework
развива́ть//разви́ть	使发展,使发达	to develop
раскрыва́ть//раскры́ть	敞开;吐露	to open, expand
пополня́ть//попо́лнить	补充;充实	to fill
акти́вно	积极地	actively
наизу́сть	背熟,一字不差地	by heart, from memory
жела́тельно	最好,希望	preferably
постоя́нно	经常地	constantly
ра́зве	难道,莫非	perhaps

ме́ра	度量单位;程序;限度;措施	measure, action
наступле́ние	到来;进攻	attack
изда́ние	出版物	publication
фо́рма	形状;制服;形式	form, shape, mold
темп	速度;节律,速率	rate, pace
техноло́гия	工艺,工艺规程	technology
макулату́ра	废纸;毫无价值的文艺作品	waste paper
произведе́ние	作品,著作	work, product
тенде́нция	趋势,倾向	trend
содержа́ние	内容;目录;成分	content
перио́дика	期刊	periodical press
по́льзование	使用,应用	use, usage
удовлетворе́ние	满意,如愿	satisfaction
графома́н	写作迷	graphomaniac
бу́рный	有暴风雨的;动荡不安的;急剧的,蓬勃的	stormy, heady

любóвный	爱情的；爱护的	loving
изменя́ть//измени́ть	改变，变更	to change
нашумéть	喧哗；轰动	to made a noise
скáчивать//скачáть	下载	to download
исходи́ть	来源于；从……出发	to base
воспринимáть//восприня́ть	感受到，领会	to perceive
значи́тельно	（规模、范围、程度）颇大地，可观地	greatly
целикóм	整个地，完全	entirely
непреры́вно	连续不断地，不停地	continuously
вмéсто	代替	instead

五、词汇造句

принадлежáть [未完成体] *комý-чемý* 或 *к комý-чемý* 属于，归……所有；是……的一员，属于……之列

Эта кни́га принадлежи́т мне. 这本书是我的。

Дом принадлежи́т отцý. 房子属于父亲。

Брат принадлежи́т к общи́тельным лю́дям. 弟弟善于交际。

Нáша странá принадлежи́т к числý трéтьего ми́ра. 我们国家属于第三世界。

удивля́ть//удиви́ть [未//完成体] *когó-что* 使……惊讶

Отвéт ученикá удиви́л учи́теля. 学生的回答让老师很吃惊。

Красотá пейзáжа удиви́ла тури́стов. 美景倾倒了游客。

соглáсный [形容词] *на что* 或 *с кем-чем* 同意的，赞同的

Больнóй соглáсен на операцию. 病人同意做手术。

Я соглáсен на все вáши услóвия. 我同意您所有的条件。

Учи́тель соглáсен прийти́ на консультáцию. 老师同意来答疑。

Я соглáсен с вáми в э́том вопрóсе. 在这个问题上我同意您的意见。

Профéссор не соглáсен с нáшим мнéнием. 教授不同意我们的想法。

развивáть//разви́ть [未//完成体] *что* 使发展，使发达

Отéц старáлся с дéтства развивáть в сы́не талáнт тáнца. 父亲从小就培养儿子的舞蹈才华。

Чтéние прекрáсно развивáет пáмять. 阅读能够大大增强记忆力。

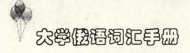

Наша страна сильно развивает науку и технику. 我们国家大力发展科学技术。

воспринимáть//восприня́ть ［未//完成体］*что* 感受到，领会

Дети восприняли тексты. 孩子们理解了课文。

Молодые люди легко воспринимают новое. 年轻人很容易接受新鲜事物。

第六课

一、词汇导读

本课主题是网络与生活，记住与网络相关的词汇。

二、词汇注释

xáoc	[阳性]单数：xáoc, xáoca, xáocy, xáoc, xáocom, о xáoce 混乱，杂乱无章，乱七八糟 Xáoc в делáх. 事情杂乱无章。Xáoc в головé. 脑子里很乱。В кóмнате xáoc. 房间里很乱。
окончáтельно	[副词]完全地，彻底地 окончáтельно решúть проблéму 问题彻底解决
гид	[阳性]单数：гид, гúда, гúду, гúда, гúдом, о гúде；复数：гúды, гúдов, гúдам, гúдов, гúдами, о гúдах 导游者，旅游向导 молодóй гид 年轻的导游
экологúческий	[形容词] экологúческая, экологúческое, экологúческие 生态(学)的 экологúческая систéма 生态系统
турúзм	[阳性]单数：турúзм, турúзма, турúзму, турúзм, турúзмом, о турúзме 旅游，旅行 экологúческий турúзм 生态旅游
мóщный	[形容词]长尾：мóщная, мóщное, мóщные；短尾：мóщен, мощнá, мóщно, мóщны 强大的；强有力的 мóщные нóги 有力的双腿 мóщный гóлос 洪亮的声音 мóщная машúна 功率大的机器
вúрус	[阳性]单数：вúрус, вúруса, вúрусу, вúрус, вúрусом, о вúрусе；复数：вúрусы, вúрусов, вúрусам, вúрусы, вúрусами, о вúрусах 病毒 компьютерный вúрус 计算机病毒
клавиатýра	[阴性]单数：клавиатýра, клавиатýры, клавиатýре, клавиатýру, клавиатýрой, о клавиатýре；复数：клавиатýры, клавиатýр, клавиатýрам, клавиатýры, клавиатýрами, о клавиатýрах 键盘 Клавиатýра не рабóтает. 键盘不好使了。
сломáться	[完成体]将来时：сломáюсь, сломáешься, сломáются；过去时：сломáлся, сломáлась, сломáлось, сломáлись；过去时主动形动词：сломáвшийся；副动词：сломáвшись // ломáться [未完成体]现在时主动形动词：ломáющийся；过去时主动形动词：ломáвшийся；副动词：ломáясь 折断；毁坏 Дéрево сломáлось. 树折断了。Компьютер сломáлся. 计算机坏了。
веб-сайт	[阳性]单数：веб-сайт, веб-сáйта, веб-сáйту, веб-сайт, веб-сáйтом, о веб-сáйте；复数：веб-сáйты, веб-сáйтов, веб-сáйтам, веб-сáйты, веб-сáйта-

ми, *о веб-сáйтах* 网站 веб-сайт университéта 学校的网站

поискóвый	[形容词] *поискóвая, поискóвое, поискóвые* 探索的,搜索的 поискóвая систéма 搜索系统,搜索引擎
систéма	[阴性]单数:*систéма, систéмы, систéме, систéму, систéмой, о систéме*;复数:*систéмы, систéм, систéмам, систéмы, систéмами, о систéмах* 系统,体系;制度 экологи́ческая систéма 生态系统 сóлнечная систéма 太阳系 полити́ческая систéма 政治体制
проголосовáть	[完成体] *за когó-что* 将来时:*проголосýю, проголосýешь, проголосýют*;过去时:*проголосовáл, проголосовáла, проголосовáло, проголосовáли*;过去时主动形动词:*проголосовáвший*;过去时被动形动词:*проголосóванный*;副动词:*проголосовáв // голосовáть* [未完成体]现在时主动形动词:*голосýющий*;过去时主动形动词:*голосовáвший*;现在时被动形动词:*голосýемый*;副动词:*голосýя* 投票,表决 голосовáть за решéние 赞成决议 голосовáть прóтив плáна 反对计划
полити́ческий	[形容词] *полити́ческая, полити́ческое, полити́ческие* 政治的,政策的 полити́ческая пáртия 政党 полити́ческая кáрта ми́ра 世界行政区划图
страни́чка	[阴性]单数:*страни́чка, страни́чки, страни́чке, страни́чку, страни́чкой, о страни́чке*;复数:*страни́чки, страни́чек, страни́чкам, страни́чки, страни́чками, о страни́чках* 页,页面 страни́чка сáйта 网站的页面
объекти́вный	[形容词] 长尾:*объекти́вная, объекти́вное, объекти́вные*;短尾:*объекти́вен, объекти́вна, объекти́вно, объекти́вны* 客观的;公正的 объекти́вный мир 客观世界 объекти́вная причи́на 客观原因 объекти́вная оцéнка 公正的评价 объекти́вное мнéние 公允的意见
оппонéнт	[阳性]单数:*оппонéнт, оппонéнта, оппонéнту, оппонéнта, оппонéнтом, об оппонéнте*;复数:*оппонéнты, оппонéнтов, оппонéнтам, оппонéнтов, оппонéнтами, об оппонéнтах* 反对(论)者,论敌;(学位论文的)评阅人 полити́ческий оппонéнт 政敌 оппонéнт дóкторской диссертáции 博士论文评阅人
сетевóй	[形容词] *сетевáя, сетевóе, сетевы́е* 网络的;网状的 сетевáя слýжба 网络服务 сетевáя сýмка 网格袋子
поколéние	[中性]单数:*поколéние, поколéния, поколéнию, поколéние, поколéнием, о поколéнии*;复数:*поколéния, поколéний, поколéниям, поколéния, поколéниями, о поколéниях* 代,辈 молодóе поколéние 年轻一代 из поколéния в поколéние 一辈一辈地
социо-культýрный	[形容词] *социо-культýрная, социо-культýрное, социо-культýрные* 社会文化(学)的 социо-культýрная проблéма 社会文化问题
явлéние	[中性]单数:*явлéние, явлéния, явлéнию, явлéние, явлéнием, о явлéнии*;复数:*явлéния, явлéний, явлéниям, явлéния, явлéниями, о явлéниях* 现象 явлéние приро́ды 自然现象

представитель	[阳性]单数：*представитель*, *представителя*, *представителю*, *представителя*, *представителем*, *о представителе*；复数：*представители*, *представителей*, *представителям*, *представителей*, *представителями*, *о представителях* 代表；代表人物 *торговый представитель* 商务代表 *дипломатический представитель* 外交代表 *типичный представитель романтизма* 浪漫主义的典型代表 *представитель новой эпохи* 新时期的代表人物
привычный	[形容词]长尾：*привычная*, *привычное*, *привычные*；短尾：*привычен*, *привычна*, *привычно*, *привычны* 习惯的，习以为常的 *привычный образ жизни* 习惯的生活方式 *привычный ритм жизни* 习惯的生活节奏
спутник	[阳性]单数：*спутник*, *спутника*, *спутнику*, *спутник(а)*, *спутником*, *о спутнике*；复数：*спутники*, *спутников*, *спутникам*, *спутники(-ков)*, *спутниками*, *о спутниках* 同路人，旅伴；伴侣；卫星 *туристический спутник* 旅行的同伴 *спутник жизни* 生活的伴侣 *спутник Земли* 地球的卫星
человечество	[中性]单数：*человечество*, *человечества*, *человечеству*, *человечество*, *человечеством*, *о человечестве* 人类 *история человечества* 人类的历史 *будущее человечества* 人类的未来
вступать	[未完成体]*во что* 或 *на что* 现在时：*вступаю*, *вступаешь*, *вступают*；过去时：*вступал*, *вступала*, *вступало*, *вступали*；现在时主动形动词：*вступающий*；过去时主动形动词：*вступавший*；副动词：*вступая*//*вступить*[完成体]将来时：*вступлю*, *вступишь*, *вступят*；过去时主动形动词：*вступивший*；副动词：*вступив* 进入；参加；登上，踏上 *вступить в лес* 进入森林 *вступить в новую эпоху* 走进新时代 *вступить в партию* 入党 *вступить на родную землю* 踏上故土 *вступить на лестницу* 上楼梯 *вступить на берег* 上岸
информационный	[形容词]*информационная*, *информационное*, *информационные* 信息的，情报的 *информационная эпоха* 信息时代
этап	[阳性]单数：*этап*, *этапа*, *этапу*, *этап*, *этапом*, *об этапе*；复数：*этапы*, *этапов*, *этапам*, *этапы*, *этапами*, *об этапах* 阶段，时期 *новый этап развития* 新的发展阶段
развитие	[中性]单数：*развитие*, *развития*, *развитию*, *развитие*, *развитием*, *о развитии* 发展 *бурное развитие* 飞速发展
нерв	[阳性]单数：*нерв*, *нерва*, *нерву*, *нерв*, *нервом*, *о нерве*；复数：*нервы*, *нервов*, *нервам*, *нервы*, *нервами*, *о нервах* 神经 *слабые нервы* 脆弱的神经 *У меня нервы не в порядке.* 我的神经有毛病。
мёртвый	[形容词]长尾：*мёртвая*, *мёртвое*, *мёртвые*；短尾：*мёртв*, *мертва*, *мёртво*, *мёртвы* 死的；没有生气的 *мёртвая птица* 死鸟 *мёртвые глаза* 呆滞的眼睛 *мёртвая тишина* 死一般的寂静
подряд	[副词]一连，连续不断地 *работать двое суток подряд* 连续工作两昼夜
искривление	[中性]单数：*искривление*, *искривления*, *искривлению*, *искривление*, *искривлени-*

		ем, об искривле́нии 弯曲 искривле́ние позвоно́чника 脊柱弯曲
позвоно́чник	[阳性]	单数: позвоно́чник, позвоно́чника, позвоно́чнику, позвоно́чник, позвоно́чником, о позвоно́чнике; 复数: позвоно́чники, позвоно́чников, позвоно́чникам, позвоно́чники, позвоно́чниками, о позвоно́чниках 脊柱 прямо́й позвоно́чник 笔直的脊柱
зре́ние	[中性]	单数: зре́ние, зре́ния, зре́нию, зре́ние, зре́нием, о зре́нии 视力; 眼界 сла́бое зре́ние 弱视 потеря́ть зре́ние 失明 то́чка зре́ния 观点
вы́читать	[完成体]	что 将来时: вы́читаю, вы́читаешь, вы́читают; 过去时: вы́читал, вы́читала, вы́читало, вы́читали; 过去时主动形动词: вы́читавший; 过去时被动形动词: вы́читанный; 副动词: вы́читав // вычи́тывать [未完成体] 现在时: вычи́тываю, вычи́тываешь, вычи́тывают; 过去时: вычи́тывал, вычи́тывала, вычи́тывало, вычи́тывали; 现在时主动形动词: вычи́тывающий; 过去时主动形动词: вычи́тывавший; 现在时被动形动词: вычи́тываемый; 副动词: вычи́тывая 读出, 读到 вы́читать но́вость 读到一条新闻
затяну́ть	[完成体]	кого́-что 将来时: затяну́, затя́нешь, затя́нут; 过去时: затяну́л, затяну́ла, затяну́ло, затяну́ли; 过去时主动形动词: затяну́вший; 过去时被动形动词: затя́нутый; 副动词: затяну́в // затя́гивать [未完成体] 现在时: затя́гиваю, затя́гиваешь, затя́гивают; 过去时: затя́гивал, затя́гивала, затя́гивало, затя́гивали; 现在时主动形动词: затя́гивающий; 过去时主动形动词: затя́гивавший; 现在时被动形动词: затя́гиваемый; 副动词: затя́гивая 把……系紧; 使……吸入, 陷入; 拖延 затяну́ть га́лстук 系紧领带 затяну́ть шарф 系紧围巾 затяну́ть друзе́й в кино́ 拉朋友看电影 затяну́ть его́ в наш разгово́р 让他加入我们的谈话 затяну́ть вре́мя 拖延时间 затяну́ть собра́ние 拖延会议
чат	[阳性]	单数: чат, ча́та, ча́ту, чат, ча́том, о ча́те (网络)聊天室 обща́ться в ча́те 在(网络)聊天室聊天
фо́рум	[阳性]	单数: фо́рум, фо́рума, фо́руму, фо́рум, фо́румом, о фо́руме; 复数: фо́румы, фо́румов, фо́румам, фо́румы, фо́румами, о фо́румах 论坛 всеми́рный фо́рум молодёжи 世界青年大会 фо́рум учёных 科学家论坛
стреми́тельно	[副词]	急速地, 神速地 По́езд стреми́тельно мчи́тся. 火车飞驰。
утоми́ть	[完成体]	кого́-что 将来时: утомлю́, утоми́шь, утомя́т; 过去时: утоми́л, утоми́ла, утоми́ло, утоми́ли; 过去时主动形动词: утоми́вший; 过去时被动形动词: утомлённый; 副动词: утоми́в // утомля́ть [未完成体] 现在时: утомля́ю, утомля́ешь, утомля́ют; 过去时: утомля́л, утомля́ла, утомля́ло, утомля́ли; 现在时主动形动词: утомля́ющий; 过去时主动形动词: утомля́вший; 现在时被动形动词: утомля́емый; 副动词: утомля́я 使疲劳, 使厌倦 утоми́ть глаза́ 使眼睛疲劳
вы́рваться	[完成体]	将来时: вы́рвусь, вы́рвешься, вы́рвутся; 过去时: вы́рвался, вы́рвалась, вы́рвалось, вы́рвались; 过去时主动形动词: вы́рвавшийся; 副动词:

	вы́рвавшись//вырыва́ться [未完成体] 现在时: вырыва́юсь, вырыва́ешься, вырыва́ются; 过去时: вырыва́лся, вырыва́лась, вырыва́лось, вырыва́лись; 现在时主动形动词: вырыва́ющийся; 过去时主动形动词: вырыва́вшийся; 副动词: вырыва́ясь 挣脱, 冲出 Стака́н вы́рвался из рук. 杯子从手里掉下来。Пти́ца вы́рвалась из кле́тки. 小鸟儿冲出笼子。
вы́вод	[阳性] 单数: вы́вод, вы́вода, вы́воду, вы́вод, вы́водом, о вы́воде; 复数: вы́воды, вы́водов, вы́водам, вы́воды, вы́водами, о вы́водах 结论, 论断 прийти́ к вы́воду 得出结论
самостоя́тельно	[副词] 自主地, 独立地 самостоя́тельно занима́ться 自习
спра́виться	[完成体] с кем-чем 将来时: спра́влюсь, спра́вишься, спра́вятся; 过去时: спра́вился, спра́вилась, спра́вилось, спра́вились; 过去时主动形动词: спра́вившийся; 副动词: спра́вившись//справля́ться [未完成体] 现在时: справля́юсь, справля́ешься, справля́ются; 过去时: справля́лся, справля́лась, справля́лось, справля́лись; 现在时主动形动词: справля́ющийся; 过去时主动形动词: справля́вшийся; 副动词: справля́ясь 能胜任; 能战胜; 会使用; 能驾驭 спра́виться с рабо́той 能胜任工作 спра́виться с зада́чей 能完成任务 спра́виться с боле́знью 能战胜疾病 спра́виться с тру́дностями 能战胜困难
реа́льный	[形容词] 长尾: реа́льная, реа́льное, реа́льные; 短尾: реа́лен, реа́льна, реа́льно, реа́льны 现实的, 真实的 реа́льная жизнь 现实生活 реа́льная си́ла 实力
сре́дство	[中性] 单数: сре́дство, сре́дства, сре́дству, сре́дство, сре́дством, о сре́дстве; 复数: сре́дства, средств, сре́дствам, сре́дства, сре́дствами, о сре́дствах 方法, 手段; (复数) 经费, 钱财 просто́е сре́дство 简单的办法 вся́кими сре́дствами доби́ться це́ли 想尽办法达到目的 кру́пные сре́дства 大笔经费 сре́дства на ремо́нт 修理费
изобрете́ние	[中性] 单数: изобрете́ние, изобрете́ния, изобрете́нию, изобрете́ние, изобрете́нием, об изобрете́нии 发明, 创造 вели́кое изобрете́ние 伟大的发明 изобрете́ние но́вого спо́соба 发明新方法 Это изобрете́ние принадлежи́т ему́. 这项发明属于他。
плане́та	[阴性] 单数: плане́та, плане́ты, плане́те, плане́ту, плане́той, о плане́те; 复数: плане́ты, плане́т, плане́там, плане́ты, плане́тами, о плане́тах 行星 ма́лые плане́ты 小行星
ма́ссовый	[形容词] ма́ссовая, ма́ссовое, ма́ссовые 大众的, 普及的; 大量的, 大批的 ма́ссовая литерату́ра 大众文学, 普及读物 това́ры ма́ссового потребле́ния 日用品 ма́ссовая безрабо́тица 大批失业 ма́ссовое произво́дство 批量生产
испо́льзование	[中性] 单数: испо́льзование, испо́льзования, испо́льзованию, испо́льзование, испо́льзованием, об испо́льзовании 利用, 使用, 运用 широ́кое испо́льзование 广泛使用 испо́льзование зна́ний 利用知识
обще́ние	[中性] 单数: обще́ние, обще́ния, обще́нию, обще́ние, обще́нием, об обще́нии 来

往，交际 общéние с людьми́ 和人们的交往

раско́ванность	[阴性]	单数：раско́ванность, раско́ванности, раско́ванности, раско́ванность, раско́ванностью, о раско́ванности 落落大方，无拘无束 Она́ отлича́ется раско́ванностью. 她落落大方。
увéренность	[阴性]	в чём 单数：увéренность, увéренности, увéренности, увéренность, увéренностью, об увéренности 信心，确信 увéренность в бу́дущем 对未来的信心
собесéдник	[阳性]	单数：собесéдник, собесéдника, собесéднику, собесéдника, собесéдником, о собесéднике；复数：собесéдники, собесéдников, собесéдникам, собесéдников, собесéдниками, о собесéдниках 交谈者，对话人 общи́тельный собесéдник 善交际的谈话者
по́льзователь	[阳性]	单数：по́льзователь, по́льзователя, по́льзователю, по́льзователя, по́льзователем, о по́льзователе；复数：по́льзователи, по́льзователей, по́льзователям, по́льзователей, по́льзователями, о по́льзователях 使用者；用户 по́льзователь сéти 使用网络者，网络用户
при́нцип	[阳性]	单数：при́нцип, при́нципа, при́нципу, при́нцип, при́нципом, о при́нципе；复数：при́нципы, при́нципов, при́нципам, при́нципы, при́нципами, о при́нципах 原理，原则；准则 при́нципы компью́тера 计算机原理 полити́ческий при́нцип 政治原则 жи́зненный при́нцип 生活准则 человéк без при́нципа 无原则的人
виртуа́льный	[形容词]	长尾：виртуа́льная, виртуа́льное, виртуа́льные；短尾：виртуа́лен, виртуа́льна, виртуа́льно, виртуа́льны 假想的，虚拟的 виртуа́льный мир 虚拟的世界
замени́ться	[完成体]	кем-чем 将来时：заменю́сь, замени́шься, заменя́тся；过去时：замени́лся, замени́лась, замени́лось, замени́лись；过去时主动形动词：замени́вшийся；副动词：замени́вшись//заменя́ться[未完成体] 现在时：заменя́юсь, заменя́ешься, заменя́ются；过去时：заменя́лся, заменя́лась, заменя́лось, заменя́лись；现在时主动形动词：заменя́ющийся；过去时主动形动词：заменя́вшийся；副动词：заменя́ясь 代替，取代 Норма́льный язы́к заменя́ется слéнгом. 标准语被俚语取代。
сленг	[阳性]	单数：сленг, слéнга, слéнгу, сленг, слéнгом, о слéнге；复数：слéнги, слéнгов, слéнгам, слéнги, слéнгами, о слéнгах 俚语 ру́сский сленг 俄语俚语
жест	[阳性]	单数：жест, жéста, жéсту, жест, жéстом, о жéсте；复数：жéсты, жéстов, жéстам, жéсты, жéстами, о жéстах 手势，姿势 сдéлать жест руко́й 打手势 разгова́ривать жéстами 用手势交流 язы́к жéстов 身势语 сдéлать краси́вый жест 做漂亮的姿势
ми́мика	[阴性]	单数：ми́мика, ми́мики, ми́мике, ми́мику, ми́микой, о ми́мике 面部表情 лёгкая ми́мика 轻松的面部表情
кно́пка	[阴性]	单数：кно́пка, кно́пки, кно́пке, кно́пку, кно́пкой, о кно́пке；复数：кно́пки, кно́пок, кно́пкам, кно́пки, кно́пками, о кно́пках 电钮，按钮 нажа́ть кно́-

		пку 按电钮
экра́н	[阳性]	单数：экра́н, экра́на, экра́ну, экра́н, экра́ном, об экра́не；复数：экра́ны, экра́нов, экра́нам, экра́ны, экра́нами, об экра́нах 屏幕；银幕 экра́н телеви́зора 电视机屏幕 фильм широ́кого экра́на 宽银幕电影
ро́жица	[阴性]	单数：ро́жица, ро́жицы, ро́жице, ро́жицу, ро́жицей, о ро́жице；复数：ро́жицы, ро́жиц, ро́жицам, ро́жицы, ро́жицами, о ро́жицах 小脸儿 улыба́ющаяся ро́жица 笑脸
вы́разить	[完成体] что	将来时：вы́ражу, вы́разишь, вы́разят；过去时：вы́разил, вы́разила, вы́разило, вы́разили；过去时主动形动词：вы́разивший；过去时被动形动词：вы́раженный；副动词：вы́разив // выража́ть [未完成体] 现在时：выража́ю, выража́ешь, выража́ют；过去时：выража́л, выража́ла, выража́ло, выража́ли；现在时主动形动词：выража́ющий；过去时主动形动词：выража́вший；现在时被动形动词：выража́емый；副动词：выража́я 表示，表达 выража́ть мысль 表达想法 вы́разить благода́рность от всей души́ 表示衷心感谢
эмо́ция	[阴性]	单数：эмо́ция, эмо́ции, эмо́ции, эмо́цию, эмо́цией, об эмо́ции 情绪，感情 эмо́ция ра́дости 高兴的情绪
уговори́ть	[完成体] кого́	将来时：уговорю́, уговори́шь, уговоря́т；过去时：уговори́л, уговори́ла, уговори́ло, уговори́ли；过去时主动形动词：уговори́вший；过去时被动形动词：уговорённый；副动词：уговори́в // угова́ривать [未完成体] 现在时：угова́риваю, угова́риваешь, угова́ривают；过去时：угова́ривал, угова́ривала, угова́ривало, угова́ривали；现在时主动形动词：угова́ривающий；过去时主动形动词：угова́ривавший；现在时被动形动词：угова́риваемый；副动词：угова́ривая 劝说，说服 уговори́ть друзе́й уе́хать за грани́цу 劝朋友们出国
и́скренне	[副词]	真诚地，坦白地 и́скренне благодари́ть 真诚地感谢
удиви́ться	[完成体] чему́	将来时：удивлю́сь, удиви́шься, удивя́тся；过去时：удиви́лся, удиви́лась, удиви́лось, удиви́лись；过去时主动形动词：удиви́вшийся；副动词：удиви́вшись // удивля́ться [未完成体] 现在时：удивля́юсь, удивля́ешься, удивля́ются；过去时：удивля́лся, удивля́лась, удивля́лось, удивля́лись；现在时主动形动词：удивля́ющийся；过去时主动形动词：удивля́вшийся；副动词：удивля́ясь 觉得惊奇，惊讶 удиви́ться его́ отве́ту 对他的回答表示惊讶 удиви́ться красоте́ 倾倒于美
необходи́мое	[中性]	单数：необходи́мое, необходи́мого, необходи́мому, необходи́мое, необходи́мым, о необходи́мом 必需的东西；必要的事 всё необходи́мое 一切必需品
те́рмин	[阳性]	单数：те́рмин, те́рмина, те́рмину, те́рмин, те́рмином, о те́рмине；复数：те́рмины, те́рминов, те́рминам, те́рмины, те́рминами, о те́рминах 术语，专门用语 техни́ческие те́рмины 技术术语
зави́симость	[阴性] от кого́-чего́	单数：зави́симость, зави́симости, зави́симости, зави́си-

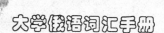

	мость, зави́симостью, о зави́симости 依赖(性), 从属(性) пряма́я зави́симость 直接依赖关系 зави́симость от роди́телей 依赖父母 Интерне́т-зави́симость 网络依赖症
телеви́дение	[中性]单数: телеви́дение, телеви́дения, телеви́дению, телеви́дение, телеви́дением, о телеви́дении 电视, 电视节目; 电视台 переда́ча телеви́дения 电视节目 Центра́льное телеви́дение Кита́я 中国中央电视台
кра́йне	[副词]极端, 极其 кра́йне удиви́ться 极其惊讶
спо́соб	[阳性]单数: спо́соб, спо́соба, спо́собу, спо́соб, спо́собом, о спо́собе; 复数: спо́собы, спо́собов, спо́собам, спо́собы, спо́собами, о спо́собах 方法, 办法 но́вый спо́соб 新方法
времяпровожде́ние	[中性]单数: времяпровожде́ние, времяпровожде́ния, времяпровожде́нию, времяпровожде́ние, времяпровожде́нием, о времяпровожде́нии 消磨时间, 消遣 прия́тное времяпровожде́ние 愉快的消遣
развлече́ние	[中性]单数: развлече́ние, развлече́ния, развлече́нию, развлече́ние, развлече́нием, о развлече́нии; 复数: развлече́ния, развлече́ний, развлече́ниям, развлече́ния, развлече́ниями, о развлече́ниях 消遣, 娱乐 ма́ссовые развлече́ния 群众性娱乐活动
помо́щник	[阳性]单数: помо́щник, помо́щника, помо́щнику, помо́щника, помо́щником, о помо́щнике; 复数: помо́щники, помо́щников, помо́щникам, помо́щников, помо́щниками, о помо́щниках 助手, 帮手 помо́щник ре́ктора 校长助理 помо́щник ма́мы 妈妈的帮手
воспрепя́тствовать	[完成体]кому́-чему́ 将来时: воспрепя́тствую, воспрепя́тствуешь, воспрепя́тствуют; 过去时: воспрепя́тствовал, воспрепя́тствовала, воспрепя́тствовало, воспрепя́тствовали; 过去时主动形动词: воспрепя́тствовавший; 副动词: воспрепя́тствовав//препя́тствовать[未完成体]现在时主动形动词: препя́тствующий; 过去时主动形动词: препя́тствовавший; 副动词: препя́тствуя 妨碍, 阻挠 препя́тствовать рабо́те 妨碍工作 препя́тствовать нам занима́ться 影响我们学习
зло	[中性]单数: зло, зла, злу, зло, злом, о зле; 复数: зла, зол, злам, зла, зла́ми, о злах 恶, 恶事; 灾难 добро́ и зло 善与恶 причини́ть зло 带来灾难

三、词汇重点

связь	[阴性]单数: связь, свя́зи, свя́зи, связь, свя́зью, о свя́зи (в связи́); 复数: свя́зи, свя́зей, свя́зям, свя́зи, свя́зями, о свя́зях (相互)关系, 联系; 联络, 联系 культу́рные свя́зи ме́жду двумя́ стра́нами 两国之间的文化交流 развива́ть дру́жеские свя́зи 发展友好关系 связь с самолётом по ра́дио 用与飞机的无线电联系
	[注意]связь 与 в 连用第六格为 связи́
беспоря́док	[阳性]单数: беспоря́док, беспоря́дка, беспоря́дку, беспоря́док, беспоря́дком, о

	беспоря́дке 无秩序，乱七八糟 беспоря́док в ко́мнате 房间里一团糟 беспоря́док в докуме́нтах 文件杂乱无章
	[注意] беспоря́док 变格时第二个-o-脱落
сеть	[阴性] 单数：сеть, се́ти, се́ти, сеть, се́тью, о се́ти (в сети́)；复数：се́ти, сете́й, сетя́м, се́ти, сетя́ми, о сетя́х 网；网络 лови́ть ры́бу се́тью 用网捕鱼 попа́сть в сеть 落网 совреме́нная сеть 现代化网络
	[注意] сеть 与 в 连用单数第六格形式为 сети́，复数二、三、五、六格重音后移
поискови́к	[阳性] 单数：поискови́к, поискови́ка́, поискови́ку́, поискови́к(а́), поискови́ко́м, о поискови́ке́；复数：поискови́ки́, поискови́ко́в, поискови́ка́м, поискови́ки́(-ко́в), поискови́ка́ми, о поискови́ка́х 探索者；搜索引擎 поискови́к доро́ги 探路者 компью́терный поискови́к 计算机搜索引擎
	[注意] поискови́к 变格时重音后移
ско́рость	[阴性] 单数：ско́рость, ско́рости, ско́рости, ско́рость, ско́ростью, о ско́рости 复数：ско́рости, скоросте́й, скоростя́м, ско́рости, скоростя́ми, о скоростя́х 速度，速率 ско́рость ве́тра 风速 ско́рость полёта 飞行速度
	[注意] ско́рость 的复数形式第二、三、五、六格重音后移

～～～～～～～～～～～～～～～～～～～～～～～～～～～～

вред	[阳性] 单数：вред, вреда́, вреду́, вред, вредо́м, о вреде́ 害处，损害 наноси́ть наро́ду вред 给人民带来危害
	[注意] вред 变格时重音后移
убива́ть	[未完成体] кого́ 现在时：убива́ю, убива́ешь, убива́ют；过去时：убива́л, убива́ла, убива́ло, убива́ли；现在时主动形动词：убива́ющий 过去时主动形动词：убива́вший；现在时被动形动词：убива́емый；副动词：убива́я // уби́ть [完成体] 将来时：убью́, убьёшь, убью́т；命令式：убе́й(те)；过去时主动形动词：уби́вший；过去时被动形动词：уби́тый；副动词：уби́в 打死，杀害；使精神上受到极度折磨 уби́ть врага́ 打死敌人 уби́ть медве́дя 杀死熊 уби́ть тала́нт 毁掉天才 Отъе́зд сы́на уби́л роди́телей. 儿子的出走使父母痛苦万分。
	[注意] уби́ть 变位特殊
подро́сток	[阳性] 单数：подро́сток, подро́стка, подро́стку, подро́стка, подро́стком, о подро́стке；复数：подро́стки, подро́стков, подро́сткам, подро́стков, подро́стками, о подро́стках 少年，半大孩子 стро́йный подро́сток 身材挺拔的少年
	[注意] подро́сток 变格时第三个-o-脱落
надое́сть	[完成体] кому́ 将来时：надое́м, надое́шь, надое́ст, надоеди́м, надоеди́те, надоедя́т；过去时：надое́л, надое́ла, надое́ло, надое́ли // **надоеда́ть** [未完成体] 现在时：надоеда́ю, надоеда́ешь, надоеда́ют；过去时：надоеда́л, надоеда́ла, надоеда́ло, надоеда́ли 使厌烦，使讨厌 Мне надое́л э́тот вопро́с. 我已经厌倦了这个问题。 Де́тям надое́ла дождли́вая пого́да. 孩子们讨厌多雨的天气。

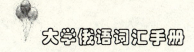

[注意]надоéсть 变位特殊

нажáть　[完成体]что 或 на что 将来时：нажмý, нажмёшь, нажмýт；过去时：нажáл, нажáла, нажáло, нажáли；过去时主动形动词：нажáвший；过去时被动形动词：нажáтый；副动词：нажáв//**нажимáть**[未完成体]现在时：нажимáю, нажимáешь, нажимáют；过去时：нажимáл, нажимáла, нажимáло, нажимáли；现在时主动形动词：нажимáющий；过去时主动形动词：нажимáвший；现在时被动形动词：нажимáемый；副动词：нажимáя
按，压 нажáть（на）кнóпку звонкá 按电铃

[注意]нажáть 变位特殊

 四、词汇记忆

хáос	混乱，杂乱无章，乱七八糟	chaos
гид	导游者，旅游向导	guide
связь	（相互）关系，联系；联络，联系	relation
беспорядок	无秩序，乱七八糟	mess, chaos
сеть	网，网络	ntework
турúзм	旅游，旅行	tourism
поисковúк	探索者；搜索引擎	search engine
скóрость	速度，速率	speed, rate
вúрус	病毒	virus
клавиатýра	键盘	keyboard
веб-сáйт	网站	website
систéма	系统，体系；制度	system
странúчка	页，页面	page, webpage
оппонéнт	反对（论）者，论敌；（学位论文的）评阅人	opponent
экологúческий	生态(学)的	ecological
мóщный	强大的，强有力的	powerful
поискóвый	搜索的，搜索的	search
политúческий	政治的，政策的	political
объектúвный	客观的；公正的	objective
ломáться//сломáться	折断；毁坏	to break
голосовáть//проголосовáть	投票，表决	to vote
окончáтельно	完全地，彻底地	finally
поколéние	代，辈	generation
явлéние	现象	manifestation
представúтель	代表；代表人物	representative, spokesman
спýтник	同路人，旅伴；伴侣；卫星	companion

человéчество	人类	mankind, human
этáп	阶段,时期	stage
развúтие	发展	development
вред	害处,损害	harm, damage
нерв	神经	nerve
подрóсток	少年,半大孩子	teenager, kid, young person
искривлéние	弯曲	curvature
позвонóчник	脊柱	backbone
зрéние	视力;眼界	view, viewpoint
чат	(网络)聊天室	chat
фóрум	论坛	forum
вывод	结论,论断	conclusion
срéдство	方法,手段;(复数)经费,钱财	means, remedy, tool
изобретéние	发明,创造	invention
планéта	行星	planet
испóльзование	利用,使用,运用	use, usage
общéние	来往,交际	communication
раскóванность	落落大方,无拘无束	relaxedness
увéренность	信心,确信	confidence
собесéдник	交谈者,谈话者	conversationalist
пóльзователь	使用者;用户	user
прúнцип	原理,原则;准则	principle
сленг	俚语	slang, jargon
жест	手势,姿势	gesture
мúмика	面部表情	mimicry
кнóпка	电钮,按钮	button
экрáн	屏幕;银幕	screen, display
рóжица	小脸儿	smileys
эмóция	情绪,感情	emotion
необходúмое	必需的东西;必需的事	required
тéрмин	术语,专门用语	term
завúсимость	依赖(性),从属(性)	dependence
телевúдение	电视,电视节目;电视台	television, TV station
спóсоб	方法,办法	way, method
времяпровождéние	消磨时间,消遣	pastime
развлечéние	消遣,娱乐	entertainment
помóщник	助手,帮手	assistant
зло	恶,恶事;灾难	evil
сетевóй	网络的;网状的	network
социо-культýрный	社会文化(学)的	socio-cultural

привы́чный	习惯的，习以为常的	usual
информацио́нный	信息的，情报的	information
мёртвый	死的；没有生气的	dead, lifeless
реа́льный	真实的，现实的	real
ма́ссовый	大众的，普及的；大量的，大批的	mass, media
виртуа́льный	假想的，虚拟的	virtual
вступа́ть//вступи́ть	进入；参加；登上，踏上	to join
убива́ть//уби́ть	打死，杀害；使精神上受到极度折磨	to kill
вычи́тывать//вы́читать	读出，读到	to subtract, deduct
затя́гивать//затяну́ть	把……系紧；使……吸入，陷入；拖延	to tighten
утомля́ть//утоми́ть	使疲劳，使厌倦	to tire
надоеда́ть//надое́сть	使厌烦，使讨厌	to tire
вырыва́ться//вы́рваться	挣脱，冲出	to escape, get away
справля́ться//спра́виться	能胜任；能战胜；会使用；能驾驶	to cope, deal, overcome
заменя́ться//замени́ться	代替，取代	to be replaced
нажима́ть//нажа́ть	按压	to click, press
выража́ть//вы́разить	表示，表达	to express
угова́ривать//уговори́ть	劝说，说服	to persuade
удивля́ться//удиви́ться	觉得惊奇，惊讶	to wonder, amazed
препя́тствовать//воспрепя́тствовать	妨碍，阻挠	to hinder, discourage
подря́д	一连，接连不断地	consecutive
стреми́тельно	急速地，神速地	rapidly
самостоя́тельно	自主地，独立地	independently
и́скренне	真诚地，坦白地	sincerely
кра́йне	极，极端，极其	extremely, very

 五、词汇造句

лома́ться//слома́ться	[未//完成体]折断；毁坏
	Де́рево слома́лось. 树折断了。
	Нога́ слома́лась. 腿折了。
	Клавиату́ра слома́лась. 键盘坏了。

надоеда́ть//надое́сть	[未//完成体]кому́ 使厌烦，使讨厌
	Э́то блю́до мне надое́ло. 这个菜我吃腻了。
	Де́тям надоеда́ют экза́мены. 孩子们讨厌考试。
	Бра́ту надое́ло игра́ть в ша́хматы. 弟弟不喜欢下象棋了。

справля́ться // спра́виться	[未//完成体] *с кем-чем* 能胜任；能战胜；会使用；能驾驶
	Сотру́дники справля́ются с э́той зада́чей. 员工们能胜任这项任务。
	Студе́нты спра́вились с тру́дностями в учёбе. 大学生们克服了学习上的困难。
	Учи́тель не справля́ется с ученика́ми. 老师管不住学生。
заменя́ться // замени́ться	[未//完成体] *кем-чем* 代替，取代
	Ста́рые инжене́ры замени́лись молоды́ми. 年老的工程师被年轻人取代。
	Ла́мпа замени́лась но́вой. 换了一盏新灯。
удивля́ться // удиви́ться	[未//完成体] *кому́-чему́* 觉得惊奇，惊讶
	Учителя́ удиви́лись тала́нту ученика́. 老师们对学生的才华很是吃惊。
	Тури́сты удиви́лись красоте́ приро́ды. 游客们惊叹于大自然的美景。

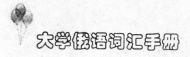

第七课

一、词汇导读

本课与学习语言有关,需记住有关学习的各类词汇。

二、词汇注释

стажёр	[阳性]单数:стажёр, стажёра, стажёру, стажёра, стажёром, о стажёре;复数:стажёры, стажёров, стажёрам, стажёров, стажёрами, о стажёрах 进修生;实习生 стажёр из-за границы 外国进修生 стажёр на практике 实习生
надéяться	[未完成体]на что 现在时:надéюсь, надéешься, надéются;过去时:надéялся, надéялась, надéялось, надéялись;现在时主动形动词:надéющийся;过去时主动形动词:надéявшийся;副动词:надéясь 希望,指望 надéяться на пóмощь 希望得到帮助 надéяться на мáссы 相信群众 надéяться добиться успéха 希望取得成功
улýчшить	[完成体]что 将来时:улýчшу, улýчшишь, улýчшат;过去时:улýчшил, улýчшила, улýчшило, улýчшили 过去时主动形动词:улýчшивший;过去时被动形动词:улýчшенный;副动词:улýчшив//улучшáть[未完成体]现在时:улучшáю, улучшáешь, улучшáют;过去时:улучшáл, улучшáла, улучшáло, улучшáли;现在时主动形动词:улучшáющий;过去时主动形动词:улучшáвший;现在时被动形动词:улучшáемый;副动词:улучшáя 改进,改善,提高 улучшáть жизнь 改善生活 улучшáть отношéния двух стран 改善两国关系 улýчшить результáт 提高成绩
запóмниться	[完成体]将来时:запóмнюсь, запóмнишься, запóмнятся;过去时:запóмнился, запóмнилась, запóмнилось, запóмнились;过去时主动形动词:запóмнившийся;副动词:запóмнившись//запоминáться[未完成体]现在时:запоминáюсь, запоминáешься, запоминáются;过去时:запоминáлся, запоминáлась, запоминáлось, запоминáлись;现在时主动形动词:запоминáющийся;过去时主动形动词:запоминáвшийся;副动词:запоминáясь 记住,记得 Это событие мне запóмнилось. 这件事我还记得。В живой рéчи словá запоминáются легкó. 词汇在使用时更容易记住。
граммати́ческий	[形容词]граммати́ческая, граммати́ческое, граммати́ческие 语法的 граммати́ческие прáвила 语法规则 граммати́ческая ошибка 语法错误

усво́ить	[完成体]что 将来时：усво́ю, усво́ишь, усво́ят；过去时：усво́ил, усво́ила, усво́ило, усво́или；过去时主动形动词：усво́ивший；过去时被动形动词：усво́енный；副动词：усво́ив//усва́ивать[未完成体]现在时：усва́иваю, усва́иваешь, усва́ивают；过去时：усва́ивал, усва́ивала, усва́ивало, усва́ивали；现在时主动形动词：усва́ивающий；过去时主动形动词：усва́ивавший；现在时被动形动词：усва́иваемый；副动词：усва́ивая 吸收；学好，掌握 усво́ить но́вый обы́чай 习惯新习俗 усво́ить но́вый о́браз жи́зни 习惯新的生活方式 усво́ить граммати́ческие пра́вила 掌握语法规则 усво́ить текст 学会课文
оши́бка	[阴性]单数：оши́бка, оши́бки, оши́бке, оши́бку, оши́бкой, об оши́бке；复数：оши́бки, оши́бок, оши́бкам, оши́бки, оши́бками, об оши́бках 错误，过失 оши́бка при реше́нии зада́чи 解题中的差错 писа́ть с оши́бками 书写时出错 писа́ть без оши́бок 书写没有错误 учи́ться на оши́бках 在错误中学习
испра́вить	[完成体]что 将来时：испра́влю, испра́вишь, испра́вят；过去时：испра́вил, испра́вила, испра́вило, испра́вили；过去时主动形动词：испра́вивший；过去时被动形动词：испра́вленный；副动词：испра́вив//исправля́ть[未完成体]现在时：исправля́ю, исправля́ешь, исправля́ют；过去时：исправля́л, исправля́ла, исправля́ло, исправля́ли；现在时主动形动词：исправля́ющий；过去时主动形动词：исправля́вший；现在时被动形动词：исправля́емый；副动词：исправля́я 修理好；纠正，改正 испра́вить телеви́зор 修理电视 испра́вить дом 修房子 испра́вить оши́бки 改正错误 испра́вить произноше́ние 纠正发音
глаго́л	[阳性]单数：глаго́л, глаго́ла, глаго́лу, глаго́л, глаго́лом, о глаго́ле；复数：глаго́лы, глаго́лов, глаго́лам, глаго́лы, глаго́лами, о глаго́лах 动词 глаго́л соверше́нного ви́да 完成体动词 глаго́л несоверше́нного ви́да 未完成体动词
обы́чай	[阳性]单数：обы́чай, обы́чая, обы́чаю, обы́чай, обы́чаем, об обы́чае；复数：обы́чаи, обы́чаев, обы́чаям, обы́чаи, обы́чаями, об обы́чаях 习俗；习惯 национа́льный обы́чай 民族习俗 потеря́ть обы́чай 丧失习俗 Обы́чай передаётся из поколе́ния в поколе́ние. 习俗世代相传。
иеро́глиф	[阳性]单数：иеро́глиф, иеро́глифа, иеро́глифу, иеро́глиф, иеро́глифом, об иеро́глифе；复数：иеро́глифы, иеро́глифов, иеро́глифам, иеро́глифы, иеро́глифами, об иеро́глифах 象形字 кита́йский иеро́глиф 汉字
произноше́ние	[中性] 单数：произноше́ние, произноше́ния, произноше́нию, произноше́ние, произноше́нием, о произноше́нии 发音，口音 оши́бки в произноше́нии 发音上的错误 узна́ть иностра́нца по произноше́нию 从发音上听出是外国人
полигло́т	[阳性]单数：полигло́т, полигло́та, полигло́ту, полигло́та, полигло́том, о полигло́те；复数：полигло́ты, полигло́тов, полигло́там, полигло́тов,

	полиглóтами, *о полиглóтах* 通晓多种语言的人 стать пилиглóтом 成为通晓多种语言的人
изучéние	[中性]单数：*изучéние*, *изучéния*, *изучéнию*, *изучéние*, *изучéнием*, *об изучéнии* 学习，研究 изучéние инострáнных языкóв 学习外语 изучéние литератýры 研究文学
овладéть	[完成体]*чем* 将来时：*овладéю*, *овладéешь*, *овладéют*；过去时：*овладéл*, *овладéла*, *овладéло*, *овладéли*；过去时主动形动词：*овладéвший*；副动词：*овладéв*//**овладевáть**[未完成体]现在时：*овладевáю*, *овладевáешь*, *овладевáют*；过去时：*овладевáл*, *овладевáла*, *овладевáло*, *овладевáли*；现在时主动形动词：*овладевáющий*；过去时主动形动词：*овладевáвший*；副动词：*овладевáя* 精通，掌握 овладéть рýсским языкóм 精通俄语 овладéть граммáтикой 掌握语法
деся́тка	[阴性]单数：*деся́тка*, *деся́тки*, *деся́тке*, *деся́тку*, *деся́ткой*, *о деся́тке*；复数：*деся́тки*, *деся́ток*, *деся́ткам*, *деся́тки*, *деся́тками*, *о деся́тках* 数字十 éхать на деся́тке 坐十路车
владéть	[未完成体]*чем* 现在时：*владéю*, *владéешь*, *владéют*；过去时：*владéл*, *владéла*, *владéло*, *владéли*；现在时主动形动词：*владéющий*；过去时主动形动词：*владéвший*；副动词：*владéя* 拥有，具有；精通，长于 владéть дóмом 拥有房产 владéть талáнтом 有才华 владéть специáльностью 长于专业 владéть тéхникой 精通技术
уступи́ть	[完成体]*что комý-чемý* 将来时：*уступлю́*, *устýпишь*, *устýпят*；过去时：*уступи́л*, *уступи́ла*, *уступи́ло*, *уступи́ли*；过去时主动形动词：*уступи́вший*；过去时被动形动词：*устýпленный*；副动词：*уступи́в*//**уступáть**[未完成体]现在时：*уступáю*, *уступáешь*, *уступáют*；过去时：*уступáл*, *уступáла*, *уступáло*, *уступáли*；现在时主动形动词：*уступáющий*；过去时主动形动词：*уступáвший*；现在时被动形动词：*уступáемый*；副动词：*уступáя* 让出，让给；逊色，不如 уступи́ть террито́рию 割让领土 уступи́ть мéсто старикý 给老人让座 уступи́ть в спóре 在争论中让步 уступи́ть брáту в умé 不如弟弟聪明 уступи́ть друзья́м в учёбе 学习比朋友差
италья́нский	[形容词]*италья́нская*, *италья́нское*, *италья́нские* 意大利（人）的 италья́нский язы́к 意大利语
утверди́ть	[完成体]*что* 将来时：*утвержý*, *утверди́шь*, *утвердя́т*；过去时：*утверди́л*, *утверди́ла*, *утверди́ло*, *утверди́ли*；过去时主动形动词：*утверди́вший*；过去时被动形动词：*утверждённый*；副动词：*утверди́в*//**утверждáть**[未完成体]现在时：*утверждáю*, *утверждáешь*, *утверждáют*；过去时：*утверждáл*, *утверждáла*, *утверждáло*, *утверждáли*；现在时主动形动词：*утверждáющий*；过去时主动形动词：*утверждáвший*；现在时被动形动词：*утверждáемый*；副动词：*утверждáя* 确立，确定；断言 утверди́ть план 批准计划 утверди́ть закóн 确定法律 Он утверждáет, что он ничегó не знáет об э́том. 他肯定地说，这件事他一点儿也不知道。

оробе́ть		[完成体]将来时：оробе́ю, оробе́ешь, оробе́ют；过去时：оробе́л, оробе́ла, оробе́ло, оробе́ли；过去时主动形动词：оробе́вший；副动词：оробе́в // **робе́ть** [未完成体]现在时主动形动词：робе́ющий；过去时主动形动词：робе́вший；副动词：робе́я 害怕, 胆怯, 羞怯 Де́ти робе́ют идти́ но́чью. 孩子们害怕走夜路。
усло́вие		[中性]单数：усло́вие, усло́вия, усло́вию, усло́вие, усло́вием, об усло́вии；复数：усло́вия, усло́вий, усло́виям, усло́вия, усло́виями, об усло́виях 条件, 条款 улу́чшить усло́вия жи́зни 改善生活条件 Я согла́сен с ва́шими усло́виями. 我同意你们的条件。
преде́льно		[副词]极限地, 最大地 преде́льно стара́ться 非常努力
любозна́тельный		[形容词]长尾：любозна́тельная, любозна́тельное, любозна́тельные；短尾：любозна́телен, любозна́тельна, любозна́тельно, любозна́тельны 求知欲强的, 好学的 любозна́тельный ма́льчик 求知欲强的孩子
слух		[阳性]单数：слух, слу́ха, слу́ху, слух, слу́хом, о слу́хе 听觉, 听力 о́стрый слух 敏锐的听觉 прия́тный для слу́ха 悦耳的 потеря́ть слух 失去听觉
языкове́д		[阳性]单数：языкове́д, языкове́да, языкове́ду, языкове́да, языкове́дом, о языкове́де；复数：языкове́ды, языкове́дов, языкове́дам, языкове́дов, языкове́дами, о языкове́дах 语言学家 изве́стный языкове́д 著名的语言学家
акаде́мик		[阳性]单数：акаде́мик, акаде́мика, акаде́мику, акаде́мика, акаде́миком, об акаде́мике；复数：акаде́мики, акаде́миков, акаде́микам, акаде́миков, акаде́миками, об акаде́миках（科学院）院士 акаде́мик Росси́йской Акаде́мии нау́к 俄罗斯科学院院士
осно́ва		[阴性]单数：осно́ва, осно́вы, осно́ве, осно́ву, осно́вой, об осно́ве；复数：осно́вы, осно́в, осно́вам, осно́вы, осно́вами, об осно́вах 基架, 基础 осно́ва зда́ния 房架 осно́ва сочине́ния 作文的素材 созда́ть осно́ву 建立基础
внача́ле		[副词]起初, 开始 Внача́ле де́вочка оробе́ла. 开始小女孩很害羞。
приложи́ть		[完成体]что к чему 将来时：приложу́, прило́жишь, прило́жат；过去时：приложи́л, приложи́ла, приложи́ло, приложи́ли；过去时主动形动词：приложи́вший；过去时被动形动词：прило́женный；副动词：приложи́в // **прилага́ть**[未完成体]现在时：прилага́ю, прилага́ешь, прилага́ют；过去时：прилага́л, прилага́ла, прилага́ло, прилага́ли；现在时主动形动词：прилага́ющий；过去时主动形动词：прилага́вший；现在时被动形动词：прилага́емый；副动词：прилага́я 应用, 使用 приложи́ть географи́ческую ка́рту к уче́бнику 给教科书附上地图 приложи́ть эне́ргию к де́лу 把精力用在事业上
си́ла		[阴性]单数：си́ла, си́лы, си́ле, си́лу, си́лой, о си́ле；复数：си́лы, сил, си́лам, си́лы, си́лами, о си́лах 力量, 力气 си́ла в рука́х 手力 си́ла ве́тра 风力
ускоре́ние		[中性]单数：ускоре́ние, ускоре́ния, ускоре́нию, ускоре́ние, ускоре́нием, об ускоре́нии 加速, 加快 ускоре́ние рабо́ты 加快工作
дога́дка		[阴性]单数：дога́дка, дога́дки, дога́дке, дога́дку, дога́дкой, о дога́дке 推测, 猜想

смéлая догáдка 大胆的猜想

контéкст	[阳性]单数：контéкст, контéкста, контéксту, контéкст, контéктом, о контéксте 上下文；语境 понять незнакóмое слóво в контéксте 在上下文中理解生词
состоять	[未完成体] в чём 或 из когó-чегó 现在时：состою́, состои́шь, состоя́т；过去时：состоя́л, состоя́ла, состоя́ло, состоя́ли；现在时主动形动词：состоя́щий；过去时主动形动词：состоя́вший；副动词：состоя́ 在于，是；由……组成 Нáша цель состои́т в ускорéнии рабóты. 我们的目的在于加快工作。Егó несчáстье состои́т в том, что он совсéм не знáет людéй. 他的不幸在于他完全不了解别人。Квартúра состои́т из двух кóмнат. 住宅有两个房间。Ромáн состои́т из трёх частéй. 小说由三部分组成。
накоплéние	[中性]单数：накоплéние, накоплéния, накоплéнию, накоплéние, накоплéнием, о накоплéнии；复数：накоплéния, накоплéний, накоплéниям, накоплéния, накоплéниями, о накоплéниях 积累；积蓄 накоплéние средств 积累资金 больши́е накоплéния 大量存款
пáмять	[阴性]单数：пáмять, пáмяти, пáмяти, пáмять, пáмятью, о пáмяти 记忆力；回忆 хорóшая пáмять 好记性 слáбая пáмять 记忆力不好 говори́ть на пáмять 说话不用稿 подари́ть дрýгу кни́гу на пáмять 送朋友一本书做纪念
запáс	[阳性]单数：запáс, запáса, запáсу, запáс, запáсом, о запáсе；复数：запáсы, запáсов, запáсам, запáсы, запáсами, о запáсах 蕴藏量，储量；积累量 запáс ýгля 煤的储量 запáс слов 词汇量 У нас ещё два часá в запáсе. 我们还有两个小时的时间。
оборóт	[阳性]单数：оборóт, оборóта, оборóту, оборóт, оборóтом, об оборóте；复数：оборóты, оборóтов, оборóтам, оборóты, оборóтами, об оборóтах（语言的）说法，句式；流通额 непрáвильный оборóт 不正确的说法 торгóвый оборóт 商业流通额
повторя́емость	[阴性]单数：повторя́емость, повторя́емости, повторя́емости, повторя́емость, повторя́емостью, о повторя́емости 重复率，复现率 повторя́емость слов 词的复现率
повтори́ться	[完成体]将来时：повторю́сь, повтори́шься, повторя́тся；过去时：повтори́лся, повтори́лась, повтори́лось, повтори́лись；过去时主动形动词：повтори́вшийся, 副动词：повтори́вшись // повторя́ться [未完成体] 现在时：повторя́юсь, повторя́ешься, повторя́ются；过去时：повторя́лся, повторя́лась, повторя́лось, повторя́лись；现在时主动形动词：повторя́ющийся；过去时主动形动词：повторя́вшийся；副动词：повторя́ясь 重复，再现 Болéзнь повтори́лась. 病又犯了。Это слóво чáсто повторя́ется в тéксте. 这个词在课文中经常出现。
коли́чество	[中性]单数：коли́чество, коли́чества, коли́честву, коли́чество, коли́чеством, о коли́честве 数量，量 большóе коли́чество 大量 коли́чество студéнтов

	大学生的数量
Герма́ния	[阴性]单数：Герма́ния, Герма́нии, Герма́нии, Герма́нию, Герма́нией, о Герма́нии 德国 стажиро́вка в Герма́нии 在德国进修
тру́дность	[阴性]单数：тру́дность, тру́дности, тру́дности, тру́дность, тру́дностью, о тру́дности；复数：тру́дности, тру́дностей, тру́дностям, тру́дности, тру́дностями, о тру́дностях 困难 экономи́ческие тру́дности 经济困难 встре́титься с тру́дностями 遇到困难 спра́виться с тру́дностями 克服困难
овладе́ние	[中性]чем 单数：овладе́ние, овладе́ния, овладе́нию, овладе́ние, овладе́нием, об овладе́нии 占领；掌握；通晓 овладе́ние большо́й террито́рией 占领大面积领土 овладе́ние те́хникой 掌握技术 овладе́ние ру́сским языко́м в соверше́нстве 精通俄语
затрудни́ть	[完成体]кого́-что 将来时：затрудню́, затрудни́шь, затрудня́т；过去时：затрудни́л, затрудни́ла, затрудни́ло, затрудни́ли；现在时主动形动词：затрудни́вший；过去时被动形动词：затруднённый；副动词：затрудни́в// затрудня́ть[未完成体]现在时：затрудня́ю, затрудня́ешь, затрудня́ют；过去时：затрудня́л, затрудня́ла, затрудня́ло, затрудня́ли；现在时主动形动词：затрудня́ющий；过去时主动形动词：затрудня́вший；现在时被动形动词：затрудня́емый；副动词：затрудня́я 使……为难 затрудни́ть роди́телей 难为父母 Вопро́с затрудня́ет студе́нта. 问题难住了大学生。
владе́ние	[中性]чем 单数：владе́ние, владе́ния, владе́нию, владе́ние, владе́нием, о владе́нии 占有，拥有；掌握，会用 владе́ние землёй 占有土地 владе́ние италья́нским языко́м 掌握意大利语 владе́ние ру́чкой 会用钢笔
у́стный	[形容词]у́стная, у́стное, у́стные 口头的 у́стный экза́мен 口试 у́стный перево́д 口译
ба́за	[阴性]单数：ба́за, ба́зы, ба́зе, ба́зу, ба́зой, о ба́зе；复数：ба́зы, баз, ба́зам, ба́зы, ба́зами, о ба́зах 基础；基地 экономи́ческая ба́за 经济基础 вое́нная ба́за 军事基地
успе́шный	[形容词]长尾：успе́шная, успе́шное, успе́шные；短尾：успе́шен, успе́шна, успе́шно, успе́шны 有成效的，顺利的 успе́шная рабо́та 有成绩的工作 успе́шное реше́ние вопро́са 顺利解决问题
биологи́ческий	[形容词]биологи́ческая, биологи́ческое, биологи́ческие 生物学的 биологи́ческие нау́ки 生物科学 биологи́ческая хи́мия 生物化学
физиологи́ческий	[形容词]физиологи́ческая, физиологи́ческое, физиологи́ческие 生理学的；身体（上）的 физиологи́ческая хи́мия 生理化学 физиологи́ческая причи́на 身体上的原因
осо́бенность	[阴性]单数：осо́бенность, осо́бенности, осо́бенности, осо́бенность, осо́бенностью, об осо́бенности 特点，特征 хара́ктерная осо́бенность 典型特点

особенность профессии 职业特点

включи́ться	[完成体] *во что* 将来时: включу́сь, включи́шься, включа́тся; 过去时: включи́лся, включи́лась, включи́лось, включи́лись; 过去时主动形动词: включи́вшийся; 副动词: включи́вшись // включа́ться [未完成体] 现在时: включа́юсь, включа́ешься, включа́ются; 过去时: включа́лся, включа́лась, включа́лось, включа́лись; 现在时主动形动词: включа́ющийся; 过去时主动形动词: включа́вшийся; 副动词: включа́ясь 加入, 列入 включи́ться в уче́бную програ́мму 被列入教学大纲 включи́ться в футбо́льную кома́нду 加入足球队
молча́ть	[未完成体] 现在时: молчу́, молчи́шь, молча́т; 过去时: молча́л, молча́ла, молча́ло, молча́ли; 现在时主动形动词: молча́щий; 过去时主动形动词: молча́вший; 副动词: мо́лча 沉默, 不作声 Учи́тель спра́шивает, а де́ти молча́т. 老师提问, 孩子们却不作声。
эффекти́вный	[形容词] 长尾: эффекти́вная, эффекти́вное, эффекти́вные; 短尾: эффекти́вен, эффекти́вна, эффекти́вно, эффекти́вны 有效的, 高效的 эффекти́вный спо́соб 有效的办法 эффекти́вная рабо́та 高效的工作
во́зраст	[阳性] 单数: во́зраст, во́зраста, во́зрасту, во́зраст, во́зрастом, о во́зрасте 年龄, 年纪 пожило́й во́зраст 中老年 установи́ть во́зраст Земли́ 确定地球的年龄
интеллектуа́льный	[形容词] 长尾: интеллектуа́льная, интеллектуа́льное, интеллектуа́льные; 短尾: интеллектуа́лен, интеллектуа́льна, интеллектуа́льно, интеллектуа́льны 智力的; 精神上的 интеллектуа́льный челове́к 智力发达的人 интеллектуа́льная потре́бность 精神需求
спосо́бность	[阴性] *к чему* 单数: спосо́бность, спосо́бности, спосо́бности, спосо́бность, спосо́бностью, о спосо́бности; 复数: спосо́бности, спосо́бностей, спосо́бностям, спосо́бности, спосо́бностями, о спосо́бностях 才能, 能力 спосо́бность к труду́ 劳动能力 име́ть спосо́бность к понима́нию 有理解能力 музыка́льные спосо́бности 音乐天赋 развива́ть свои́ спосо́бности 发挥自己的才干 облада́ть спосо́бностями к рисова́нию 具有绘画才能
мышле́ние	[中性] 单数: мышле́ние, мышле́ния, мышле́нию, мышле́ние, мышле́нием, о мышле́нии 思维(能力) челове́ческое мышле́ние 人类思维 измени́ть мышле́ние 改变思维
ра́звитость	[阴性] 单数: ра́звитость, ра́звитости, ра́звитости, ра́звитость, ра́звитостью, о ра́звитости 发达; (智力上) 成熟 интеллектуа́льная ра́звитость 智力发达 ра́звитость вку́са 品味高
ме́тод	[阳性] 单数: ме́тод, ме́тода, ме́тоду, ме́тод, ме́тодом, о ме́тоде; 复数: ме́тоды, ме́тодов, ме́тодам, ме́тоды, ме́тодами, о ме́тодах 方法, 办法 эффекти́вный ме́тод 有效的办法
интенси́вный	[形容词] 长尾: интенси́вная, интенси́вное, интенси́вные; 短尾: интенси́вен, интенси́вна, интенси́вно, интенси́вны 强化的 интенси́вная рабо́та 紧

张的工作 интенси́вный курс ру́сского языка́ 俄语强化教程

систе́мный [形容词]систе́мная, систе́мное, систе́мные 系统的 систе́мный ме́тод 系统方法

осмы́слить [完成体]что 将来时：осмы́слю, осмы́слишь, осмы́слят；过去时：осмы́слил, осмы́слила, осмы́слило, осмы́слили；过去时主动形动词：осмы́сливший；过去时被动形动词：осмы́сленный；副动词：осмы́слив//**осмысля́ть**[未完成体]现在时：осмысля́ю, осмысля́ешь, осмысля́ют；过去时：осмысля́л, осмысля́ла, осмысля́ло, осмысля́ли；现在时主动形动词：осмысля́ющий；过去时主动形动词：осмысля́вший；现在时被动形动词：осмысля́емый；副动词：осмысля́ 理解, 领会 осмы́слить собы́тия 理解发生的事情

лингафо́нный [形容词]лингафо́нная, лингафо́нное, лингафо́нные 灵格风的 лингафо́нная лаборато́рия 语音室

ерунда́ [阴性]单数：ерунда́, ерунды́, ерунде́, ерунду́, ерундо́й, об ерунде́ 胡诌, 瞎扯；不值一提的(小)事 говори́ть ерунду́ 胡说八道 ссо́риться из-за ерунды́ 因小事而争吵

обожа́ть [未完成体]кого́-что 现在时：обожа́ю, обожа́ешь, обожа́ют；过去时：обожа́л, обожа́ла, обожа́ло, обожа́ли；现在时主动形动词：обожа́ющий；过去时主动形动词：обожа́вший；现在时被动形动词：обожа́емый；副动词：обожа́я 崇拜, 爱慕, 特别喜爱 обожа́ть арти́ста 崇拜演员 обожа́ть своего́ сы́на 特别喜爱自己的儿子

обучи́ться [完成体]чему́ 将来时：обучу́сь, обу́чишься, обу́чатся；过去时：обучи́лся, обучи́лась, обучи́лось, обучи́лись；过去时主动形动词：обучи́вшийся；副动词：обучи́вшись//**обуча́ться**[未完成体]现在时：обуча́юсь, обуча́ешься, обуча́ются；过去时：обуча́лся, обуча́лась, обуча́лось, обуча́лись；现在时主动形动词：обуча́ющийся；过去时主动形动词：обуча́вшийся；副动词：обуча́ясь 学习 обуча́ться иностра́нным языка́м 学习外语

соверше́нство [中性]单数：соверше́нство, соверше́нства, соверше́нству, соверше́нство, соверше́нством, о соверше́нстве 完美；完善 соверше́нство ме́тода 方法的完善 осво́ить италья́нский язы́к в соверше́нстве 精通意大利语

преде́л [阳性]单数：преде́л, преде́ла, преде́лу, преде́л, преде́лом, о преде́ле；复数：преде́лы, преде́лов, преде́лам, преде́лы, преде́лами, о преде́лах 界, 边界；限度, 终点 в преде́лах страны́ 在国内 за преде́лами страны́ 在国外 в преде́лах го́да 在一年内 преде́л ско́рости по́езда 火车的最快速度 преде́л жи́зни 生命的极限

посторо́нний [形容词]посторо́нняя, посторо́ннее, посторо́нние 外人的, 旁人的；不相干的 посторо́нний челове́к 外人, 局外人 посторо́ннее мне́ние 他人的意见 посторо́нние вопро́сы 不相干的问题

безусло́вно [副词]完全的, 毫无疑问地 безусло́вно победи́ть 一定会胜利

ка́чество [中性]单数：ка́чество, ка́чества, ка́честву, ка́чество, ка́чеством, о ка́честве 复数：ка́чества, ка́честв, ка́чествам, ка́чества, ка́чествами, о ка́чествах

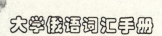

质量,品质 количество и качество 数量与质量 высокое качество 高质量 обладать хорошими качествами 具有良好的品质

обладать	[未完成体]кем-чем 现在时:*обладаю,обладаешь,обладают*;过去时:*обладал,обладала,обладало,обладали*;现在时主动形动词:*обладающий*;过去时主动形动词:*обладавший*;副动词:*обладая* 具有,拥有 обладать правом 有权 обладать временем 有时间 обладать прекрасным зрением 有很好的视力 обладать солидными знаниями 具有坚实的知识 обладать добрым сердцем 有一颗善良的心
мягко	[副词]柔软地,温和地;委婉地,客气地 мягко смотреть на сына 温柔地看着儿子 мягко выразить мысль 委婉地表达想法
самодисциплина	[阴性]单数:*самодисциплина,самодисциплины,самодисциплине,самодисциплину,самодисциплиной,о самодисциплине* 自律,自制 самодисциплина и воля 自制与毅力
воля	[阴性]单数:*воля,воли,воле,волю,волей,о воле* 意志,毅力 обладать силой воли 有毅力

三、词汇重点

падеж	[阳性]单数:*падеж,падежа,падежу,падеж,падежом,о падеже*;复数:*падежи,подежей,падежам,падежи,падежами,о падежах* 格 именительный падеж 第一格 родительный падеж 第二格 дательный падеж 第三格 винительный падеж 第四格 творительный падеж 第五格 предложный падеж 第六格
	[注意]падеж 变格时重音后移
разобраться	[完成体]в ком-чём 将来时:*разберусь,разберёшься,разберутся*;过去时:*разобрался,разобралась,разобралось,разобрались*;过去时主动形动词:*разобравшийся*;副动词:*разобравшись*//**разбираться**[未完成体]现在时:*разбираюсь,разбираешься,разбираются*;过去时:*разбирался,разбиралась,разбиралось,разбирались*;现在时主动形动词:*разбирающийся*;过去时主动形动词:*разбиравшийся*;副动词:*разбираясь* 研究明白,了解清晰 разбираться в технике 精通技术 разбираться в людях 了解人们
	[注意]разобраться 变位时-о-脱落,过去时重音变化
привести	[完成体]кого-что к чему 将来时:*приведу,приведёшь,приведут*;过去时:*привёл,привела,привело,привели*;过去时主动形动词:*приведший*;过去时被动形动词:*приведённый*;副动词:*приведя*//**приводить**[未完成体]现在时:*привожу,приводишь,приводят*;过去时:*приводил,приводила,приводило,приводили*;现在时主动形动词:*приводящий*;过去时主动形动词:*приводивший*;现在时被动形动词:*приводимый*;副动词:*приводя*

促使;导致 привести к успéху 促使成功 привести учёных к неудáче 导致科学家失败

[注意]привести 过去时重音后移

 四、词汇记忆

стажёр	进修生;实习生	intern
ошибка	错误,过失	error, mistake
падéж	格	case
глагóл	动词	verb
обы́чай	习俗;习惯	tradition, habit
иерóглиф	象形字	hieroglyph
произношéние	发音,口音	pronunciation
граммати́ческий	语法的	grammatical
надéяться	希望,指望	to hope, expect
улучшáть//улýчшить	改进,改善,提高	to improve
запоминáться//запóмниться	记住,记得	to remember
усвáивать//усвóить	吸收;学好,掌握	to adopt, learn
исправля́ть//испрáвить	修理好;纠正,改正	to correct

полиглóт	通晓多种语人	polyglot
изучéние	学习,研究	study
деся́тка	数字十	ten
услóвие	条件,条款	stipulation
слух	听觉,听力	hearing
языковéд	语言学家	linguist
академик	(科学院)院士	academician
оснóва	基架,基础	basis, base
си́ла	力气,力量	force, power
ускорéние	加速,加快	accelerate
догáдка	推测,猜想	guess
контéкст	上下文;语境	context
накоплéние	积累;积蓄	saving
пáмять	记忆力;回忆	memory
запáс	蕴藏量,储量;积累量	reserve
оборóт	(语言的)说法,句式;流通额	turn, turnover
повторя́емость	重复率,复现率	repetition
коли́чество	数量,量	unmber, amount
Гермáния	德国	Gemany
италья́нский	意大利(人)的	Italian

любозна́тельный	求知欲强的,好学的	curious
овладева́ть//овладе́ть	精通,掌握	to master, learn
владе́ть	拥有,具有;精通,长于	to own, possess
уступа́ть//уступи́ть	让出,让给;逊色	to concede, yield
утвержда́ть//утверди́ть	确立,确定;断言	to confirm, establish
робе́ть//оробе́ть	害怕,胆怯,羞怯	to shy
разбира́ться//разобра́ться	研究明白,了解清楚	to understand, know
прилага́ть//приложи́ть	应用,使用	to attached
состоя́ть	在于,是;由……组成	to composed
повторя́ться//повтори́ться	重复,再现	to repeat
преде́льно	极限地,最大地	extremely
внача́ле	起初,开始	first, at first

тру́дность	困难	difficulty
овладе́ние	占领;掌握;通晓	mastering
владе́ние	占有,拥有;掌握,会用	possession
ба́за	基础;基地	base, basis
осо́бенность	特点,特征	feature
во́зраст	年龄,年纪	age
спосо́бность	才能,能力	ability
мышле́ние	思维(能力)	thinking, thought
ра́звитость	发达;(智力上)成熟	development
ме́тод	方法,办法	method
ерунда́	胡诌,瞎扯;不值一提的(小)事	nonsense, trifle
соверше́нство	完美,完善	perfection
преде́л	界,边界;限度,终点	limit, limits
ка́чество	质量,品质	quality
самодисципли́на	自律,自制	self-discipline
во́ля	意志,毅力	volition
у́стный	口头的	orally
успе́шный	有成效的,顺利的	sucessful
биологи́ческий	生物学的	biological
физиологи́ческий	生理学的;身体(上)的	physiological
эффекти́вный	有效的,高效的	effective
интеллектуа́льный	智力的;精神上的	intellectual
интенси́вный	强化的	intensive
систе́мный	系统的	systemic
лингафо́нный	灵格风的	language, linguaphone
посторо́нний	外人的,旁人的;不相干的	stranger, outsider
затрудня́ть//затрудни́ть	使……为难	to complicate, more difficult

приводи́ть//привести́	促使;导致	to result
включа́ться//включи́ться	加入,参加	to join
молча́ть	沉默,不作声	to silent
осмысля́ть//осмы́слить	理解,领会	to understand, realize
обожа́ть	崇拜,爱慕,特别喜爱	to love, adore
обуча́ться//обучи́ться	学习,学会	to study, learn
облада́ть	具有,拥有	to have, possess
мя́гко	柔软地,温和地;委婉地,客气地	gently

 五、词汇造句

наде́яться	[未完成体]*на что* 希望,指望
	Я наде́юсь ко́нчить рабо́ту в срок. 我希望按期完成工作。
	Футбо́льная кома́нда наде́ется на побе́ду. 足球队希望获胜。
	На́ша па́ртия наде́ется на ма́ссы. 我们党相信群众。
	Оте́ц наде́ется, что сын посту́пит в университе́т. 父亲希望儿子考上大学。
усва́ивать//усво́ить	[未//完]*что* 吸收;学好,掌握
	Студе́нты бы́стро усво́или граммати́ческие пра́вила. 大学生很快掌握了语法规则。
	Де́ти усво́или е́здить на велосипе́де. 孩子们学会了骑自行车。
исправля́ть//испра́вить	[未//完成体]*что* 修理好;纠正,改正
	Ма́стер испра́вил часы́. 师傅把表修好了。
	Де́ти испра́вили оши́бки в тетра́ди. 孩子们改正了作业本里的错误。

владе́ть	[未完成体]*чем* 拥有,具有;精通,长于
	Инжене́р владе́ет свои́м до́мом. 工程师有自己的房子。
	Студе́нты владе́ют ру́сским языко́м. 大学生精通俄语。
уступа́ть//уступи́ть	[未//完成体]*что кому́-чему́* 让出,让给;*кому́ в чём* 逊色,不如
	Молодо́й челове́к уступи́л старику́ своё ме́сто. 年轻人把自己的座位让给老人。
	Я моло́же всех по во́зрасту, но в зна́ниях не уступа́ю свои́м това́рищам. 我比大家都年轻,但在知识上并不逊色于同志们。
утвержда́ть//утверди́ть	[未//完成体]*что* 确立,确定;断言
	Дире́ктор утверди́л план. 厂长批准了计划。
	Его́ слова́ утверди́ли меня́ в своём наме́рении. 他的话使我

确信我的计划是对的。

Он утвержда́ет, что ничего́ не зна́ет об э́том. 他肯定地说，这件事他一点儿也不知道。

разбира́ться// разобра́ться	[未//完成体] *в ком-чём* 明白，了解清楚 Мы разобра́лись в э́том. 这件事我们已经弄清楚了。 Специали́ст разбира́ется в ле́се. 专家精通林业。
состоя́ть	[未完成体] *в чём* 在于，是；*из кого́-чего́* 由……组成 На́ша цель состои́т в э́том. 我们的目的就在于此。 Кварти́ра состои́т из трёх ко́мнат. 住宅由三个房间组成。

～～～～～～～～～～～～～～～～～

приводи́ть// привести́	[未//完成体] *кого́-что к чему́* 促使；导致 Но́вые фа́кты привели́ к ва́жному откры́тию. 新的事实促成了重要的发现。 Му́жество приведёт к побе́де. 勇敢就能取得胜利。
включа́ться// включи́ться	[未//完成体] *во что* 加入，参加 Де́ти включи́лись в футбо́льную кома́нду. 孩子们加入了足球队。 Студе́нты включи́лись в библиоте́ку. 大学生办理了图书证。
обладáть	[未完成体] *чем* 具有，拥有 Стари́к облада́ет прекра́сным зре́нием. 老人视力很好。 Ма́льчик облада́ет тала́нтом. 小男孩很有天赋。

一、词汇导读

本课主题与新闻媒体相关，请注意相应词汇。

  二、词汇注释

канáл	[阳性] 单数：канáл, канáла, канáлу, канáл, канáлом, о канáле; 复数：канáлы, канáлов, канáлам, канáлы, канáлами, о канáлах 频道；渠道 телеканáл 电视频道 Теплохóд идёт по канáлу. 船只沿着河道航运。
дúктор	[阳性] 单数：дúктор, дúктора, дúктору, дúктора, дúктором, о дúкторе; 复数：дúкторы, дúкторов, дúкторам, дúкторов, дúкторами, о дúкторах 播音员 дúктор с прекрáсным гóлосом 嗓音美妙的播音员
реклáма	[阴性] 单数：реклáма, реклáмы, реклáме, реклáму, реклáмой, о реклáме; 复数：реклáмы, реклáм, реклáмам, реклáмы, реклáмами, о реклáмах 广告；广告牌 торгóвая реклáма 商业广告 световáя реклáма 灯光广告牌
панорáма	[阴性] 单数：панорáма, панорáмы, панорáме, панорáму, панорáмой, о панорáме 全景；全景画 панорáма гóрода 城市全景 Севастóпольская панорáма 塞瓦斯托波尔战役的环形全景图
радиоприёмник	[阳性] 单数：радиоприёмник, радиоприёмника, радиоприёмнику, радиоприёмник, радиоприёмником, о радиоприёмнике; 复数：радиоприёмники, радиоприёмников, радиоприёмникам, радиоприёмники, радиоприёмниками, о радиоприёмниках 无线电收音机 купúть радиоприёмник 买收音机 включúть радиоприёмник 打开收音机
радиоспектáкль	[阳性] 单数：радиоспектáкль, радиоспектáкля, радиоспектáклю, радиоспектáкль, радиоспектáклем, о радиоспектáкле; 复数：радиоспектáкли, радиоспектáклей, радиоспектáклям, радиоспектáкли, радиоспектáклями, о радиоспектáклях 广播剧 слýшать радиоспектáкль 听广播剧
фантазúровать	[未完成体] 现在时：фантазúрую, фантазúруешь, фантазúруют; 过去时：фантазúровал, фантазúровала, фантазúровало, фантазúровали; 现在时主动形动词：фантазúрующий；过去时主动形动词：фантазúровавший；副动词：фантазúруя 幻想，想像 Этого не мóжет быть, ты прóсто фантазúруешь. 这不可能，你只是在幻想。
подписáться	[完成体] под чем 或 на что 将来时：подпишýсь, подпúшешься, подпúшутся;

过去时：*подписа́лся*, *подписа́лась*, *подписа́лось*, *подписа́лись*；过去时主动形动词：*подписа́вшийся*；副动词：*подписа́вшись*//**подпи́сываться**［未完成体］现在时：*подпи́сываюсь*, *подпи́сываешься*, *подпи́сываются*；过去时：*подпи́сывался*, *подпи́сывалась*, *подпи́сывалось*, *подпи́сывались*；现在时主动形动词：*подпи́сывающийся*；过去时主动形动词：*подпи́сывавшийся*；副动词：*подпи́сываясь* 签名，签字；订阅，订购 подписа́ться под статьёй 在文章上签名 подписа́ться на по́лное собра́ние сочине́ний Пу́шкина 订购普希金全集

подпи́ска ［阴性］单数：*подпи́ска, подпи́ски, подпи́ске, подпи́ску, подпи́ской, о подпи́ске*（报刊等的）订单 получи́ть журна́л по подпи́ске 收到订购的杂志

молодёжь ［阴性］单数：*молодёжь, молодёжи, молодёжи, молодёжь, молодёжью, о молодёжи* 青年们，年轻人 забо́титься о молодёжи 关心青年 наде́яться на молодёжь 寄希望于青年

студе́нчество ［中性］单数：*студе́нчество, студе́нчества, студе́нчеству, студе́нчество, студе́нчеством, о студе́нчестве* 大学生们；大学时代 италья́нское студе́нчество 意大利大学生 представи́тель студе́нчества 大学生代表 го́ды студе́нчества 大学时代 пе́рвый год студе́нчества 大学第一年

мора́льный ［形容词］长尾：*мора́льная, мора́льное, мора́льные*；短尾：*мора́лен, мора́льна, мора́льно, мора́льны* 道德（上）的；道义（上）的 мора́льные ка́чества 道德品质 мора́льный о́блик челове́ка 人的道德面貌 в мора́льном отноше́нии 在道德方面 мора́льная побе́да 道义上的胜利

оформи́ть ［完成体］*кого́-что* 将来时：*офо́рмлю, офо́рмишь, офо́рмят*；过去时：*офо́рмил, офо́рмила, офо́рмило, офо́рмили*；过去时主动形动词：*офо́рмивший*；过去时被动形动词：*офо́рмленный*；副动词：*офо́рмив*//**оформля́ть**［未完成体］现在时：*оформля́ю, оформля́ешь, оформля́ют*；过去时：*оформля́л, оформля́ла, оформля́ло, оформля́ли*；现在时主动形动词：*оформля́ющий*；过去时主动形动词：*оформля́вший*；现在时被动形动词：*оформля́емый*；副动词：*оформля́я* 办理手续；给……办理手续 офо́рмить студе́нческий биле́т 办学生证 офо́рмить подпи́ску на газе́ты 办理订阅报纸的手续 офо́рмить больно́го в больни́цу 给病人办理入院手续

бланк ［阳性］单数：*бланк, бла́нка, бла́нку, бланк, бла́нком, о бла́нке*；复数：*бла́нки, бла́нков, бла́нкам, бла́нки, бла́нками, о бла́нках* 表格 чи́стый бланк 空白表格 запо́лнить бланк 填表格

еженеде́льник ［阳性］单数：*еженеде́льник, еженеде́льника, еженеде́льнику, еженеде́льник, еженеде́льником, о еженеде́льнике*；复数：*еженеде́льники, еженеде́льников, еженеде́льникам, еженеде́льники, еженеде́льниками, о еженеде́льниках* 周刊，周报 медици́нский еженеде́льник 医学周刊 изда́ть еженеде́льник 出版周刊

ежеме́сячник ［阳性］单数：*ежеме́сячник, ежеме́сячника, ежеме́сячнику, ежеме́сячник, ежеме́сячником, о ежеме́сячнике*；复数：*ежеме́сячники, ежеме́сячников, ежеме́-*

	сячникам, ежемéсячники, ежемéсячниками, о ежемéсячниках 月刊，月报 подписáться на ежемéсячник 订月刊
опубликовáть	[完成体]*что* 将来时：*опубликýю, опубликýешь, опубликýют*；过去时：*опубликовáл, опубликовáла, опубликовáло, опубликовáли*；过去时主动形动词：*опубликовáвший*；过去时被动形动词：*опубликóванный*；副动词：*опубликовáв*//***публиковáть***[未完成体]现在时主动形动词：*публикýющий*；过去时主动形动词：*публиковáвший*；现在时被动形动词：*публикýемый*；副动词：*публикýя* 发表，刊载 опубликовáть статью в журнáле 在杂志上发表文章
публиковáться	[未完成体]现在时：*публикýюсь, публикýешься, публикýются*；过去时：*публиковáлся, публиковáлась, публиковáлось, публиковáлись*；现在时主动形动词：*публикýющийся*；过去时主动形动词：*публиковáвшийся*；副动词：*публикýясь* 发表作品；(书、文章等)刊载, 出版 Статья публикýется в журнáле. 文章在杂志上发表了。

счúтанный	[形容词]*счúтанная, счúтанное, счúтанные* 屈指可数的 счúтанные дни 屈指可数的日子 счúтанные рублú 仅有的几卢布 Остáлись счúтанные минýты. 只剩下几分钟了。
секýнда	[阴性]单数：*секýнда, секýнды, секýнде, секýнду, секýндой, о секýнде*；复数：*секýнды, секýнд, секýндам, секýнды, секýндами, о секýндах* (一)秒钟；一瞬间 в послéднюю секýнду 在最后瞬间 Скóрость — 5 мéтров в секýнду. 速度是每秒5米。 В минýте 60 секýнд. 一分钟有60秒。
скопúровать	[完成体]*когó-что* 将来时：*скопúрую, скопúруешь, скопúруют*；过去时：*скопúровал, скопúровала, скопúровало, скопúровали*；过去时主动形动词：*скопúровавший*；过去时被动形动词：*скопúрованный*；副动词：*скопúровав*//***копúровать***[未完成体]现在时主动形动词：*копúрующий*；过去时主动形动词：*копúровавший*；现在时被动形动词：*копúруемый*；副动词：*копúруя* 复制；模仿 копúровать докумéнты 复印文件 копúровать артúста 模仿演员
ведýщий	[阳性]单数：*ведýщий, ведýщего, ведýщему, ведýщего, ведýщим, о ведýщем*；复数：*ведýщие, ведýщих, ведýщим, ведýщих, ведýщими, о ведýщих* (电台、电视、晚会等的)节目主持人 извéстный всей странé ведýщий 全国著名的节目主持人
заглянýть	[完成体]将来时：*заглянý, заглянёшь, заглянýт*；过去时：*заглянýл, заглянýла, заглянýло, заглянýли*；过去时主动形动词：*заглянýвший*；副动词：*заглянýв*//***заглядывать***[未完成体]现在时：*заглядываю, заглядываешь, заглядывают*；过去时：*заглядывал, заглядывала, заглядывало, заглядывали*；现在时主动形动词：*заглядывающий*；过去时主动形动词：*заглядывавший*；副动词：*заглядывая* 往里看，看一眼 заглянýть с ýлицы в окнó 从街上往窗户里看 заглянýть в словáрь 查词典

предложи́ть	[完成体] что кому́ 将来时: предложу́, предло́жишь, предло́жат; 过去时: предложи́л, предложи́ла, предложи́ло, предложи́ли; 过去时主动形动词: предложи́вший; 过去时被动形动词: предло́женный; 副动词: предложи́в // **предлага́ть** [未完成体] 现在时: предлага́ю, предлага́ешь, предлага́ют; 过去时: предлага́л, предлага́ла, предлага́ло, предлага́ли; 现在时主动形动词: предлага́ющий; 过去时主动形动词: предлага́вший; 现在时被动形动词: предлага́емый; 副动词: предлага́я 提供, 提议 предложи́ть но́вый ме́тод 提出新方法 предложи́ть студе́нтам сове́ты 给学生们提供建议 предложи́ть ученику́ тру́дную зада́чу 给学生出一道难题
вкус	[阳性] 单数: вкус, вку́са, вку́су, вкус, вку́сом, о вку́се 味道, 口味; 审美感, 鉴赏力 сла́дкий вкус 甜味 вкус лека́рства 药味 музыка́льный вкус 音乐鉴赏力 челове́к со вку́сом 有品味的人 одева́ться без вку́са 穿得没品味
образова́ние	[中性] 单数: образова́ние, образова́ния, образова́нию, образова́ние, образова́нием, об образова́нии 教育; 形成(物) сре́днее образова́ние 中等教育 вы́сшее образова́ние 高等教育 День образова́ния КНР(中华人民共和国)国庆节
подо́бный	[形容词] кому́-чему́ 长尾: подо́бная, подо́бное, подо́бные; 短尾: подо́бен, подо́бна, подо́бно, подо́бны 相似的, 类似的 подо́бные вам лю́ди 像您这样的人
позити́вный	[形容词] 长尾: позити́вная, позити́вное, позити́вные; 短尾: позити́вен, позити́вна, позити́вно, позити́вны 正面的, 肯定的 позити́вное изображе́ние 正像 позити́вное влия́ние 正面影响 позити́вные эффе́кты 积极成效
негати́вный	[形容词] 长尾: негати́вная, негати́вное, негати́вные; 短尾: негати́вен, негати́вна, негати́вно, негати́вны 反面的, 否定的 негати́вное влия́ние 负面影响 негати́вный отве́т 否定的回答
влия́ние	[中性] на кого́-что 单数: влия́ние, влия́ния, влия́нию, влия́ние, влия́нием, о влия́нии 影响, 作用 влия́ние литерату́ры 文学的影响 влия́ние роди́телей на дете́й 父母对孩子的影响 оказа́ть влия́ние на молодёжь 影响青年
ограни́чить	[完成体] кого́-что 将来时: ограни́чу, ограни́чишь, ограни́чат; 过去时: ограни́чил, ограни́чила, ограни́чило, ограни́чили; 过去时主动形动词: ограни́чивший; 过去时被动形动词: ограни́ченный; 副动词: ограни́чив // **ограни́чивать** [未完成体] 现在时: ограни́чиваю, ограни́чиваешь, ограни́чивают; 过去时: ограни́чивал, ограни́чивала, ограни́чивало, ограни́чивали; 现在时主动形动词: ограни́чивающий; 过去时主动形动词: ограни́чивавший; 现在时被动形动词: ограни́чиваемый; 副动词: ограни́чивая 限制, 限定 ограни́чить власть 限制权力 ограни́чить круг знако́мства с людьми́ 限制交友的范围
пи́ща	[阴性] 单数: пи́ща, пи́щи, пи́ще, пи́щу, пи́щей, о пи́ще 食品; 食粮 жи́рная пи́-

ща 油腻的食物 запа́сы пи́щи 食品储备 ка́чество пи́щи 食品的质量 гото́вить пи́щу 做吃食

вре́дный [形容词]长尾：*вре́дная, вре́дное, вре́дные*；短尾：*вре́ден, вредна́, вре́дно, вре́дны* 有害的,危害的 вре́дная привы́чка 有害的习惯 вре́дные взгля́ды 有害的观点

употребле́ние [中性]单数：*употребле́ние, употребле́ния, употребле́нию, употребле́ние, употребле́нием, об употребле́нии* 使用，利用 спо́соб употребле́ния 使用方法 пра́вильное употребле́ние слов 正确用词

алкого́льный [形容词]*алкого́льная, алкого́льное, алкого́льные*（含）酒精的 алкого́льные напи́тки 含酒精的饮品

куре́ние [中性]单数：*куре́ние, куре́ния, куре́нию, куре́ние, куре́нием, о куре́нии* 吸烟 вред куре́ния 吸烟的危害

пестре́ть [未完成体]чем 现在时(第一、二人称不用)：*пестри́т, пестря́т*；过去时：*пестре́л, пестре́ла, пестре́ло, пестре́ли*；现在时主动形动词：*пестря́щий*；过去时主动形动词：*пестре́вший*；副动词：*пестря́* 充满，充斥 Афи́ша пестри́т я́ркими рису́нками. 海报里充斥着各色图画。Кни́га пестри́т оши́бками. 书里到处是错误。

кури́ть [未完成体]что 现在时：*курю́, ку́ришь, ку́рят*；过去时：*кури́л, кури́ла, кури́ло, кури́ли*；现在时主动形动词：*куря́щий*；过去时主动形动词：*кури́вший*；副动词：*куря́* 吸烟 кури́ть таба́к 吸烟 кури́ть тру́бку 抽烟斗

склони́ть [完成体]что 或 кого́ к чему́ 将来时：*склоню́, скло́нишь, скло́нят*；过去时：*склони́л, склони́ла, склони́ло, склони́ли*；过去时主动形动词：*склони́вший*；过去时被动形动词：*склонённый*；副动词：*склони́в*// **склоня́ть**[未完成体]现在时：*склоня́ю, склоня́ешь, склоня́ют*；过去时：*склоня́л, склоня́ла, склоня́ло, склоня́ли*；现在时主动形动词：*склоня́ющий*；过去时主动形动词：*склоня́вший*；现在时被动形动词：*склоня́емый*；副动词：*склоня́я* 使垂下，低下；说服，劝导 склони́ть го́лову на стол 把头伏在桌子上 склони́ть дете́й к усту́пкам 说服孩子们让步

умы́шленно [副词]故意地,蓄意地 умы́шленно уби́ть 蓄意谋杀

проду́кция [阴性]单数：*проду́кция, проду́кции, проду́кции, проду́кцию, проду́кцией, о проду́кции* 产品；产量 оте́чественная проду́кция 国货 годова́я проду́кция 年产量

результа́т [阳性]单数：*результа́т, результа́та, результа́ту, результа́т, результа́том, о результа́те*；复数：*результа́ты, результа́тов, результа́там, результа́ты, результа́тами, о результа́тах* 结果，成果；成绩 прекра́сный результа́т рабо́ты 工作的圆满结果 результа́т экза́мена 考试成绩 результа́т соревнова́ния 比赛成绩

риск [阳性]单数：*риск, ри́ска, ри́ску, риск, ри́ском, о ри́ске* 风险；冒险 идти́ на риск 冒险 с ри́ском для жи́зни 冒生命危险 брать риск на себя́ 承担风险

подверга́ться [未完成体]чему́ 现在时：*подверга́юсь, подверга́ешься, подверга́ются*；过去时：

	подверга́лся, подверга́лась, подверга́лось, подверга́лись；现在时主动形动词：подверга́ющийся；过去时主动形动词：подверга́вшийся；副动词：подверга́ясь 遭受,陷入（某种状况）подверга́ться ри́ску 冒险
возникнове́ние	[中性] 单数：возникнове́ние, возникнове́ния, возникнове́нию, возникнове́ние, возникнове́нием, о возникнове́нии 发生,产生；出现 возникнове́ние жи́зни на Земле́ 地球上生命的起源 возникнове́ние тру́дностей в рабо́те 工作中出现困难
заболева́ние	[中性] 单数：заболева́ние, заболева́ния, заболева́нию, заболева́ние, заболева́нием, о заболева́нии 生病；病 моме́нт заболева́ния 发病时 серьёзное заболева́ние 重病
размеще́ние	[中性] 单数：размеще́ние, размеще́ния, размеще́нию, размеще́ние, размеще́нием, о размеще́нии 布置,分布 размеще́ние промы́шленных объе́ктов 工业项目的布局
жи́рный	[形容词] 长尾：жи́рная, жи́рное, жи́рные；短尾：жи́рен, жирна́, жи́рно, жи́рны 多油脂的；肥胖的 жи́рная пи́ща 油腻的食物 жи́рное молоко́ 含脂量高的牛奶 жи́рный челове́к 胖子 жи́рная у́тка 肥鸭
реклами́ровать	[未完成体] что 现在时：реклами́рую, реклами́руешь, реклами́руют；过去时：реклами́ровал, реклами́ровала, реклами́ровало, реклами́ровали；现在时主动形动词：реклами́рующий；过去时主动形动词：реклами́ровавший；现在时被动形动词：реклами́руемый；副动词：реклами́руя 登广告；吹嘘 реклами́ровать но́вую кни́гу 为新书做广告 реклами́ровать това́р 为商品做广告 реклами́ровать свой Интерне́т-магази́н 吹嘘自己的网店 реклами́ровать свою́ рабо́ту 吹嘘自己的工作
пита́ние	[中性] 单数：пита́ние, пита́ния, пита́нию, пита́ние, пита́нием, о пита́нии 食物；营养 моло́чное пита́ние 乳制品 проду́кты пита́ния 食品 плохо́е пита́ние 营养不良
иссле́дование	[中性] 单数：иссле́дование, иссле́дования, иссле́дованию, иссле́дование, иссле́дованием, об иссле́довании 调查,研究；研究性著作 нау́чное иссле́дование 科学研究 иссле́дование причи́ны 研究原因 опубликова́ть иссле́дование 发表著作
взволнова́ть	[完成体] кого́-что 将来时：взволну́ю, взволну́ешь, взволну́ют；过去时：взволнова́л, взволнова́ла, взволнова́ло, взволнова́ли；过去时主动形动词：взволнова́вший；过去时被动形动词：взволно́ванный；副动词：взволнова́в // волнова́ть [未完成体] 现在时主动形动词：волну́ющий；过去时主动形动词：волнова́вший；现在时被动形动词：волну́емый；副动词：волну́я 使激动,使焦急不安 волнова́ть роди́телей 使父母很不安
дие́та	[阴性] 单数：дие́та, дие́ты, дие́те, дие́ту, дие́той, о дие́те 规定的饮食制度 соблюда́ть дие́ту 遵守规定的饮食制度 стро́гая дие́та 严格的饮食规定 больно́й на дие́те 病人按规定的食谱进食
идеа́льный	[形容词] 长尾：идеа́льная, идеа́льное, идеа́льные；短尾：идеа́лен, идеа́льна, идеа́-

	а́льно, идеа́льны 理想的,完美的 идеа́льный прое́кт 理想的方案 идеа́льная пого́да 理想的天气 идеа́льная любо́вь 完美的爱情
изображе́ние	[中性]单数:изображе́ние, изображе́ния, изображе́нию, изображе́ние, изображе́нием, об изображе́нии 形象;图形;映像 изображе́ние Пу́шкина на портре́те 普希金的画像 изображе́ние гор и озёр 湖光山色 изображе́ние в зе́ркале 镜中映像
сложённый	[形容词] сложённая, сложённое, сложённые 具有……体形(身材)的 кре́пко сложённый ю́ноша 身材健硕的小伙子
продемонстри́роваться	[完成体]将来时:продемонстри́руюсь, продемонстри́руешься, продемонстри́руются;过去时:продемонстри́ровался, продемонстри́ровалась, продемонстри́ровалось, продемонстри́ровались;过去时主动形动词:продемонстри́ровавшийся;副动词:продемонстри́ровавшись//**демонстри́роваться**[未完成体]现在时主动形动词:демонстри́рующийся;过去时主动形动词:демонстри́ровавшийся;副动词:демонстри́руясь 展示,显示 Вы́ставка демонстри́руется по всей стране́. 展览在全国巡回。
сложи́ть	[完成体]что 将来时:сложу́, сло́жишь, сло́жат;过去时:сложи́л, сложи́ла, сложи́ло, сложи́ли 过去时主动形动词:сложи́вший;过去时被动形动词:сло́женный;副动词:сложи́в//**скла́дывать**[未完成体]现在时:скла́дываю, скла́дываешь, скла́дывают;过去时:скла́дывал, скла́дывала, скла́дывало, скла́дывали;现在时主动形动词:скла́дывающий;过去时主动形动词:скла́дывавший;现在时被动形动词:скла́дываемый;副动词:скла́дывая(把部分)拼,接,组合(成整体) разобра́ть и сложи́ть часы́ 把表拆开再装好
телевизио́нный	[形容词] телевизио́нная, телевизио́нное, телевизио́нные 电视的 телевизио́нная переда́ча 电视节目
окружа́ть	[未完成体]кого́-что 现在时:окружа́ю, окружа́ешь, окружа́ют;过去时:окружа́л, окружа́ла, окружа́ло, окружа́ли;现在时主动形动词:окружа́ющий;过去时主动形动词:окружа́вший;现在时被动形动词:окружа́емый;副动词:окружа́я 环绕,包围 окружа́ть учи́теля 围住老师 окружа́ть го́род со всех сторо́н 包围城市
повсю́ду	[副词]到处,处处 Повсю́ду весна́. 到处春意盎然。
подда́ться	[完成体]чему́ 将来时:поддамся, поддашься, поддастся, поддадимся, поддадитесь, поддаду́тся;过去时:подда́лся, поддала́сь, поддало́сь, поддали́сь;过去时主动形动词:подда́вшийся;副动词:подда́вшись//**поддава́ться**[未完成体]现在时:поддаю́сь, поддаёшься, поддаю́тся;过去时:поддава́лся, поддава́лась, поддава́лось, поддава́лись;现在时主动形动词:поддаю́щийся;过去时主动形动词:поддава́вшийся;副动词:поддава́ясь 受某种影响 подда́ться дурно́му влия́нию 受到坏影响
жёсткий	[形容词]长尾:жёсткая, жёсткое, жёсткие;短尾:жёсток, жестка́, жёстко, жёстки 硬的;严格的 жёсткая земля́ 坚硬的土地 жёсткий ваго́н 硬座

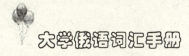

	车厢 жёсткая дисципли́на 严格的纪律 жёсткий срок 严格的期限
отбóр	[阳性]单数:отбóр, отбóра, отбóру, отбóр, отбóром, об отбóре 选择, 挑选 есте́ственный отбóр 自然选择
проанализи́ровать	[完成体]что 将来时:проанализи́рую, проанализи́руешь, проанализи́руют; 过去时:проанализи́ровал, проанализи́ровала, проанализи́ровало, проанализи́ровали; 过去时主动形动词:проанализи́ровавший; 过去时被动形动词:проанализи́рованный; 副动词:проанализи́ровав//*анализи́ровать* [未完成体]现在时主动形动词:*анализи́рующий* 过去时主动形动词:*анализи́ровавший*; 现在时被动形动词:*анализи́руемый*; 副动词:*анализи́руя* 分析, 化验 проанализи́ровать вопрóсы 分析问题 проанализи́ровать кровь 验血
оцени́ть	[完成体]что 将来时:оценю́, оце́нишь, оце́нят; 过去时:оцени́л, оцени́ла, оцени́ло, оцени́ли; 过去时主动形动词:оцени́вший; 过去时被动形动词:оценённый; 副动词:оцени́в//*оце́нивать*[未完成体]现在时:*оце́ниваю, оце́ниваешь, оце́нивают*; 过去时:*оце́нивал, оце́нивала, оце́нивало, оце́нивали*; 现在时主动形动词:*оце́нивающий*; 过去时主动形动词:*оце́нивавший*; 现在时被动形动词:*оце́ниваемый*; 副动词:*оце́нивая* 估价, 评价 оцени́ть товáры 估价商品 оцени́ть дом 给房子估价 оцени́ть писáтеля 评价作家
грáмотность	[阴性]单数:грáмотность, грáмотности, грáмотности, грáмотность, грáмотностью, о грáмотности 常识; 文理通顺 полити́ческая грáмотность 政治常识 техни́ческая грáмотность 技术知识 грáмотность сочине́ния 文章通顺
я́вный	[形容词]长尾:я́вная, я́вное, я́вные; 短尾:я́вен, я́вна, я́вно, я́вны 公开的, 明显的 я́вный враг 公开的敌人 я́вная иро́ния 公然的讽刺 я́вный обмáн 明显的欺骗
скры́тый	[形容词]скры́тая, скры́тое, скры́тые 隐藏的, 潜在的 скры́тое ме́сто 隐蔽的地方 скры́тая рáдость 暗中高兴
грáмотно	[副词]识字地; 文理通顺地 писáть грáмотно 写得规范
сле́по	[副词]盲目地, 盲从地 сле́по исполня́ть 盲目地执行
де́йствовать	[未完成体]на кого́-что 现在时:де́йствую, де́йствуешь, де́йствуют; 过去时:де́йствовал, де́йствовала, де́йствовало, де́йствовали; 现在时主动形动词:де́йствующий; 过去时主动形动词:де́йствовавший; 副动词:де́йствуя 行动; 起作用, 生效 реши́тельно де́йствовать 果断地行动 де́йствовать в интере́сах нарóда 为人民的利益做事 де́йствовать на се́рдце 影响心脏 де́йствовать на молодёжь 影响年轻人 Это лекáрство хорошó на него́ де́йствует. 这种药对他的病很有疗效。

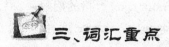

三、词汇重点

прерва́ться [完成体]将来时(第一、二人称不用)：прервётся, прерву́тся；过去时：прерва́лся, прервала́сь, прерва́лось, прерва́лись；过去时主动形动词：прерва́вшийся；副动词：прерва́вшись // **прерыва́ться** [未完成体]现在时(第一、二人称不用)：прерыва́ется, прерыва́ются；过去时：прерыва́лся, прерыва́лась, прерыва́лось, прерыва́лись 停止，中止 Разгово́р прерва́лся. 谈话中断了。

[注意]прерва́ться 过去时重音变化

изда́ть [完成体]что 将来时：изда́м, изда́шь, изда́ст, издади́м, издади́те, издаду́т；过去时：изда́л, издала́, изда́ло, изда́ли；过去主动形动词：изда́вший；过去被动形动词：и́зданный；副动词：изда́в // **издава́ть** [未完成体]现在时：изда́ю, издаёшь, издаю́т；过去时：издава́л, издава́ла, издава́ло, издава́ли；现在时主动形动词：издаю́щий；过去时主动形动词：издава́вший；现在时被动形动词：издава́емый；副动词：издава́я 出版；颁布，公布 изда́ть журна́л 出版杂志 изда́ть зако́н 颁布法律

[注意]изда́ть 变位特殊，过去时重音变化

напи́ток [阳性]单数：напи́ток, напи́тка, напи́тку, напи́ток, напи́тком, о напи́тке；复数：напи́тки, напи́тков, напи́ткам, напи́тки, напи́тками, о напи́тках 饮料 Основны́м напи́тком у кита́йцев явля́ется чай. 中国人的主要饮料是茶。

[注意]напи́ток 变格时-о-脱落

владе́лец [阳性]单数：владе́лец, владе́льца, владе́льцу, владе́льца, владе́льцем, о владе́льце；复数：владе́льцы, владе́льцев, владе́льцам, владе́льцев, владе́льцами, о владе́льцах 所有人，物主 владе́лец до́ма 房主 владе́лец заво́да 工厂主 владе́лец кни́ги 书的主人

[注意]владе́лец 变格时-е-脱落

те́ло [中性]单数：те́ло, те́ла, те́лу, те́ло, те́лом, о те́ле；复数：тела́, тел, тела́м, тела́, тела́ми, о тела́х 物体；身体 твёрдое те́ло 固体 сла́бое те́ло 瘦弱的身体 вес те́ла 体重

[注意]те́ло 的复数各格重音后移

призва́ть [完成体]кого́-что 完成体：призову́, призовёшь, призову́т；过去时：призва́л, призвала́, призва́ло, призва́ли；过去时主动形动词：призва́вший；过去时被动形动词：при́званный；副动词：призва́в // **призыва́ть** [未完成体]现在时：призыва́ю, призыва́ешь, призыва́ют；过去时：призыва́л, призыва́ла, призыва́ло, призыва́ли；现在时主动形动词：призыва́ющий；过去时主动形动词：призыва́вший；现在时被动形动词：призыва́емый；副动词：призыва́я 号召；召来 призыва́ть молоды́х люде́й в а́рмию 号召年轻人

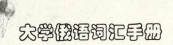

参军 призыва́ть сынове́й к себе́ 把儿子们叫到身边 призыва́ть инжене́ра на по́мощь 叫工程师来帮忙

[注意] призва́ть 过去时重音变化

вес　　　　[阳性] 单数：вес, ве́са, ве́су, вес, ве́сом, о ве́се；复数：веса́, весо́в, веса́м, веса́, веса́ми, о веса́х 重量；体重 чи́стый вес 净重 вес багажа́ 行李的重量 вес те́ла 体重

[注意] вес 的复数一格为 веса́，复数其他各格重音后移

 四、词汇记忆

кана́л	频道；渠道	canal, channel
ди́ктор	播音员	speaker, announcer
рекла́ма	广告；广告牌	advertising
панора́ма	全景；全景图	panorama
радиоприёмник	无线电收音机	radio
радиоспекта́кль	广播剧	radio play
подпи́ска	（报刊等的）订阅	subscription
молодёжь	青年们，年轻人	youth, young people
студе́нчетсво	大学生们；大学时代	student, studentship
бланк	表格	form
еженеде́льник	周刊，周报	weekly journal
ежеме́сячник	月刊，月报	monthly magazine
мора́льный	道德（上）的；道义（上）的	moral
прерыва́ться // прерва́ться	停止，中止	to stop
фантази́ровать	幻想，想像	to fantasize
подпи́сываться // подписа́ться	签名，签字；订阅，订购	to sign
издава́ть // изда́ть	出版；颁布，公布	to publish
оформля́ть // офо́рмить	办理手续；给……办理手续	to issue
публикова́ть // опубликова́ть	发表，刊载	to publish
публикова́ться	发表作品；（书、文章等）刊载，出版	to be published
секу́нда	（一）秒；一瞬间	second, moment
веду́щий	（电台、电视、晚会等的）节目主持人	leading
вкус	味道，口味；审美感，鉴赏力	taste
образова́ние	教育；形成（物）	education, formation
влия́ние	影响，作用	influence
пи́ща	食品；食粮	food, meak
употребле́ние	使用，利用	use

напи́ток	饮料	drink
куре́ние	吸烟	smoking
проду́кция	产品；产量	product, production
результа́т	结果,成果；成绩	result
риск	风险；冒险	risk
возникнове́ние	发生；产生；出现	occurrence, appearance
заболева́ние	生病；病	disease, illness
владе́лец	所有人,物主	owner
размеще́ние	布置,公布	location, siting
те́ло	物体；身体	body
пита́ние	食物；营养	food
вес	重量；体重	weight
иссле́дование	调查,研究；研究性著作	research, study
дие́та	规定的饮食制度	diet, eating plan
изображе́ние	形象；图形；映像	image, picture
отбо́р	选择,挑选	selection
гра́мотность	常识；文理通顺	literacy
счи́танный	屈指可数的	few, several
подо́бный	相似的,类似的	similar, like
позити́вный	正面的,肯定的	positive
негати́вный	反面的,否定的	negative
вре́дный	有害的,危害的	harmful
алкого́льный	(含)酒精的	alcoholic
жи́рный	多油脂的；肥胖的	fat, fatty
идеа́льный	理想的,完美的	ideal, perfect
сложённый	具有……体形(身材)的	built
телевизио́нный	电视的	television
жёсткий	硬的；严格的	hard, strict
я́вный	公开的,明显的	obvious, clear
скры́тый	隐蔽的,潜在的	hidden
копи́ровать//скопи́ровать	复制；模仿	to copy
загля́дывать//загляну́ть	往里看,看一眼	to look, glance
предлага́ть//предложи́ть	提供,提议	to offer, suggest
ограни́чивать//ограни́чить	限制,限定	to limit
пестре́ть	充满,充斥	to full
кури́ть	吸烟	to smoke
склоня́ть//склони́ть	使垂下,低下；说服,劝导	to bow, persuade
подверга́ться	遭受,陷入(某种状况)	to be exposed
реклами́ровать	登广告；吹嘘	to advertise
призыва́ть//призва́ть	号召；召来	to call, urge

волнова́ть//взволнова́ть	使激动,使焦急不安	to care, worry
демонстри́роваться//продемонстри́роваться	展示,显示	to be demonstrated
скла́дывать//сложи́ть	组成,组装成	to fold
окружа́ть	环绕,包围	to surround
поддава́ться//подда́ться	受某种影响	to succumb, resist
анализи́ровать//проанализи́ровать	分析,化验	to analyze
оце́нивать//оцени́ть	估价,评价	to estimate
де́йствовать	行动;起作用,生效	to act
умы́шленно	故意地,蓄意地	deliberately
повсю́ду	到处,处处	everywhere
гра́мотно	识字地;文理通顺地	correctly
сле́по	盲目地,盲从地	blindly

五、词汇造句

издава́ть//изда́ть　　[未//完成体]что 出版;颁布,公布

　　Ка́ждый год изда́тельство издаёт кла́ссиков. 出版社每年出版经典作家的作品。

　　На́ша страна́ издала́ «Зако́н защи́ты дете́й». 我们国家颁布了儿童保护法。

подпи́сываться//подписа́ться　　[未//完成体]на что 签名,签字;订阅,订购

　　Дире́ктор подписа́лся под докуме́нтом. 经理在文件上签了字。

　　Оте́ц подписа́лся на газе́ту на весь год. 父亲预订了全年的报纸。

предлага́ть//предложи́ть　　[未//完成体]кому́ что 提供,建议

　　Преподава́тель предложи́л студе́нтам поле́зные сове́ты. 老师给学生们提供了很好的建议。

　　Друг предложи́л мне пойти́ в кино́. 朋友建议我去看电影。

ограни́чивать//ограни́чить　　[未//完成体]кого́-что 限制,限定

　　Роди́тели ограни́чили круг знако́мства сы́на с людьми́. 父母限制了儿子的交友范围。

　　Мы стро́го ограни́чиваем приём но́вых чле́нов в футбо́льную кома́нду. 我们严格限制足球队吸纳新成员。

подверга́ться　　[未完成体]чему́ 遭受,陷入(某种状况)

　　Де́ти подверга́ются ри́ску. 孩子们在冒险。

　　Жизнь тури́стов подверга́лась опа́сности. 旅客们遇到了生

命危险。

призывáть// призвáть	［未//完成体］*когó-что* 号召；召来

Странá призывáет юношей в восемнáдцать лет в áрмию.
国家号召 18 岁的年轻人参军。

Мáма призвалá детéй к себé. 母亲把孩子们叫到身边。

Мы призвáли инженéра на пóмощь. 我们叫工程师帮忙。

поддавáться// поддáться	［未//完成体］*чемý* 受某种影响

Молодые люди поддáлись рúску. 年轻人冒了风险。

дéйствовать	［未完成体］行动；*на когó-что* 起作用，生效

Дéти дéйствуют. 孩子们行动起来了。

Лекáрство дéйствует на больнóго. 药对病人有疗效。

第九课

一、词汇导读

本课以食物为主题,记住俄罗斯菜肴名称。

二、词汇注释

проголода́ться	[完成体]将来时:проголода́юсь, проголода́ешься, проголода́ются;过去时:проголода́лся, проголода́лась, проголода́лось, проголода́лись;过去时主动形动词:проголода́вшийся;副动词:проголода́вшись 饿了,觉得饥饿 Я проголода́лся. 我饿了。
меню́	[中性,不变]菜单 меню́ за́втрака 早餐菜单 попроси́ть меню́ у официа́нта 向服务员要菜单
бульо́н	[阳性]单数:бульо́н, бульо́на, бульо́ну, бульо́н, бульо́ном, о бульо́не (煮肉的)高汤 лёгкий бульо́н 清淡的肉汤 кре́пкий бульо́н 浓肉汤 мясно́й бульо́н 肉汤 кури́ный бульо́н 鸡汤
говя́дина	[阴性]单数:говя́дина, говя́дины, говя́дине, говя́дину, говя́диной, о говя́дине 牛肉 дорога́я говя́дина 贵的牛肉 щи с говя́диной 牛肉汤
ча́шка	[阴性]单数:ча́шка, ча́шки, ча́шке, ча́шку, ча́шкой, о ча́шке;复数:ча́шки, ча́шек, ча́шкам, ча́шки, ча́шками, о ча́шках 茶杯 ча́шка для ко́фе 咖啡杯 ча́шка с молоко́м 盛牛奶的杯子 ча́шка ча́ю 一杯茶
жа́реный	[形容词]жа́реная, жа́реное, жа́реные 烤的,煎的,炸的,炒的 жа́реная бара́нина 烤羊肉 жа́реная ры́ба 煎鱼,炸鱼 жа́реные котле́ты 煎肉饼 жа́реное блю́до 炒菜
минера́льный	[形容词]минера́льная, минера́льное, минера́льные 矿物的 минера́льная вода́ 矿泉水
по́рция	[阴性]单数:по́рция, по́рции, по́рции, по́рцию, по́рцией, о по́рции;复数:по́рции, по́рций, по́рциям, по́рции, по́рциями, о по́рциях 一份(多指食物) две по́рции котле́т 两份肉饼 заказа́ть по́рцию су́па 点一份汤
корми́ть	[未完成体]кого́-что 现在时:кормлю́, ко́рмишь, ко́рмят;过去时:корми́л, корми́ла, корми́ло, корми́ли;现在时主动形动词:ко́рмящий;过去时主动形动词:корми́вший;现在时被动形动词:ко́рмленный;副动词:кормя́ // накорми́ть[完成体]过去时主动形动词:накорми́вший;过去时被动形动词:нако́рмленный;副动词:накорми́в 喂养,饲养;喂,给......吃 ко-

		рмить кошку 喂猫 кормить собаку 养狗 кормить ребёнка кашей 喂孩子粥 кормить семью 养家
свинина	[阴性]	单数：свинина, свинины, свинине, свинину, свининой, о свинине 猪肉 жареная свинина 煎猪肉
баранина	[阴性]	单数：баранина, баранины, баранине, баранину, бараниной, о баранине 羊肉 жареная баранина 烤羊肉
клиент	[阳性]	单数：клиент, клиента, клиенту, клиента, клиентом, о клиенте; 复数：клиенты, клиентов, клиентам, клиентов, клиентами, о клиентах 顾客, 客户 быстрое обслуживание клиентов 为顾客提供快速服务 клиенты банка 银行客户
сцена	[阴性]	单数：сцена, сцены, сцене, сцену, сценой, о сцене; 复数：сцены, сцен, сценам, сцены, сценами, о сценах 舞台 играть на сцене 在舞台上表演 выйти на сцену 出场
проход	[阳性]	单数：проход, прохода, проходу, проход, проходом, о проходе; 复数：проходы, проходов, проходам, проходы, проходами, о проходах 通道, 过道 широкий проход 宽敞的通道 проход между рядами в театре 剧院中两排座位间的过道 подземный проход 地下通道
терраса	[阴性]	单数：терраса, террасы, террасе, террасу, террасой, о террасе; 复数：террасы, террас, террасам, террасы, террасами, о террасах 敞廊, 凉台 дача с террасой 带凉台的别墅
комплексный	[形容词]	комплексная, комплексное, комплексные 成套的 комплексное блюдо 套餐 комплексные знания 综合知识
бизнес-ланч	[阳性]	单数：бизнес-ланч, бизнес-ланча, бизнес-ланчу, бизнес-ланч, бизнес-ланчем, о бизнес-ланче 商务套餐, 工作餐 заказать бизнес-ланч 订工作餐
горячее	[中性]	单数：горячее, горячего, горячему, горячее, горячим, о горячем; 复数：горячие, горячих, горячим, горячие, горячими, о горячих 热菜 закуска и горячее 凉菜和热菜
упаковать	[完成体]	что 将来时：упакую, упакуешь, упакуют; 过去时：упаковал, упаковала, упаковало, упаковали; 过去时主动形动词：упаковавший; 过去时被动形动词：упакованный; 副动词：упаковав // **паковать** 或 **упаковывать** [未完成体] 现在时：упаковываю, упаковываешь, упаковывают; 过去时：упаковывал, упаковывала, упаковывало, упаковывали; 现在时主动形动词：упаковывающий; 过去时主动形动词：упаковывавший; 现在时被动形动词：упаковываемый; 副动词：упаковывая 打包, 包装 упаковать домашние вещи 把家里的东西捆起来 упаковать блюдо 把菜打包
комплект	[阳性]	单数：комплект, комплекта, комплекту, комплект, комплектом, о комплекте; 复数：комплекты, комплектов, комплектам, комплекты, комплектами, о комплектах 全套, 全份 комплект белья 一套衬衣
оркестр	[阳性]	单数：оркестр, оркестра, оркестру, оркестр, оркестром, об оркестре; 复数：оркестры, оркестров, оркестрам, оркестры, оркестрами, об

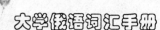

	оркéстрах 乐队 оркéстр нарóдных инструмéнтов 民乐队 оркéстр лёгкой мýзыки 轻音乐队 танцевáть под оркéстр 在乐队的伴奏下跳舞
интернационáль-ный	[形容词] *интернационáльная, интернационáльное, интернационáльные* 国际的，世界的；民族之间的 интернационáльный фóрум молодёжи 世界青年论坛 интернационáльные свя́зи 国际关系
слáдкий	[形容词] 长尾：*слáдкая, слáдкое, слáдкие*；短尾：*слáдок, сладкá, слáдко, слáдки*；比较级：*слáще*；最高级：*сладчáйший* 甜的 слáдкий кóфе 加糖的咖啡 слáдкий блин 甜饼
мúнимум	[阳性] 单数：*мúнимум, мúнимума, мúнимуму, мúнимум, мúнимумом, о мúнимуме* 最小数量；最低限度 приложúть мúнимум сúлы 花最小的力气 мúнимум сóли 少盐
щи	[复数] *щей, щам, щи, щáми, о щах* 菜汤，白菜汤 щи из свéжей капýсты 用鲜白菜做的汤 щи с мя́сом 有肉的汤
соля́нка	[阴性] 单数：*соля́нка, соля́нки, соля́нке, соля́нку, соля́нкой, о соля́нке* 肉（或鱼）稠辣汤，酸菜焖肉（或鱼）вкýсная соля́нка 美味汤
ухá	[阴性] 单数：*ухá, ухú, ухé, ухý, ухóй, об ухé* 鱼汤 есть ухý 喝鱼汤
котлéта	[阴性] 单数：*котлéта, котлéты, котлéте, котлéту, котлéтой, о котлéте*；复数：*котлéты, котлéт, котлéтам, котлéты, котлéтами, о котлéтах* 肉饼，菜饼 мя́со для котлéт 做肉饼的肉 картóфельные котлéты 土豆饼
пельмéни	[复数] *пельмéней, пельмéням, пельмéни, пельмéнями, о пельмéнях* 饺子 сибúрские пельмéни 西伯利亚的饺子
бокáл	[阳性] 单数：*бокáл, бокáла, бокáлу, бокáл, бокáлом, о бокáле*；复数：*бокáлы, бокáлов, бокáлам, бокáлы, бокáлами, о бокáлах* 大酒杯，高脚杯 поднимáть бокáл 举杯
апельсúновый	[形容词] *апельсúновая, апельсúновое, апельсúновые* 橙子的 апельсúновый сок 橙汁 апельсúновый цвет 橙色
налúчные	[复数] *налúчных, налúчным, налúчные, налúчными, о налúчных* 现金 платúть налúчные 交现金
бáнковский	[形容词] *бáнковская, бáнковское, бáнковские* 银行的 бáнковский сотрýдник 银行员工
расписáться	[完成体] 将来时：*распишýсь, распúшешься, распúшутся*；过去时：*расписáлся, расписáлась, расписáлось, расписáлись*；过去时主动形动词：*расписáвшийся*；副动词：*расписáвшись*//**расписывать**ся[未完成体]现在时：*распúсываюсь, распúсываешься, распúсываются*；过去时：*распúсывался, распúсывалась, распúсывалось, распúсывались*；现在时主动形动词：*распúсывающийся*；过去时主动形动词：*распúсывавшийся*；副动词：*распúсываясь* 签字，署名（认可，同意）расписáться в получéнии зарплáты 签字证明收到工资
квитáнция	[阴性] 单数：*квитáнция, квитáнции, квитáнции, квитáнцию, квитáнцией, о*

	квита́нции；复数：квита́нции，квита́нций，квита́нциям，квита́нции，квита́нциями，о квита́нциях 收据，收条 почто́вая квита́нция 邮局回执 бага́жная квита́нция 行李票
морко́вь	[阴性]单数：морко́вь，морко́ви，морко́ви，морко́вь，морко́вью，о морко́ви 胡萝卜 све́жая морко́вь 新鲜的胡萝卜
майоне́з	[阳性]майоне́з，майоне́за，майоне́зу，майоне́з，майоне́зом，о майоне́зе 蛋黄酱，沙拉酱 положи́ть майоне́з в сала́т 往沙拉里放蛋黄酱
шеф	[阳性]单数：шеф，ше́фа，ше́фу，ше́фа，ше́фом，о ше́фе；复数：ше́фы，ше́фов，ше́фам，ше́фов，ше́фами，о ше́фах 首长，上司，头儿；厨师长 шеф поли́ции 警察局长 шеф-по́вар 厨师长
до́лжен	[短尾]должна́，должно́，должны́ 欠（债）Он мне до́лжен сто рубле́й. 他欠我100卢布。

～～～～～～～～～～～～～～

перечи́слить	[完成体]что 将来时：перечи́слю，перечи́слишь，перечи́слят；过去时：перечи́слил，перечи́слила，перечи́слило，перечи́лисли；过去时主动形动词：перечи́сливший；过去时被动形动词：перечи́сленный；副动词：перечи́слив//**перечисля́ть**[未完成体]现在时：перечисля́ю，перечисля́ешь，перечисля́ют；过去时：перечисля́л，перечисля́ла，перечисля́ло，перечисля́ли；现在时主动形动词：перечисля́ющий；过去时主动形动词：перечисля́вший；现在时被动形动词：перечисля́емый；副动词：перечисля́я 列举，指出；划拨，转账 перечисля́ть назва́ния блюд 列举菜名 перечисля́ть де́ньги на мой счёт 把钱转到我的账户
марино́ванный	[形容词]марино́ванная，марино́ванное，марино́ванные 用醋和辛辣香料浸渍的，腌制的 марино́ванные грибы́ 腌蘑菇 марино́ванные огурцы́ 腌黄瓜
зерни́стый	[形容词]зерни́стая，зерни́стое，зерни́стые 多籽粒的 зерни́стая икра́ 鱼子
гарни́р	[阳性]单数：гарни́р，гарни́ра，гарни́ру，гарни́р，гарни́ром，о гарни́ре；复数：гарни́ры，гарни́ров，гарни́рам，гарни́ры，гарни́рами，о гарни́рах 配菜，配餐 котле́ты с гарни́ром 带配菜的肉饼
ки́слый	[形容词]ки́слая，ки́слое，ки́слые 酸的；发酵的 ки́слый лимо́н 酸柠檬 ки́слые щи 酸菜汤 ки́слая капу́ста 渍酸的白菜
смета́на	[阴性]单数：смета́на，смета́ны，смета́не，смета́ну，смета́ной，о смета́не 酸奶油 щи со смета́ной 放酸奶油的汤 блины́ со смета́ной 酸奶油饼
приготовле́ние	[中性]单数：приготовле́ние，приготовле́ния，приготовле́нию，приготовле́ние，приготовле́нием，о приготовле́нии 准备好 приготовле́ние за́втрака 准备好早餐
свёкла	[阴性]单数：свёкла，свёклы，свёкле，свёклу，свёклой，о свёкле；复数：свёклы，свёкол，свёклам，свёклы，свёклами，о свёклах 甜菜 сажа́ть свёклу 种甜菜 борщ со свёклой 甜菜汤
фасо́ль	[阴性]单数：фасо́ль，фасо́ли，фасо́ли，фасо́ль，фасо́лью，о фасо́ли 豆角，菜豆

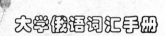

	（指果实）обыкнове́нная фасо́ль 芸豆，四季豆
лук	[阳性]单数：лук, лу́ка(лу́ку), лу́ку, лук, лу́ком, о лу́ке；复数：лу́ки, лу́ков, лу́кам, лу́ки, лу́ками, о лу́ках 葱，洋葱 зелёный лук 嫩葱 положи́ть в суп лу́ку 往汤里放洋葱
петру́шка	[阴性]单数：петру́шка, петру́шки, петру́шке, петру́шку, петру́шкой, о петру́шке 香芹菜，香菜 зелёная петру́шка 香芹菜
укро́п	[阳性]单数：укро́п, укро́па, укро́пу, укро́п, укро́пом, об укро́пе 莳萝，土茴香 Укро́п па́хнет. 散发土茴香味。
гре́чневый	[形容词]гре́чневая, гре́чневое, гре́чневые 荞麦做的 гре́чневая ка́ша 荞麦粥
кури́ный	[形容词]кури́ная, кури́ное, кури́ные 鸡的，鸡肉的 кури́ный суп 鸡汤 кури́ные котле́ты 鸡肉饼
варе́нье	[中性]单数：варе́нье, варе́нья, варе́нью, варе́нье, варе́ньем, о варе́нье 果酱 варе́нье из я́блок 苹果酱
деликате́с	[阳性]单数：деликате́с, деликате́са, деликате́су, деликате́с, деликате́сом, о деликате́се 美食 ме́стный деликате́с 地方美食 про́бовать деликате́с 品尝美味

~~~~~~~~~~~~~~~~~~~~~~~~~~~~~~

болтли́вый	[形容词]长尾：болтли́вая, болтли́вое, болтли́вые；短尾：болтли́в, болтли́ва, болтли́во, болтли́вы 好闲扯的，爱多嘴的 болтли́вая же́нщина 爱闲扯的妇女
шампа́нское	[中性]单数：шампа́нское, шампа́нского, шампа́нскому, шампа́нское, шампа́нским, о шампа́нском 香槟酒 пить шампа́нское 喝香槟
болта́ть	[未完成体]о чём 现在时：болта́ю, болта́ешь, болта́ют；过去时：болта́л, болта́ла, болта́ло, болта́ли；现在时主动形动词：болта́ющий；过去时主动形动词：болта́вший；副动词：болта́я 闲扯，空谈，说走嘴 болта́ть о дома́шних дела́х 扯家常
темне́ть	[未完成体]现在时（第一、二人称不用）：темне́ет, темне́ют；过去时：темне́л, темне́ла, темне́ло, темне́ли//потемне́ть[完成体]变暗，发黑；（无人称）天色暗起来 В де́тстве во́лосы у меня́ бы́ли све́тлыми, а пото́м потемне́ли. 小时候我的头发是浅色的，后来变成了深色。Зимо́й ра́но темне́ет. 冬天天黑得早。
успоко́ить	[完成体]кого́-что 将来时：успоко́ю, успоко́ишь, успоко́ят；过去时：успоко́ил, успоко́ила, успоко́ило, успоко́или；过去时主动形动词：успоко́ивший；过去时被动形动词：успоко́енный；副动词：успоко́ив//успока́ивать[未完成体]现在时：успока́иваю, успока́иваешь, успока́ивают；过去时：успока́ивал, успока́ивала, успока́ивало, успока́ивали, 现在时主动形动词：успока́ивающий；过去时被动形动词：успока́ивавший；现在时被动形动词：успока́иваемый；副动词：успока́ивая 使放心，使安静，安慰；使平息，使缓和 успоко́ить ребёнка 使孩子平静 успоко́ить больно́го 安慰病人 успоко́ить боль 止疼，缓解疼痛

официа́нт	[阳性]单数：официа́нт, официа́нта, официа́нту, официа́нта, официа́нтом, об официа́нте；复数：официа́нты, официа́нтов, официа́нтам, официа́нтов, официа́нтами, об официа́нтах（食堂、饭店的）服务员 попроси́ть официа́нта пода́ть блю́до 叫服务员上菜
тяжёлый	[形容词]长尾：тяжёлая, тяжёлое, тяжёлые；短尾：тяжёл, тяжела́, тяжело́, тяжелы́ 重的，沉重的；难消化的；难以忍受的 тяжёлый чемода́н 沉重的手提箱 тяжёлая вещь 重物 тяжёлые проду́кты 难消化的食物 тяжёлая боле́знь 重病
несча́стный	[形容词]长尾：несча́стная, несча́стное, несча́стные；短尾：несча́стен, несча́стна, несча́стно, несча́стны 不幸的，不走运的 несча́стная жизнь 不幸的生活
шокола́дный	[形容词]шокола́дная, шокола́дное, шокола́дные 巧克力的 шокола́дное де́рево 咖啡树 шокола́дный цвет 咖啡色
моро́женое	[中性]单数：моро́женое, моро́женого, моро́женому, моро́женое, моро́женым, о моро́женом 冰淇淋 по́рция моро́женого 一份冰淇淋
копе́йка	[阴性]单数：копе́йка, копе́йки, копе́йке, копе́йку, копе́йкой, о копе́йке；复数：копе́йки, копе́ек, копе́йкам, копе́йки, копе́йками, о копе́йках 戈比 ни копе́йки нет 不名一文

三、词汇重点

борщ	[阳性]单数：борщ, борща́, борщу́, борщ, борщо́м, о борще́ 红菜汤 борщ со смета́ной 加酸奶油的红菜汤
	[注意]борщ 变格时重音后移
шашлы́к	[阳性]单数：шашлы́к, шашлыка́, шашлыку́, шашлы́к, шашлыко́м, о шашлыке́；复数：шашлыки́, шашлыко́в, шашлыка́м, шашлыки́, шашлыка́ми, о шашлыка́х 烤羊肉串，烤肉串 моско́вский шашлы́к 莫斯科烤肉串
	[注意]шашлы́к 变格时重音后移
руль	[阳性]单数：руль, руля́, рулю́, руль, рулём, о руле́；复数 рули́, руле́й, руля́м, рули́, руля́ми, о руля́х 舵，方向盘 сиде́ть за рулём 掌舵，开车
	[注意]руль 变格时重音后移
пе́рец	[阳性]单数：пе́рец, пе́рца (пе́рцу), пе́рцу, пе́рец, пе́рцем, о пе́рце 胡椒，辣椒 кра́сный пе́рец 红辣椒 положи́ть пе́рцу в суп 往汤里加胡椒粉
	[注意]пе́рец 变格时-е-脱落
сельдь	[阴性]单数：сельдь, се́льди, се́льди, сельдь, се́льдью, о се́льди；复数：се́льди, сельде́й, сельдя́м, се́льди, сельдя́ми, о сельдя́х 鲱鱼 печь сельдь 煎鲱鱼
	[注意]сельдь 的复数形式第二、三、五、六格重音后移
гусь	[阳性]单数：гусь, гу́ся, гу́сю, гу́ся, гу́сем, о гу́се；复数：гу́си, гусе́й, гуся́м, гусе́й, гуся́ми, о гуся́х 鹅 гусь с я́блоками 苹果鹅

	[注意]гусь 的复数第二、三、四、五、六格重音后移	
сковорода́	[阴性]单数：сковорода́, сковороды́, сковороде́, сковороду́, сковородо́й, о сковороде́；复数：ско́вороды, сковоро́д, сковорода́м, ско́вороды, сковорода́ми, о сковорода́х（平底）煎锅 печь котле́ты на сковороде́ 在煎锅里煎肉饼	
	[注意]сковорода́ 的复数第一格重音前移	
полива́ть	[未完成体]кого́-что 现在时：полива́ю, полива́ешь, полива́ют；过去时：полива́л, полива́ла, полива́ло, полива́ли；现在时主动形动词：полива́ющий；过去时主动形动词：полива́вший；现在时被动形动词：полива́емый；副动词：полива́я//поли́ть[完成体]将来时：полью́, польёшь, полью́т；过去时：по́лил, полила́, по́лило, по́лили；命令式：поле́й(те)；过去时主动形动词：поли́вший；过去时被动形动词：по́литый；副动词：поли́в 开始落雨, 开始流淌；浇, 灌溉, 洒水 поли́ть цветы́ 浇花 поли́ть у́лицу 往街上洒水 Дождь по́лил. 下雨了	
	[注意]поли́ть 变位特殊, 过去时形式重音有变化	
своди́ть	[未完成体]кого́-что 现在时：свожу́, сво́дишь, сво́дят；过去时：своди́л, своди́ла, своди́ло, своди́ли；现在时主动形动词：сводя́щий；过去时主动形动词：своди́вший；现在时被动形动词：своди́мый；副动词：сводя́//свести́ [完成体]将来时：сведу́, сведёшь, сведу́т；过去时：свёл, свела́, свело́, свели́；过去时主动形动词：све́дший；过去时被动形动词：сведённый；副动词：сведя́ 领下, 扶下；(从表面)消除；使结合 свести́ старика́ с ле́стницы 扶老人下楼梯 свести́ лес 砍伐森林 свести́ друзе́й 把朋友们聚在一起	
	[注意]свести́ 过去时形式特殊	

四、词汇记忆

меню́	菜单	menu
бульо́н	（煮肉的）高汤	broth, soup
говя́дина	牛肉	beef
ча́шка	茶杯	cup, bowl
минера́лка	矿泉水	mineral water
по́рция	一份(多指食物)	portion
свини́на	猪肉	pork
бара́нина	羊肉	ovine meat
клие́нт	顾客, 客户	clicent, costomer
сце́на	舞台	scene, stage
прохо́д	过道, 通道	passage
терра́са	敞廊, 凉台	terrace
би́знес-ланч	商务套餐, 工作餐	business lunch
горя́чее	热菜	hot dish

комплéкт	全套, 全份	set
оркéстр	乐队	orchestra
мúнимум	最小数量;最低限度	minimun, at least
борщ	红菜汤	borsch
щи	菜汤,白菜汤	cabbage soup
соля́нка	肉(或鱼)稠辣汤;酸白菜焖肉(或鱼)	solyanka
ухá	鱼汤	fish soup
котлéта	肉饼,菜饼	cutlet
пельмéни	饺子	pelmeni
шашлы́к	烤羊肉串,烤肉串	shish
бокáл	大酒杯,高脚杯	glass, cup
руль	舵,方向盘	handlebar, rudder
налúчные	现金	cash
квитáнция	收据,收条	receipt, ticket
морко́вь	胡萝卜	carrot
пéрец	胡椒,辣椒	pepper, peppercorns
майонéз	蛋黄酱,沙拉酱	mayonnaise
шеф	首长,上司,头儿;厨师长	chief, boss
жáреный	烤的,煎的,炸的,炒的	roast, fried
минерáльный	矿物的	mineral
кóмплексный	成套的	complex, integrate
интернационáльный	国际的,世界的;民族之间的	international
слáдкий	甜的	sweet
апельсúновый	橙子的	orange
бáнковский	银行的	bank, baking
проголодáться	饿了,觉得饥饿	to hungry
кормúть//накормúть	喂养,饲养;喂,给……吃	to feed
паковáть (упакóвывать)//упаковáть	打包,包装	to package
распúсываться//расписáться	签字,署名(认可,同意)	to sign, undersign
дóлжен	应该,应当;欠(债)	to give debt
икрá	鱼子	caviar
сельдь	鲱鱼	herring
гарнúр	配菜,配餐	side dish
сметáна	酸奶油	cream
приготовлéние	准备好	preparation, cooking
свёкла	甜菜	beetroot
фасóль	角,菜豆(指果实)	bean

лук	葱,洋葱	onion
петрýшка	香芹菜,香菜	parsley
укрóп	莳萝,土茴香	dill, fennel
гусь	鹅	goose
сковородá	(平底)煎锅	pan
варéнье	果酱	jam
деликатéс	精美的食品,美食	delicacy
маринóванный	用醋和辛辣香料浸的,腌制的	marinated
зернúстый	多籽粒的	granular, grained
кúслый	酸的;发酵的	acidic, sour
грéчневый	荞麦做的	buckwheat
курúный	鸡的,鸡肉的	chicken
перечислять//перечúслить	列举,指出;划拨,转账	to list, mention
поливáть//полúть	开始落雨,开始流淌;浇,灌溉,洒水	to pour, water

~~~~~~~~~~~~~~~~~~~~~~~~~~~~~~~

шампáнское	香槟酒	champagne
официáнт	(食堂、饭店的)服务员	waiter, waitress
морóженое	冰淇淋	ice cream
копéйка	戈比	kopeck, cent
Ростóв	罗斯托夫	Rostov
болтлúвый	好闲扯的,爱多嘴的	talkative
тяжёлый	重的,沉重的;难消化的;难以忍受的	heavy, tough
несчáстный	不幸的,不走运的	unhappy
шоколáдный	巧克力的	chocolate
сводúть//свестú	领下,扶下;(从表面)消除;使结合	to bring, reduced
болтáть	闲扯,空谈,说走嘴	to talk, chat
темнéть//потемнéть	变暗,发黑;天色暗起来	to darken
успокáивать//успокóить	使放心,使安静,安慰;使平息,使缓和	to comfort, quiet

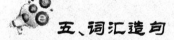

五、词汇造句

кормúть//накормúть [未//完成体]*когó-чтo* 喂养,饲养;喂,给……吃

Дóма я кормлю́ кóшку. 我家里养一只猫。

Муж рабóтает и кóрмит семью́. 丈夫工作养活全家。

дóлжен [短尾]应该,应当;欠(债)

Студéнты должны́ хорошó учи́ться. 大学生应该好好学习。

Она́ мне должна́ сто рубле́й. 她欠我 100 卢布。

полива́ть//поли́ть　　［未//完成体］开始落雨,开始流淌;*кого́-что́* 浇,灌溉,洒水
　　Дождь внеза́пно по́лил. 忽然下起雨了。
　　Де́ти полива́ют дере́вья в саду́. 孩子们在给花园里的树浇水。

своди́ть//свести́　　［未//完成体］*кого́-что́* 领下,扶下;(从表)消除;使结合
　　Де́ти свели́ учи́теля с горы́. 孩子们扶老师下山。
　　Не на́до своди́ть лес с Земли́. 不要砍伐地球上的树木。
　　Судьба́ свела́ друзе́й. 命运使朋友们聚在一起。
　　Молодо́й челове́к зараба́тывает ма́ло и с трудо́м сво́дит концы́ с конца́ми. 年轻人工资很少,勉强维持生活。

темне́ть//потемне́ть　　［未//完成体］变暗,发黑;(无人称)天色暗下来
　　Серебро́ темне́ет в во́здухе. (人称句)银在空气中变黑。
　　Зимо́й ра́но темне́ет. (无人称句)冬天天黑得早。

第十课

一、词汇导读
本课以艺术为主题，需记住相关词汇。

二、词汇注释

сказка	[阴性]单数：*сказка*, *сказки*, *сказке*, *сказку*, *сказкой*, *о сказке*；复数：*сказки*, *сказок*, *сказкам*, *сказки*, *сказками*, *о сказках* 童话 *русская сказка* 俄罗斯童话
поговорка	[阴性]单数：*поговорка*, *поговорки*, *поговорке*, *поговорку*, *поговоркой*, *о поговорке*；复数：*поговорки*, *поговорок*, *поговоркам*, *поговорки*, *поговорками*, *о поговорках* 俗语 *русские поговорки* 俄语俗语
прикладной	[形容词] *прикладная*, *прикладное*, *прикладные* 实用的, 应用的 *прикладное искусство* 应用艺术
самовар	[阳性]单数：*самовар*, *самовара*, *самовару*, *самовар*, *самоваром*, *о самоваре*；复数：*самовары*, *самоваров*, *самоварам*, *самовары*, *самоварами*, *о самоварах* 水壶, 茶炊 *просить гостей к самовару* 请客人喝茶 *сидеть за самоваром* 坐着喝茶
деревянный	[形容词] *деревянная*, *деревянное*, *деревянные* 木制的；死板的, 无表情的 *деревянная мебель* 木制家具 *деревянные игрушки* 木制玩具 *деревянное лицо* 呆板的面孔 *деревянный язык* 呆板的语言
шкатулка	[阴性]单数：*шкатулка*, *шкатулки*, *шкатулке*, *шкатулку*, *шкатулкой*, *о шкатулке*；复数：*шкатулки*, *шкатулок*, *шкатулкам*, *шкатулки*, *шкатулками*, *о шкатулках* 小匣, 锦匣；首饰盒 *музыкальная шкатулка* 八音盒 *деревянная шкатулка* 木制首饰盒
украшение	[中性]单数：*украшение*, *украшения*, *украшению*, *украшение*, *украшением*, *об украшении* 装饰；装饰品, 点缀物 *украшение комнаты* 装饰房间 *головное украшение* 头饰 *драгоценные украшения* 珍贵的饰物
экскурсовод	[阳性]单数：*экскурсовод*, *экскурсовода*, *экскурсоводу*, *экскурсовода*, *экскурсоводом*, *об экскурсоводе*；复数：*экскурсоводы*, *экскурсоводов*, *экскурсоводам*, *экскурсоводов*, *экскурсоводами*, *об экскурсоводах* 游览向导；展品解说员 *местный экскурсовод* 当地导游 *экскурсовод музея* 博物馆解说员
изобразительный	[形容词]长尾：*изобразительная*, *изобразительное*, *изобразительные*；短尾：

	изобрази́телен, изобрази́тельна, изобрази́тельно, изобрази́тельны 形象的,有表现力的 изобрази́тельное впечатле́ние 生动的印象 изобрази́тельное иску́сство 造形艺术
вы́стовочный	[形容词]вы́стовочная, вы́стовочное, вы́стовочные 展览会的;陈列的 вы́стовочный зал 展厅
анти́чный	[形容词]анти́чная, анти́чное, анти́чные 古代希腊、罗马的 анти́чный па́мятник 古希腊、罗马遗迹 анти́чная архитекту́ра 古希腊、罗马建筑艺术
ору́жие	[中性]单数:ору́жие, ору́жия, ору́жию, ору́жие, ору́жием, об ору́жии;复数:ору́жия, ору́жий, ору́жиям, ору́жия, ору́жиями, об ору́жиях 武器,兵器,军械;工具,手段 холо́дное ору́жие 冷兵器 иде́йное ору́жие 思想武器
оруже́йный	[形容词]оруже́йная, оруже́йное, оруже́йные 武器的,兵器的;制造兵器的 Оруже́йная пала́та(莫斯科)兵器陈列馆 оруже́йный заво́д 兵工厂
экспона́т	[阳性]单数:экспона́т, экспона́та, экспона́ту, экспона́т, экспона́том, об экспона́те;复数:экспона́ты, экспона́тов, экспона́там, экспона́ты, экспона́тами, об экспона́тах 陈列品,展览品 экспона́ты музе́я 博物馆的展品
воро́та	[复数]воро́т, воро́там, воро́та, воро́тами, о воро́тах 大门 стоя́ть в воро́тах 站在大门口 хокке́йные воро́та 冰球球门 футбо́льные воро́та 足球球门
уника́льный	[形容词]长尾:уника́льная, уника́льное, уника́льные;短尾:уника́лен, уника́льна, уника́льно, уника́льны 独一无二的,常见的 уника́льная профе́ссия 罕见的职业 уника́льный экспона́т 独一无二的展品
объе́кт	[阳性]单数:объе́кт, объе́кта, объе́кту, объе́кт, объе́ктом, об объе́кте;复数:объе́кты, объе́ктов, объе́ктам, объе́кты, объе́ктами, об объе́ктах 客体,客观世界;对象;工程项目 объе́кт изуче́ния 研究对象 строи́тельный объе́кт 建筑项目
охраня́ться	[未完成体]现在时:охраня́юсь, охраня́ешься, охраня́ются;过去时:охраня́лся, охраня́лась, охраня́лось, охраня́лись;现在时主动形动词:охраня́ющийся;过去时主动形动词:охраня́вшийся;副动词:охраня́ясь 被保护,维护,守卫,保卫 Истори́ческие па́мятники охраня́ются. 历史遗迹得以保护。
президе́нт	[阳性]单数:президе́нт, президе́нта, президе́нту, президе́нта, президе́нтом, о президе́нте;复数:президе́нты, президе́нтов, президе́нтам, президе́нтов, президе́нтами, о президе́нтах 总统,主席,院长 президе́нт Росси́и 俄罗斯总统 президе́нт Акаде́мии нау́к 科学院院长
портфе́ль	[阳性]单数:портфе́ль, портфе́ля, портфе́лю, портфе́ль, портфе́лем, о портфе́ле;复数:портфе́ли, портфе́лей, портфе́лям, портфе́ли, портфе́лями, о портфе́лях 皮包,公文包;部长职位 чёрный портфе́ль 黑色公文包 положи́ть докуме́нты в портфе́ль 把文件放包里 портфе́ль мини́стра вну́тренних дел 内务部长职位
ка́мера	[阴性]单数:ка́мера, ка́меры, ка́мере, ка́меру, ка́мерой, о ка́мере;复数:ка́ме-

ры, ка́мер, ка́мерам, ка́меры, ка́мерами, о ка́мерах 室, 小室 ка́мера хране́ния 寄存处

хране́ние	[中性] 单数: хране́ние, хране́ния, хране́нию, хране́ние, хране́нием, о хране́нии 保存; 存放; 贮藏 сдать бага́ж в ка́меру хране́ния 把行李存放在寄存处

~~~~~~~~~~~~~~~~~~~~~~~~~~~~~~~~~~~

ежедне́вно	[副词] 每天地 ежедне́вно купа́ться в мо́ре 每天在海里游泳
созда́ние	[中性] 单数: созда́ние, созда́ния, созда́нию, созда́ние, созда́нием, о созда́нии 创立, 建立, 建成 созда́ние фи́рмы 创办公司 созда́ние своего́ де́ла 创业
купе́ческий	[形容词] купе́ческая, купе́ческое, купе́ческие 商人的 купе́ческий кора́бль 商船
табли́чка	[阴性] 单数: табли́чка, табли́чки, табли́чке, табли́чку, табли́чкой, о табли́чке; 复数: табли́чки, табли́чек, табли́чкам, табли́чки, табли́чками, о табли́чках 小牌子 табли́чка на дверя́х 门牌
бе́дный	[形容词] 长尾: бе́дная, бе́дное, бе́дные; 短尾: бе́ден, бедна́, бе́дно, бе́дны 贫穷的; 贫乏的; 不幸的 бе́дный край 穷地方 бе́дный запа́с слов 贫乏的词汇量 бе́дный ма́льчик 不幸的孩子
состоя́ться	[完成体] 将来时 (第一、二人称不用): состои́тся, состоя́тся; 过去时: состоя́лся, стстоя́лась, состоя́лось, состоя́лись; 过去时主动形动词: состоя́вшийся; 副动词: состоя́вшись 举行, 进行, 实现 Собра́ние состои́тся за́втра. 会议在明天举行。
торже́ственный	[形容词] 长尾: торже́ственная, торже́ственное, торже́ственные; 短尾: торже́ственен, торже́ственна, торже́ственно, торже́ственны 隆重的, 盛大的 торже́ственный пра́здник 盛大的节日 торже́ственная встре́ча 隆重的欢迎
откры́тие	[中性] 单数: откры́тие, откры́тия, откры́тию, откры́тие, откры́тием, об откры́тии 打开, 揭开; 开始 (某种活动) нау́чное откры́тие 科学发现 откры́тие буты́лки 开瓶 откры́тие собра́ния 会议开幕 (式)
импера́тор	[阳性] 单数: импера́тор, импера́тора, импера́тору, импера́тора, импера́тором, об импера́торе; 复数: импера́торы, импера́торов, импера́торам, импера́торов, импера́торами, об импера́торах 皇帝 пе́рвый импера́тор Кита́я 中国第一位皇帝
ни́зко	[副词] 低地, 矮地 ни́зко стричь во́лосы 把头发剪短 ни́зко лете́ть 低飞 ни́зко нагиба́ться 腰弯得很低
поклони́ться	[完成体] кому́-чему́ 将来时: поклоню́сь, покло́нишься, покло́нятся; 过去时: поклони́лся, поклони́лась, поклони́лось, поклони́лись; 过去时主动形动词: поклони́вшийся; 副动词: поклони́вшись // кла́няться [未完成体] 现在时: кла́няюсь, кла́няешься, кла́няются; 过去时: кла́нялся, кла́нялась, кла́нялось, кла́нялись; 现在时主动形动词: кла́няющийся; 过去时主动形动词: кла́нявшийся; 副动词: кла́няясь 鞠躬 поклони́ться старику́ 向老人鞠躬

звáние	[中性]单数：звáние，звáния，звáнию，звáние，звáнием，о звáнии 称号，衔 имéть учёное звáние профéссора 有教授学衔 получи́ть звáние инженéра 获得工程师称号
почётный	[形容词]长尾：почётная，почётное，почётные；短尾：почётен，почётна，почётно，почётны 享有荣誉的；受尊敬的 почётный дóктор наýк 荣誉博士 почётный профéссор 荣誉教授 почётный гость 贵宾
знáтный	[形容词]长尾：знáтная，знáтное，знáтные；短尾：знáтен，знáтна，знáтно，знáтны 显贵的，贵族（身份）的；知名的，著名的 знáтный род 贵族 знáтные лю́ди 著名人士
насчи́тывать	[未完成体]что 现在时：насчи́тываю，насчи́тываешь，насчи́тывают；过去时：насчи́тывал，насчи́тывала，насчи́тывало，насчи́тывали；现在时主动形动词：насчи́тывающий；过去时主动形动词：насчи́тывавший；现在时被动形动词：насчи́тываемый；副动词：насчи́тывая 共计，共有 Нáша грýппа насчи́тывает 20 студéнтов. 我们班共有 20 人。
древнерýсский	[形容词]древнерýсская，древнерýсское，древнерýсские 古俄罗斯的 древнерýсский язы́к 古俄语 древнерýсская литератýра 古俄罗斯文学

三、词汇重点

передáться	[完成体]将来时（第一、二人称不用）：передáстся，передадýтся；过去时：передáлся，передалáсь，передалóсь，передали́сь//передавáться[未完成体]现在时（第一、二人称不用）：передаётся，передаю́тся；过去时：передавáлся，передавáлась，передавáлось，передавáлись 传播，传递；传染到；遗传到 передавáться из поколéния в поколéние 世代相传 Емý передалáсь моя́ мысль. 他接受了我的思想。Болéзнь передалáсь ребёнку. 疾病传染给了孩子。
	[注意]передáться 变位特殊
значóк	[阳性]单数：значóк，значкá，значкý，значóк，значкóм，о значкé；复数：значки́，значкóв，значкáм，значки́，значкáми，о значкáх 徽章，证章 университéтский значóк 校徽
	[注意]значóк 变格时-о-脱落，重音后移
платóк	[阳性]单数：платóк，платкá，платкý，платóк，платкóм，о платкé；复数：платки́，платкóв，платкáм，платки́，платкáми，о платкáх 头巾；手帕 головнóй платóк 头巾 ручнóй платóк 手帕
	[注意]платóк 变格时-о-脱落，重音后移
переýлок	[阳性]单数：переýлок，переýлка，переýлку，переýлок，переýлком，о переýлке；复数：переýлки，переýлков，переýлкам，переýлки，переýлками，о переýлках 胡同，小巷 повернýться в переýлок 拐进小巷 жить в переýлке 住在胡同里
	[注意]переýлок 变格时-о-脱落

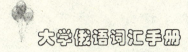

купе́ц	[阳性]	单数：*купе́ц*, *купца́*, *купцу́*, *купца́*, *купцо́м*, *о купце́*; 复数：*купцы́*, *купцо́в*, *купца́м*, *купцо́в*, *купца́ми*, *о купца́х* 商人 *купцы́ из ра́зных стран* 各国商人
	[注意]	*купе́ц* 变格时-е-脱落，重音后移
петербу́ржец	[阳性]	单数：*петербу́ржец*, *петербу́ржца*, *петербу́ржцу*, *петербу́ржца*, *петербу́ржцем*, *о петербу́ржце*; 复数：*петербу́ржцы*, *петербу́ржцев*, *петербу́ржцам*, *петербу́ржцев*, *петербу́ржцами*, *о петербу́ржцах* 彼得堡人 *петербу́ржец по рожде́нию* 彼得堡生人
	[注意]	*петербу́ржец* 变格时最后一个-е-脱落
дар	[阳性]	单数：*дар*, *да́ра*, *да́ру*, *дар*, *да́ром*, *о да́ре*; 复数：*дары́*, *даро́в*, *дара́м*, *дары́*, *дара́ми*, *о дара́х* 礼物；恩赐 *приня́ть дар* 接受礼物 *переда́ть в дар* 捐赠，赠送
	[注意]	*дар* 的复数各格形式的重音后移
пожа́ть	[完成体]	*кого́-что* 将来时：*пожму́*, *пожмёшь*, *пожму́т*；过去时：*пожа́л*, *пожа́ла*, *пожа́ло*, *пожа́ли*；过去时主动形动词：*пожа́вший*；过去时被动形动词：*пожа́тый*；副动词：*пожа́в*∥*пожима́ть* [未完成体] 现在时：*пожима́ю*, *пожима́ешь*, *пожима́ют*；过去时：*пожима́л*, *пожима́ла*, *пожима́ло*, *пожима́ли*；现在时主动形动词：*пожима́ющий*；过去时主动形动词：*пожима́вший*；现在时被动形动词：*пожима́емый*；副动词：*пожима́я* 握，握一握 *пожа́ть дру́гу ру́ку* 握朋友的手 *пожа́ть плеча́ми* 耸耸肩（表示不解）
	[注意]	*пожа́ть* 变位特殊
граждани́н	[阳性]	单数：*граждани́н*, *граждани́на*, *граждани́ну*, *граждани́на*, *граждани́ном*, *о граждани́не*; 复数：*гра́ждане*, *гра́ждан*, *гра́жданам*, *гра́ждан*, *гра́жданами*, *о гра́жданах* 公民 *росси́йские гра́ждане* 俄罗斯公民
	[注意]	*граждани́н* 的复数形式是去掉-ин 加-е；复数各格重音前移

四、词汇记忆

ска́зка	（民间的）故事，童话	tale, story
погово́рка	俗语	saying, proverbial
самова́р	水壶，茶饮	samovar
шкату́лка	小匣，锦匣；首饰盒	box
украше́ние	装饰；装饰品，点缀物	decoration
экскурсово́д	游览向导；展品解说员	guide, museum guide
ору́жие	武器，兵器，军械；工具，手段	weapon
экспона́т	陈列品，展览品	exhibit
воро́та	大门	gate
объе́кт	客体，客观世界；对象；工程项目	object
значо́к	徽章，证章	icon, symbol

президе́нт	总统, 主席, 院长	president
портфе́ль	皮包, 公文包; 部长职位	briefcase
ка́мера	室, 小室	cabin
хране́ние	保存; 存放; 贮藏	keeping
плато́к	头巾; 手帕	handkerchief, scarf
прикладно́й	实用的, 应用的	applied
деревя́нный	木制的; 死板的, 无表情的	wooden
изобрази́тельный	形象的, 有表现力的	fine, pictorial
вы́стовочный	展览会的, 陈列的	exhibition
анти́чный	古希腊、罗马的	ancient
оруже́йный	武器的, 兵器的; 制造兵器的	weapon
уника́льный	独一无二的, 罕见的	unique
передава́ться//переда́ться	传播, 传递; 传染到; 遗传到	to pass
охраня́ться	被保护, 维护, 守卫, 保卫	to be protected

переу́лок	胡同, 小巷	lane
купе́ц	商人	merchant
созда́ние	创立, 建立, 建成	creation, establishment
табли́чка	小牌子	plate, sign
петербу́ржец	彼得堡人	Petersburger
дар	礼物; 恩赐	gift
откры́тие	打开, 揭开; 开始(某种活动)	opening
импера́тор	皇帝	emperor
зва́ние	称号, 衔	title, rank
граждани́н	公民	citizen
купе́ческий	商人的	merchant
бе́дный	贫穷的; 贫乏的; 不幸的	poor
торже́ственный	隆重的, 盛大的	festive, ceremonious
почётный	享有荣誉的; 受尊敬的	honorary
зна́тный	显贵的, 贵族(身份)的; 知名的, 著名的	noble
древнеру́сский	古俄罗斯的	ancient Russian
состоя́ться	举行, 进行, 实现	to take place, occur
пожима́ть//пожа́ть	握, 握一握	to shrug
кла́няться//поклони́ться	鞠躬	to bow
насчи́тывать	共计, 共有	to include, consist
ежедне́вно	每天地	everyday
ни́зко	低地; 矮地	low

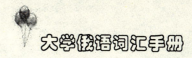

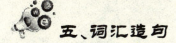 五、词汇造句

передава́ться// переда́ться	［未//完成体］传播，传递；传染到；遗传到
	Обы́чаи передаю́тся из поколе́ния в поколе́ние. 传统代代相传。
	Боле́знь передала́сь ребёнку. 疾病传染给了孩子。

кла́няться// поклони́ться　　　　［未//完成体］*кому́-чему́* 鞠躬
　　　　　　　　　　　　　　　　Студе́нты поклони́лись профе́ссору. 学生们向教授鞠躬。

第十一课

一、词汇导读

本课词汇以戏剧、电影为主,记住相关词汇。

二、词汇注释

зря	[副词]徒然,枉然;平白地,不应该 зря говори́ть 白说 зря тра́тить вре́мя 白白浪费时间
пре́мия	[阴性]单数:пре́мия, пре́мии, пре́мии, пре́мию, пре́мией, о пре́мии;复数:пре́мии, пре́мий, пре́миям, пре́мии, пре́миями, о пре́миях 奖品,奖金 Но́белевская пре́мия 诺贝尔奖 литерату́рная пре́мия 文学奖 втора́я пре́мия 二等奖
коме́дия	[阴性]单数:коме́дия, коме́дии, коме́дии, коме́дию, коме́дией, о коме́дии;复数:коме́дии, коме́дий, коме́диям, коме́дии, коме́диями, о коме́диях 喜剧作品,喜剧 музыка́льная коме́дия 音乐喜剧
мелодра́ма	[阴性]单数:мелодра́ма, мелодра́мы, мелодра́ме, мелодра́му, мелодра́мой, о мелодра́ме;复数:мелодра́мы, мелодра́м, мелодра́мам, мелодра́мы, мелодра́мами, о мелодра́мах 情节剧,传奇剧 францу́зская мелодра́ма 法国情节剧
одино́чество	[中性]单数:одино́чество, одино́чества, одино́честву, одино́чество, одино́чеством, об одино́честве 孤独;孤寂生活 боя́ться одино́чества 害怕孤独 жить в одино́честве 孤单地生活
траги́ческий	[形容词]траги́ческая, траги́ческое, траги́ческие 悲剧(式)的;演悲剧的;悲惨的 траги́ческая пьеса 悲剧 траги́ческая актри́са 演悲剧的演员 траги́ческий слу́чай 惨事 траги́ческая судьба́ 悲惨的命运
поэте́сса	[阴性]单数:поэте́сса, поэте́ссы, поэте́ссе, поэте́ссу, поэте́ссой, о поэте́ссе;复数:поэте́ссы, поэте́сс, поэте́ссам, поэте́сс, поэте́ссами, о поэте́ссах 女诗人 изве́стная поэте́сса 著名女诗人
про́за	[阴性]单数:про́за, про́зы, про́зе, про́зу, про́зой, о про́зе;复数:про́зы, проз, про́зам, про́зы, про́зами, о про́зах 非诗体文学,无韵文,散文 про́за в стиха́х 散文诗
драмати́ческий	[形容词]драмати́ческая, драмати́ческое, драмати́ческие 戏剧的,话剧的;装模作样的;充满戏剧性的,紧张的 драмати́ческое иску́сство 戏剧艺术

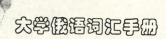

	драмати́ческий теа́тр 话剧院 драмати́ческий жест 装模作样的动作 драмати́ческая ситуа́ция 戏剧性的情景
пье́са	[阴性]单数：*пье́са*, *пье́сы*, *пье́се*, *пье́су*, *пье́сой*, *о пье́се*；复数：*пье́сы*, *пьес*, *пье́сам*, *пье́сы*, *пье́сами*, *о пье́сах* 剧本；(不长的) 乐曲 смотре́ть пье́су 看剧 сыгра́ть пье́су 演奏乐曲
медве́дь	[阳性]单数：*медве́дь*, *медве́дя*, *медве́дю*, *медве́дя*, *медве́дем*, *о медве́де*；复数：*медве́ди*, *медве́дей*, *медве́дям*, *медве́дей*, *медве́дями*, *о медве́дях* 熊；熊科 бе́лый медве́дь 白熊
дра́ма	[阴性]单数：*дра́ма*, *дра́мы*, *дра́ме*, *дра́му*, *дра́мой*, *о дра́ме*；复数：*дра́мы*, *драм*, *дра́мам*, *дра́мы*, *дра́мами*, *о дра́мах* 戏剧；戏剧作品，正剧，悲剧；悲惨的事 смотре́ть дра́му 看剧 дра́мы Че́хова 契诃夫的剧作 семе́йная дра́ма 家庭悲剧
экраниза́ция	[阴性]单数：*экраниза́ция*, *экраниза́ции*, *экраниза́ции*, *экраниза́цию*, *экраниза́цией*, *об экраниза́ции* 搬上银幕，拍成电影 экраниза́ция бале́та 把芭蕾舞拍成电影 экраниза́ция по́вести 把小说搬上银幕
заму́жняя	[阴性]单数：*заму́жняя*, *заму́жней*, *заму́жней*, *заму́жнюю*, *заму́жней*, *о заму́жней* 有夫之妇，已婚妇女 любо́вь заму́жней 已婚女子的爱情
филармо́ния	[阴性]单数：*филармо́ния*, *филармо́нии*, *филармо́нии*, *филармо́нию*, *филармо́нией*, *о филармо́нии* 爱乐协会，音乐团，音乐厅 де́тская филормо́ния 儿童爱乐乐团 центра́льная филормо́ния 中央乐团 слу́шать конце́рт в филармо́нии 在音乐厅听音乐会
афи́ша	[阴性]单数：*афи́ша*, *афи́ши*, *афи́ше*, *афи́шу*, *афи́шей*, *об афи́ше*；复数：*афи́ши*, *афи́ш*, *афи́шам*, *афи́ши*, *афи́шами*, *об афи́шах* 海报，(演出) 广告 афи́ша фи́льма 电影海报
наверняка́	[副词]无疑地，一定；有十分把握地 прийти́ наверняка́ 一定来 наверняка́ де́йствовать 有十分把握地去做
доста́ть	[完成体]*кого́-что* 将来时：*доста́ну*, *доста́нешь*, *доста́нут*；过去时：*доста́л*, *доста́ла*, *доста́ло*, *доста́ли*；过去时主动形动词：*доста́вший*；过去时被动形动词：*доста́нный*；副动词：*доста́в*//**достава́ть**[未完成体]现在时：*достаю́*, *достаёшь*, *достаю́т*；过去时：*достава́л*, *достава́ла*, *достава́ло*, *достава́ли*；现在时主动形动词：*достаю́щий*；过去时主动形动词：*достава́вший*；现在时被动形动词：*достава́емый*；副动词：*достава́я* 拿，取；搞到，弄到 доста́ть тетра́дь 拿出练习本 доста́ть па́спорт из карма́на 从兜里取出护照 доста́ть де́ньги на учёбу 弄到学费 доста́ть биле́ты на конце́рт 弄到音乐会的门票
заста́вить	[完成体]*кого́-что* 将来时：*заста́влю*, *заста́вишь*, *заста́вят*；过去时：*заста́вил*, *заста́вила*, *заста́вило*, *заста́вили*；过去时主动形动词：*заста́вивший*；过去时被动形动词：*заста́вленный*；副动词：*заста́вив*//**заставля́ть**[未完成体]现在时：*заставля́ю*, *заставля́ешь*, *заставля́ют*；过去时：*заставля́л*, *заставля́ла*, *заставля́ло*, *заставля́ли*；现在时主动形动

	词:*заставляющий*;过去时主动形动词:*заставлявший*;现在时被动形动词:*заставляемый*;副动词:*заставляя* 强迫,迫使 заста́вить себя́ рабо́тать 强迫自己工作 Дождь заста́вил тури́стов верну́ться в ла́герь. 下雨迫使游客返回营地。
абсолю́тный	[形容词]长尾:*абсолю́тная, абсолю́тное, абсолю́тные*;短尾:*абсолю́тен, абсолю́тна, абсолю́тно, абсолю́тны* 绝对的;完全的 абсолю́тный слух 绝对辨音力 абсолю́тная тишина́ 非常安静
исполня́ть	[未完成体]*что* 现在时:*исполня́ю, исполня́ешь, исполня́ют*;过去时:*исполня́л, исполня́ла, исполня́ло, исполня́ли*;现在时主动形动词:*исполня́ющий*;过去时主动形动词:*исполня́вший*;现在时被动形动词:*исполня́емый*;副动词:*исполня́я*//**испо́лнить**[完成体]将来时:*испо́лню, испо́лнишь, испо́лнят*;过去时:*испо́лнил, испо́лнила, испо́лнило, испо́лнили*,过去时主动形动词:*испо́лнивший*;过去时被动形动词:*испо́лненный*;副动词:*испо́лнив* 扮演,表演 исполня́ть гла́вную роль 扮演主角 исполня́ть бале́т 表演芭蕾舞 исполня́ть симфо́нию 演奏交响乐
тем бо́лее	[词组]不但如此,而且 Ва́ша де́ятельность бесполе́зна; тем бо́лее, она́ да́же вредна́. 您的活动是无益的;不但如此,它甚至是有害的。
восприя́тие	[中性]单数:*восприя́тие, восприя́тия, восприя́тию, восприя́тие, восприя́тием, о восприя́тии* 知觉,认识,理解 изуча́ть восприя́тие дете́й 研究孩子的认知
приобщи́ть	[完成体]*кого́-что к чему́* 将来时:*приобщу́, приобщи́шь, приобща́т*;过去时:*приобщи́л, приобщи́ла, приобщи́ло, приобщи́ли*;过去时主动形动词:*приобщи́вший*;过去时被动形动词:*приобщённый*;副动词:*приобщи́в*//**приобща́ть** 现在时:*приобща́ю, приобща́ешь, приобща́ют*;过去时:*приобща́л, приобща́ла, приобща́ло, приобща́ли*;现在时主动形动词:*приобща́ющий*;过去时主动形动词:*приобща́вший*;现在时被动形动词:*приобща́емый*;副动词:*приобща́я* 使参加,使熟悉 приобщи́ть широ́кие ма́ссы к зна́ниям 让广大群众掌握知识 приобщи́ть студе́нтов к ру́сской литерату́ре 让学生了解俄罗斯文学
смысл	[阳性]单数:*смысл, смы́сла, смы́слу, смысл, смы́слом, о смы́сле* 意义,涵义,意思 в у́зком смы́сле 狭义上 в широ́ком смы́сле 广义上
кла́ссик	[阳性]单数:*кла́ссик, кла́ссика, кла́ссику, кла́ссика, кла́ссиком, о кла́ссике*;复数:*кла́ссики, кла́ссиков, кла́ссикам, кла́ссиков, кла́ссиками, о кла́ссиках* 经典艺术家,大科学家;古典主义者 чита́ть кла́ссиков 读经典作家的作品
ге́ний	[阳性]单数:*ге́ний, ге́ния, ге́нию, ге́ний(ия), ге́нием, о ге́нии*;复数:*ге́нии, ге́ний, ге́ниям, ге́ний, ге́ниями, о ге́ниях* 天才(指才能),独创的才能;天才(指人)обла́дать ге́нием 有才华 литерату́рный ге́ний 文学天才
лауреа́т	[阳性]单数:*лауреа́т, лауреа́та, лауреа́ту, лауреа́та, лауреа́том, о лауреа́те*;复数:*лауреа́ты, лауреа́тов, лауреа́там, лауреа́тов, лауреа́тами, о лау-

	реа́тах(重大)奖金获得者,获奖(金)者 лауреа́т междунаро́дного ко́нкурса 国际比赛获奖者
развлека́тельный	[形容词]长尾: *развлека́тельная*, *развлека́тельное*, *развлека́тельные*; 短尾: *развлека́телен*, *развлека́тельна*, *развлека́тельно*, *развлека́тельны* 供消遣的,供娱乐的 развлека́тельное чте́ние 消遣读物 развлека́тельный ко́мплекс 娱乐设施
кругозо́р	[阳性]单数: *кругозо́р*, *кругозо́ра*, *кругозо́ру*, *кругозо́р*, *кругозо́ром*, *о кругозо́ре* 视界,视野;眼界 широ́кий кругозо́р 宽阔的视野 челове́к с ограни́ченным кругозо́ром 眼界狭小的人
иро́ния	[阴性]单数: *иро́ния*, *иро́нии*, *иро́нии*, *иро́нию*, *иро́нией*, *об иро́нии* 讽刺,讥讽 скры́тая иро́ния 隐晦的嘲讽 вы́разить иро́нию на лице́ 脸上露出讥讽的表情
челове́чный	[形容词]*челове́чная*, *челове́чное*, *челове́чные* 有人性的;人道的;仁慈的 челове́чное отноше́ние к лю́дям 对人的人道态度
шеде́вр	[阳性]单数: *шеде́вр*, *шеде́вра*, *шеде́вру*, *шеде́вр*, *шеде́вром*, *о шеде́вре*; 复数: *шеде́вры*, *шеде́вров*, *шеде́врам*, *шеде́вры*, *шеде́врами*, *о шеде́врах* 杰作,代表作 шеде́вр иску́сства 艺术杰作 шеде́вры архитекту́ры 建筑艺术珍品
посмея́ться	[完成体] *над кем-чем* 将来时: *посмею́сь*, *посмеёшься*, *посмею́тся*; 过去时: *посмея́лся*, *посмея́лась*, *посмея́лось*, *посмея́лись*; 过去时主动形动词: *посмея́вшийся*; 副动词: *посмея́вшись* 笑一会儿,笑一阵;嘲笑 немно́жко посмея́ться 笑一下 посмея́ться над други́м 嘲笑别人
очеви́дный	[形容词]长尾: *очеви́дная*, *очеви́дное*, *очеви́дные*; 短尾: *очеви́ден*, *очеви́дна*, *очеви́дно*, *очеви́дны* 显然的,无疑的 очеви́дное улучше́ние 明显的改善 очеви́дная переме́на 明显的变化
нужда́ться	[未完成体] *в ком-чём* 现在时: *нужда́юсь*, *нужда́ешься*, *нужда́ются*; 过去时: *нужда́лся*, *нужда́лась*, *нужда́лось*, *нужда́лись*; 现在时主动形动词: *нужда́ющийся*; 过去时主动形动词: *нужда́вшийся*; 副动词: *нужда́ясь* 受穷,过贫穷的生活;需要 нужда́ться в по́мощи 需要帮助 нужда́ться в де́ньгах 需要钱 По́сле сме́рти отца́ семья́ не́сколько лет нужда́лась. 父亲死后家里过了几年艰苦的日子。
доказа́тельство	[中性]单数: *доказа́тельство*, *доказа́тельства*, *доказа́тельству*, *доказа́тельство*, *доказа́тельством*, *о доказа́тельстве*; 复数: *доказа́тельства*, *доказа́тельств*, *доказа́тельствам*, *доказа́тельства*, *доказа́тельствами*, *о доказа́тельствах* 证据,证明,论据 собира́ть доказа́тельства 收集证据 очеви́дное доказа́тельство 明显的证据
о́пера	[阴性]单数: *о́пера*, *о́перы*, *о́пере*, *о́перу*, *о́перой*, *об о́пере* 歌剧;歌剧院 класси́ческая о́пера 古典歌剧 слу́шать о́перу 听歌剧 поста́вить о́перу 上演歌剧 пое́хать в о́перу 去歌剧院

нетерпеливо	[副词]没耐性地,急切地 нетерпеливо ждать 焦急地等待	
прохожий	[阳性]单数：прохожий, прохожего, прохожему, прохожего, прохожим, о прохожем; 复数：прохожие, прохожих прохожим, прохожих, прохожими, о прохожих 过路人 спросить прохожего 讯问过路人	
партер	[阳性]单数：партер, партера, партеру, партер, партером, о партере（剧场大厅前排的）池座 первый ряд партера 池座第一排	
восхититься	[完成体] кем-чем 将来时：восхищусь, восхитишься, восхитятся; 过去时：восхитился, восхитилась, восхитилось, восхитились; 过去时主动形动词：восхитившийся; 副动词：восхитившись // **восхищаться** [未完成体] 现在时：восхищаюсь, восхищаешься, восхищаются; 过去时：восхищался, восхищалась, восхищалось, восхищались; 现在时主动形动词：восхищающийся; 过去时主动形动词：восхищавшийся; 副动词：восхищаясь 赞叹, 赞赏, 赞美, 钦佩 восхищаться певцом 赞誉歌手 восхищаться красотой природы 赞叹大自然的美	
фойе	[中性,不变]（剧院、电影院等的）休息室 сидеть в фойе 坐在剧院休息室里	
против	[前置词] кого-чего 对着；反对；消灭；不同意，反对 против дома 对着房子 против света 背光 против ректора 反对校长 лекарство против кашля 治咳嗽的药 Я не против. 我不反对。	
затмение	[中性]单数：затмение, затмения, затмению, затмение, затмением, о затмении（日、月）食 солнечное затмение 日食 лунное затмение 月食	
знак	[阳性]单数：знак, знака, знаку, знак, знаком, о знаке; 复数：знаки, знаков, знакам, знаки, знаками, о знаках 标记；征兆；手势，信号；符号 фирменный знак 商标 добрый знак 吉祥的征兆 математический знак 数学符号 сделать знак глазами 用眼睛示意	
умолять	[未完成体] кого-что 现在时：умоляю, умоляешь, умоляют; 过去时：умолял, умоляла, умоляло, умоляли; 现在时主动形动词：умоляющий; 过去时主动形动词：умолявший; 现在时被动形动词：умоляемый; 副动词：умоляя // **умолить** [完成体] 将来时：умолю, умолишь, умолят; 过去时：умолил, умолила, умолило, умолили; 过去时主动形动词：умоливший; 过去时被动形动词：умолённый; 副动词：умолив 恳求，央求 умолять строгого отца 恳求严厉的父亲 умолять о помощи 请求帮助 умолять его приехать 请求他来	
заботиться	[未完成体] о ком-чём 现在时：забочусь, заботишься, заботятся; 过去时：заботился, заботилась, заботилось, заботились; 现在时主动形动词：заботящийся; 过去时主动形动词：заботившийся; 副动词：заботясь // **позаботиться** [完成体] 过去时主动形动词：позаботившийся; 副动词：позаботившись 担心；关心 заботиться о будущем сына 为儿子的前途操心 заботиться о детях 关心孩子们	
пьянствовать	[未完成体] 现在时：пьянствую, пьянствуешь, пьянствуют; 过去时：пьянствовал, пьянствовала, пьянствовало, пьянствовали; 现在时主动形动词：	

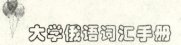

	пья́нствующий；过去时主动形动词：*пья́нствовавший*；副动词：*пья́нствуя* 酗酒，狂饮，纵饮无度 *постоя́нно пья́нствовать* 经常酗酒
похи́тить	[完成体]*кого́-что* 将来时：*похи́щу, похи́тишь, похи́тят*；过去时：*похи́тил, похи́тила, похи́тило, похи́тили*；过去时主动形动词：*похи́тивший*；过去时被动形动词：*похи́щенный*；副动词：*похи́тив*//*похища́ть*[未完成体]现在时：*похища́ю, похища́ешь, похища́ют*；过去时：*похища́л, похища́ла, похища́ло, похища́ли*；现在时主动形动词：*похища́ющий*；过去时主动形动词：*похища́вший*；现在时被动形动词：*похища́емый*；副动词：*похища́я* 偷走，窃取 *похи́тить докуме́нты* 窃取文件
влия́ть	[未完成体]*на кого́-что* 现在时：*влия́ю, влия́ешь, влия́ют*；过去时：*влия́л, влия́ла, влия́ло, влия́ли*；现在时主动形动词：*влия́ющий*；过去时主动形动词：*влия́вший*；副动词：*влия́я*//*повлия́ть*[完成体]过去时主动形动词：*повлия́вший*；副动词：*повлия́в*（有）影响，起作用 *влия́ть на молодёжь* 影响年轻人 *влия́ть на зре́ние* 影响视力
хан	[阳性]单数：*хан, ха́на, ха́ну, ха́на, ха́ном, о ха́не*；复数：*ха́ны, ха́нов, ха́нам, ха́нов, ха́нами, о ха́нах* 汗，可汗 *монго́льский хан* 蒙古可汗
благоро́дный	[形容词]长尾：*благоро́дная, благоро́дное, благоро́дные*；短尾：*благоро́ден, благоро́дна, благоро́дно, благоро́дны* 高尚的，崇高的；卓越的 *благоро́дный челове́к* 高尚的人 *благоро́дные чу́вства* 高尚的情操 *благоро́дное де́ло* 崇高的事业
отпусти́ть	[完成体]*кого́-что* 将来时：*отпущу́, отпу́стишь, отпу́стят*；过去时：*отпусти́л, отпусти́ла, отпусти́ло, отпусти́ли*；过去时主动形动词：*отпусти́вший*；过去时被动形动词：*отпу́щенный*；副动词：*отпусти́в*//*отпуска́ть* 现在时：*отпуска́ю, отпуска́ешь, отпуска́ют*；过去时：*отпуска́л, отпуска́ла, отпуска́ло, отпуска́ли*；现在时主动形动词：*отпуска́ющий*；过去时主动形动词：*отпуска́вший*；现在时被动形动词：*отпуска́емый*；副动词：*отпуска́я* 放……走开，准许……离去；（从手里）放开 *отпусти́ть дете́й на у́лицу* 放孩子们到街上去 *отпусти́ть сы́на на свобо́ду* 给儿子自由 *отпусти́ть письмо́ в почто́вый я́щик* 把信投到邮筒
воева́ть	[未完成体]现在时：*вою́ю, вою́ешь, вою́ют*，过去时：*воева́л, воева́ла, воева́ло, воева́ли*；现在时主动形动词：*вою́ющий*；过去时主动形动词：*воева́вший*；副动词：*вою́я* 作战，战斗；斗争 *воева́ть на войне́* 在战场上作战 *воева́ть за свобо́ду* 为自由而战
опа́сность	[阴性]单数：*опа́сность, опа́сности, опа́сности, опа́сность, опа́сностью, об опа́сности* 危险（性）*чу́вствовать опа́сность* 感到危险 *подверга́ться опа́сности* 遭遇危险
буди́ть	[未完成体]*кого́-что* 现在时：*бужу́, бу́дишь, бу́дят*；过去时：*буди́л, буди́ла, буди́ло, буди́ли*；现在时主动形动词：*будя́щий*；过去时主动形动词：*буди́вший*；现在时被动形动词：*буди́мый*；副动词：*будя́*//*разбуди́ть*[完成体]过去时主动形动词：*разбуди́вший*；过去时被动形动词：*разбуждённый*；

		副动词：*разбудив* 叫醒，唤醒；唤起 будить детей в школу 叫醒孩子们上学 будить в детях интерес к истории 激发孩子们对历史的兴趣
задержáть	[完成体]	кого-что 将来时：*задержý*, *задéржишь*, *задéржат*；过去时：*задержáл*, *задержáла*, *задержáло*, *задержáли*；过去时主动形动词：*задержáвший*；过去时被动形动词：*задéржанный*；副动词：*задержáв*//**задéрживать**[未完成体]现在时：*задéрживаю*, *задéрживаешь*, *задéрживают*；过去时：*задéрживал*, *задéрживала*, *задéрживало*, *задéрживали*；现在时主动形动词：*задéрживающий*；过去时主动形动词：*задéрживавший*；现在时被动形动词：*задéрживаемый*；副动词：*задéрживая* 阻拦，使耽搁；妨碍，推迟；逮捕 задержáть пóезд 拦截火车 задержáть свáдьбу 推迟婚期 задержáть нас до вéчера 把我们留到晚上 задержáть товáры 扣留货物 задержáть врагá 逮捕敌人
Днепр	[阳性]	单数：*Днепр*, *Днéпра*, *Днéпру*, *Днепр*, *Днéпром*, о *Днéпре* 第聂伯河
оркестрáнт	[阳性]	单数：*оркестрáнт*, *оркестрáнта*, *оркестрáнту*, *оркестрáнта*, *оркестрáнтом*, об *оркестрáнте*；复数：*оркестрáнты*, *оркестрáнтов*, *оркестрáнтам*, *оркестрáнтов*, *оркестрáнтами*, об *оркестрáнтах* 乐队队员 талáнтливый оркестрáнт 天才乐手
дирижёр	[阳性]	单数：*дирижёр*, *дирижёра*, *дирижёру*, *дирижёра*, *дирижёром*, о *дирижёре*；复数：*дирижёры*, *дирижёров*, *дирижёрам*, *дирижёров*, *дирижёрами*, о *дирижёрах* 指挥 дирижёр филармóнии 交响乐指挥
антрáкт	[阳性]	单数：*антрáкт*, *антрáкта*, *антрáкту*, *антрáкт*, *антрáктом*, об *антрáкте* 幕间休息 в антрáкте 在幕间休息时
фон	[阳性]	单数：*фон*, *фóна*, *фóну*, *фон*, *фóном*, о *фóне* 底色；背景 голубóй фон 蓝底 на фóне международных событий 以国际事件为背景
интерьéр	[阳性]	单数：*интерьéр*, *интерьéра*, *интерьéру*, *интерьéр*, *интерьéром*, об *интерьéре* 室内装修；室内装饰，内部装饰 интерьéр кóмнаты 房间的装修 интерьéр стáнции метрó 地铁站的装修
дéйствие	[中性]	单数：*дéйствие*, *дéйствия*, *дéйствию*, *дéйствие*, *дéйствием*, о *дéйствии*；复数：*дéйствия*, *дéйствий*, *дéйствиям*, *дéйствия*, *дéйствиями*, о *дéйствиях*（戏剧中的）幕；运转；作用，效果；行为，举止 комéдия в трёх дéйствиях 三幕喜剧 привести мáшину в дéйствие 开动机器 покáивающее дéйствие 镇静作用 подвергáться позитивному дéйствию 受到正面影响 óбраз дéйствий 行为方式
пляска	[阴性]	单数：*пляска*, *пляски*, *пляске*, *пляску*, *пляской*, о *пляске* 跳舞；舞蹈（通常指民间舞蹈）весёлая пляска 欢快的舞蹈
талáнтливый	[形容词]	长尾：*талáнтливая*, *талáнтливое*, *талáнтливые*；短尾：*талáнтлив*, *талáнтлива*, *талáнтливо*, *талáнтливы* 天才的；完美的 талáнтливый писáтель 天才作家 талáнтливое произведéние 完美的作品
трýппа	[阴性]	单数：*трýппа*, *трýппы*, *трýппе*, *трýппу*, *трýппой*, о *трýппе*；复数：*трýппы*, *трупп*, *трýппам*, *трýппы*, *трýппами*, о *трýппах* 剧团，戏班

оперная труппа 歌剧团 труппа Большого театра 大剧院的剧团

декорáция [阴性]单数：декорáция, декорáции, декорáции, декорáцию, декорáцией, о декорáции 布景，舞台装置 писáть декорáцию 画舞台背景 менять декорáцию 换舞台背景

аплодисме́нты [复数] аплодисме́нтов, аплодисме́нтам, аплодисме́нты, аплодисме́нтами, о аплодисме́нтах 掌声，鼓掌 бу́рные аплодисме́нты 暴风雨般的掌声

шагáть [未完成体]现在时：шагáю, шагáешь, шагáют；过去时：шагáл, шагáла, шагáло, шагáли；现在时主动形动词：шагáющий；过去时主动形动词：шагáвший；副动词：шагáя // **шагну́ть** [完成体] 将来时：шагну́, шагнёшь, шагну́т；过去时：шагну́л, шагну́ла, шагну́ло, шагну́ли；过去时主动形动词：шагну́вший；副动词：шагну́в 走，行进，前进，迈过，跨过 шагáть по доро́ге 沿着街道行走 шагáть че́рез поро́г 跨过门槛

ю́ный [形容词] ю́ная, ю́ное, ю́ные 年少的；青年的，青春的 ю́ный геро́й 少年英雄 ю́ные го́ды 青春年代

сде́латься [完成体] кем-чем 将来时：сде́лаюсь, сде́лаешься, сде́лаются；过去时：сде́лался, сде́лалась, сде́лалось, сде́лались；过去时主动形动词：сде́лавшийся；副动词：сде́лавшись // **де́латься** [未完成体] 现在时主动形动词：де́лающийся；过去时主动形动词：де́лавшийся；副动词：де́лаясь 成为，变成 сде́латься бизнесме́ном 成为商人 сде́латься краси́вым 变得漂亮

исключи́ть [完成体] кого́-что 将来时：исключу́, исключи́шь, исключáт；过去时：исключи́л, исключи́ла, исключи́ло, исключи́ли；过去时主动形动词：исключи́вший；过去时被动形动词：исключённый；副动词：исключи́в 开除，除名；取消，除掉，排除 исключи́ть студе́нта из университе́та 开除学生 исключи́ть не́сколько номеро́в из програ́ммы 从节目单中删除几个节目 исключи́ть опа́сность 排除危险

учи́лище [中性]单数：учи́лище, учи́лища, учи́лищу, учи́лище, учи́лищем, об учи́лище；复数：учи́лища, учи́лищ, учи́лищам, учи́лища, учи́лищами, об учи́лищах 学校(多指专门性的中等学校) техни́ческое учи́лище 技校

запреще́ние [中性]单数：запреще́ние, запреще́ния, запреще́нию, запреще́ние, запреще́нием, о запреще́нии 禁止 запреще́ние пить вино́ 禁止饮酒 запреще́ние куре́ния 禁止吸烟 подверга́ться запреще́нию 被禁止

многокрáтно [副词] 多次 многокрáтно спрáшивать один и тот же вопро́с 多次问同一个问题

нару́шить [完成体] что 将来时：нару́шу, нару́шишь, нару́шат；过去时：нару́шил, нару́шила, нару́шило, нару́шили；过去时主动形动词：нару́шивший；过去时被动形动词：нару́шенный；副动词：нару́шив // **наруша́ть** [未完成体] 现在时：наруша́ю, наруша́ешь, наруша́ют；过去时：наруша́л, наруша́ла, наруша́ло, наруша́ли；现在时主动形动词：наруша́ющий；过去时主动形动词：наруша́вший；现在时被动形动词：наруша́емый；副动词：наруша́я

破坏,扰乱;违犯,不遵守 нарушáть тишинý 打破沉寂 нарушáть прáвила ýличного движéния 不遵守交通规则

перевестúсь	[完成体]将来时: переведýсь, переведёшься, переведýтся; 过去时: перевёлся, перевелáсь, перевелóсь, перевелúсь; 过去时主动形动词: переведшийся; 副动词: переведясь//**переводúться**[未完成体]现在时: перевожýсь, перевóдишься, перевóдятся; 过去时: переводúлся, переводúлась, переводúлось, переводúлись; 现在时主动形动词: переводящийся; 过去时主动形动词: переводúвшийся; 副动词: переводясь 调任, 转到 перевестúсь на другýю рабóту 转到另一个地方工作
чужóй	[形容词]чужáя, чужóе чужúе 别人的, 外人的; 外人 чужáя странá 异国他乡 чужúе вéщи 别人的东西
плодотвóрно	[副词]卓有成效地 рабóтать плодотвóрно 工作得有成果
выпускáть	[未完成体] когó-что 现在时: выпускáю, выпускáешь, выпускáют; 过去时: выпускáл, выпускáла, выпускáло, выпускáли; 现在时主动形动词: выпускáющий; 过去时主动形动词: выпускáвший; 现在时被动形动词: выпускáемый; 副动词: выпускáя//**выпустить**[完成体]将来时: выпущу, выпустишь, выпустят; 过去时: выпустил, выпустила, выпустило, выпустили; 过去时主动形动词: выпустивший; 过去时被动形动词: выпущенный; 副动词: выпустив 放走, 释放; 使毕业; 生产, 制造, 出版 выпустить пассажúров в вагóн 放乘客上车 выпустить лошадéй в степь 把马放到草原上 выпустить инженéров 培养工程师 выпустить студéнтов 让大学生毕业 выпустить машúны 生产机器 выпустить журнáлы 出版杂志
рабá	[阴性]单数: рабá, рабы́, рабé, рабý, рабóй, о рабé 奴隶 В те временá женá былá рабóй своегó мýжа. 当时妻子是丈夫的奴隶。
механúческий	[形容词]механúческая, механúческое, механúческие 机械的; 机械式的 механúческий цех 机械加工车间 механúческая энéргия 机械能 механúческие движéния рукú 手的机械运动
пианúно	[中性,不变]竖式钢琴 игрáть на пианúно 弹钢琴
родня́	[阴性]单数: родня́, роднú, роднé, родню́, роднёй, о роднé 亲人 мнóго роднú 很多亲戚 дáльняя родня́ 远亲
свидéтель	[阳性]单数: свидéтель, свидéтеля, свидéтелю, свидéтеля, свидéтелем, о свидéтеле; 复数: свидéтели, свидéтелей, свидéтелям, свидéтелей, свидéтелями, о свидéтелях 见证人; 目击者 свидéтель собы́тия 事件的见证人 свидéтель преступлéния 罪行的目击者
всесою́зный	[形容词]всесою́зная, всесою́зное, всесою́зные 全苏联的 всесою́зная пéрепись населéния 全苏人口普查
параллéльно	[副词]平行地; 并行地, 同时地 приводúть две лúнии параллéльно 画两条平行线 Он дирижёр, параллéльно снимáется как актёр. 他是一个指挥, 同时还是一名演员拍电影。

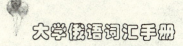

звёздный	[形容词] звёздная, звёздное, звёздные 星星的；明星的 звёздный свет 星光 звёздный актёр комедии 喜剧明星
жестóкий	[形容词] 长尾：жестóкая, жестóкое жестóкие；短尾：жестóк, жестóка, жестóко, жестóки；比较级：жестóче；最高级：жесточáйший 残酷的 жестóкий человéк 冷酷无情的人 жестóкая борьбá 残酷的斗争
ромáнс	[阳性] 单数：ромáнс, ромáнса, ромáнсу, ромáнса, ромáнсом, о ромáнсе 浪漫曲 жестóкий ромáнс 残酷的浪漫曲
гениáльный	[形容词] 长尾：гениáльная, гениáльное, гениáльные；短尾：гениáлен, гениáльна, гениáльно, гениáльны 天才的，完美的 гениáльный учёный 天才科学家 гениáльное произведéние 完美的作品
организáтор	[阳性] 单数：организáтор, организáтора, организáтору, организáтора, организáтором, об организáторе；复数：организáторы, организáторов, организáторам, организáторов, организáторами, об организáторах 组织者，有组织能力的人 организáтор вéчера 晚会的组织者 организáтор выстáвки 展会主办方
киносъёмка	[阴性] 单数：киносъёмка, киносъёмки, киносъёмке, киносъёмку, киносъёмкой, о киносъёмке 电影摄影 занимáться киносъёмкой 拍电影
заклéивать	[未完成体] что 现在时：заклéиваю, заклéиваешь, заклéивают；过去时：заклéивал, заклéивала, заклéивало, заклéивали；现在时主动形动词：заклéивающий；过去时主动形动词：заклéивавший；现在时被动形动词：заклéиваемый；副动词：заклéивая // заклéить [完成体] 将来时：заклéю, заклéешь, заклéют；过去时：заклéил, заклéила, заклéило, заклéили；过去时主动形动词：заклéивший；过去时被动形动词：заклéенный；副动词：заклéив 糊住，糊起来，粘住 заклéить письмó 把信封上
тóнна	[阴性] 单数：тóнна, тóнны, тóнне, тóнну, тóнной, о тóнне；复数：тóнны, тонн, тóннам, тóнны, тóннами, о тóннах 吨 две тóнны ýгля 两吨煤
середúна	[阴性] 单数：середúна, середúны, середúне, середúну, середúной, о середúне 中间；中期 середúна кóмнаты 房屋的中间 в середúне сцéны 在舞台的中央 середúна дня 中午 середúна лéта 仲夏
легендáрный	[形容词] легендáрная, легендáрное, легендáрные 传说的，轶闻的 легендáрная истóрия 传奇故事 легендáрная фигýра 传奇人物
кумúр	[阳性] 单数：кумúр, кумúра, кумúру, кумúра, кумúром, о кумúре；复数：кумúры, кумúров, кумúрам, кумúров, кумúрами, о кумúрах 偶像，神像；受崇拜的人或物 кумúр молодёжи 年轻人的偶像 кумúр лúчности 个人崇拜
пýблика	[阴性] 单数：пýблика, пýблики, пýблике, пýблику, пýбликой, о пýблике 观众，听众；人们，人群 театрáльная пýблика 剧场观众 быть в пýблике 在人群中
Ургá	[阴性] 单数：Ургá, Ургú, Ургé, Ургý, Ургóй, об Ургé 库伦（乌兰巴托的旧称）
монгóльский	[形容词] монгóльская, монгóльское, монгóльские 蒙古的，蒙古人的 монгóльс-

кий язы́к 蒙古语 монго́льская национа́льность 蒙古族

при́знанный	[形容词]	при́знанная, при́знанное, при́знанные 公认的, 博得好评的 при́знанный тала́нт 公认的天才 при́знанный специали́ст 公认的专家
номини́рован	[短尾]	номини́рована, номини́ровано, номини́рованы 获得提名; 被提名 номини́рован на «Оска́р» 被提名奥斯卡奖
фонд	[阳性]	单数: фонд, фо́нда, фо́нду, фонд, фо́ндом, о фо́нде; 复数: фо́нды, фо́ндов, фо́ндам, фо́нды, фо́ндами, о фо́ндах 基金; 总量, 资源 фонд ру́сского языка́ 俄语基金 музе́йные фо́нды 博物馆收藏品总额
приступи́ть	[完成体]	к чему́ 将来时: приступлю́, присту́пишь, присту́пят; 过去时: приступи́л, приступи́ла, приступи́ло, приступи́ли; 过去时主动形动词: приступи́вший; 副动词: приступи́в // приступа́ть [未完成体] 现在时: приступа́ю, приступа́ешь, приступа́ют; 过去时: приступа́л, приступа́ла, приступа́ло, приступа́ли; 现在时主动形动词: приступа́ющий; 过去时主动形动词: приступа́вший; 副动词: приступа́я 开始, 着手 приступи́ть к рабо́те 开始工作 приступи́ть к экза́менам 着手准备考试
Гран-при́	[中性, 不变]	大奖 получи́ть Гран-при́ на кинофестива́ле 在电影节上获大奖
ка́ссовый	[形容词]	ка́ссовая, ка́ссовое, ка́ссовые 售票处的 ка́ссовые нали́чные 现款 ка́ссовый фильм 卖座率高的影片 ка́ссовый успе́х 高额票房收入
сбор	[阳性]	单数: сбор, сбо́ра, сбо́ру, сбор, сбо́ром, о сбо́ре 征收的款; 收集 ка́ссовый сбор 票房收入 сбор овоще́й 收菜 сбор цвето́в 采花
до́ллар	[阳性]	单数: до́ллар, до́ллара, до́ллару, до́ллар, до́лларом, о до́лларе; 复数: до́ллары, до́лларов, до́лларам, до́ллары, до́лларами, о до́лларах 美元 де́сять до́лларов 十美元
оригина́льный	[形容词]	长尾: оригина́льная, оригина́льное, оригина́льные; 短尾: оригина́лен, оригина́льна, оригина́льно, оригина́льны 独创的, 非模仿的; 原文的 оригина́льный тала́нт 独特的才能 оригина́льные взгля́ды 独到的见解 оригина́льное сочине́ние 原著
ито́г	[阳性]	单数: ито́г, ито́га, ито́гу, ито́г, ито́гом, об ито́ге; 复数: ито́ги, ито́гов, ито́гам, ито́ги, ито́гами, об ито́гах 总数; 结果 о́бщие ито́ги 总数 ито́г экза́мена 考试结果 в коне́чном ито́ге 归根结底
облада́тель	[阳性]	单数: облада́тель, облада́теля, облада́телю, облада́теля, облада́телем, об облада́теле; 复数: облада́тели, облада́телей, облада́телям, облада́телей, облада́телями, об облада́телях 享有者, 占有者 облада́тель прия́тного го́лоса 有好嗓子的人 облада́тель тала́нта 有才能的人
масшта́бный	[形容词]	масшта́бная, масшта́бное масшта́бные 大规模的, 大范围的 масшта́бный пара́д 大规模阅兵式 масшта́бное де́ло 规模宏大的事业
продолже́ние	[中性]	单数: продолже́ние, продолже́ния, продолже́нию, продолже́ние, продолже́нием, о продолже́нии 延长部分, 继续部分 продолже́ние рабо́ты 继续工作 продолже́ние доро́ги 道路的延长部分 Продолже́ние рома́на в сле́дующем но́мере журна́ла. 长篇小说在下期杂志继续刊载。

возглавля́ть	[未完成体] *кого́-что* 现在时: *возглавля́ю, возглавля́ешь, возглавля́ют*; 过去时: *возглавля́л, возглавля́ла, возглавля́ло, возглавля́ли*; 现在时主动形动词: *возглавля́ющий*; 过去时主动形动词: *возглавля́вший*; 现在时被动形动词: *возглавля́емый*; 副动词: *возглавля́я*//***возгла́вить*** [完成体] 将来时: *возгла́влю, возгла́вишь, возгла́вят*; 过去时: *возгла́вил, возгла́вила, возгла́вило, возгла́вили*; 过去时主动形动词: *возгла́вивший*; 过去时被动形动词: *возгла́вленный*; 副动词: *возгла́вив* 主持, 领导, 率领 *возгла́вить коми́ссию* 主持委员会 *возгла́вить движе́ние* 领导运动 *возгла́вить экспеди́цию* 率领考察团队
кинематогра-фи́ст	[阳性] 单数: *кинематографи́ст, кинематографи́ста, кинематографи́сту, кинематографи́ста, кинематографи́стом, о кинематографи́сте*; 复数: *кинематографи́сты, кинематографи́стов, кинематографи́стам, кинематографи́стов, кинематографи́стами, о кинематографи́стах* 电影工作者 *съезд кинематографи́стов* 电影工作者代表大会
обще́ственный	[形容词] *обще́ственная, обще́ственное, обще́ственные* 社会的; 公有的 *обще́ственная рабо́та* 社会工作 *обще́ственная библиоте́ка* 公共图书馆 *обще́ственные места́* 公共场所
де́ятельность	[阴性] 单数: *де́ятельность, де́ятельности, де́ятельности, де́ятельность, де́ятельностью, о де́ятельности* 活动, 工作 *обще́ственная де́ятельность* 社会活动
возрожде́ние	[中性] 单数: *возрожде́ние, возрожде́ния, возрожде́нию, возрожде́ние, возрожде́нием, о возрожде́нии* 复活, 复兴, 恢复 *возрожде́ние промы́шленности* 恢复工业 *эпо́ха Возрожде́ния*(欧洲)文艺复兴时代

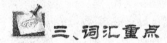

三、词汇重点

дневни́к	[阳性] 单数: *дневни́к, дневника́, дневнику́, дневни́к, дневнико́м, о дневнике́*; 复数: *дневники́, дневнико́в, дневника́м, дневники́, дневника́ми, о дневника́х* 日记, 日志; 中小学生(用以记录作业、成绩的)手册 *дневни́к рабо́ты* 工作日志 *вести́ дневни́к* 写日记 *учени́ческий дневни́к* 学生手册 *подписа́ть дневни́к* 在学生手册上签字
	[注意] *дневни́к* 变格时重音后移
боеви́к	[阳性] 单数: *боеви́к, боевика́, боевику́, боеви́к, боевико́м, о боевике́*; 复数: *боевики́, боевико́в, боевика́м, боевики́, боевика́ми, о боевика́х* 动作片 *смотре́ть боеви́к* 看动作片
	[注意] *боеви́к* 变格时重音后移
лев	[阳性] 单数: *лев, льва, льву, льва, львом, о льве*; 复数: *львы, львов, львам, львов, льва́ми, о львах* 狮子 *сме́лый как лев* 像狮子一样勇敢的
	[注意] *лев* 变格时-е-脱落, 改为-ь-, 重音后移
распрода́ть	[完成体] *кого́-что* 将来时: *распрода́м, распрода́шь, распрода́ст, распродади́м,*

		распродадúте, *распродадýт*；过去时：*распрóдал*, *распродалá*, *распрóдало*, *распрóдали*；过去时主动形动词：*распродáвший*；过去时被动形动词：*распрóданный*；副动词：*распродáв*// **распродавáть**［未完成体］现在时：*распродаю́*, *распродаёшь*, *распродаю́т*；过去时：*распродавáл*, *распродавáла*, *распродавáло*, *распродавáли*；现在时主动形动词：*распродаю́щий*；过去时主动形动词：*распродавáвший*；现在时被动形动词：*распродавáемый*；副动词：*распродавáя* 售完，卖光 распродáть билéты на пóезд 卖光火车票
		［注意］распродáть 变位特殊，过去时重音变化
ýровень	［阳性］	单数：*ýровень*, *ýровня*, *ýровню*, *ýровень*, *ýровнем*, *об ýровне* 水位，水平面；水平，程度 ýровень воды́ в рекé 河水的水位 ýровень над мóрем 海平面 жи́зненный ýровень населéния 居民的生活水平
князь	［阳性］	单数：*князь*, *кня́зя*, *кня́зю*, *кня́зя*, *кня́зем*, *о кня́зе*；复数：*князья́*, *князéй*, *князья́м*, *князéй*, *князья́ми*, *о князья́х*（罗斯时代的）公，公爵 вели́кий князь 大公 Ки́евские князья́ 基辅大公
		［注意］князь 的复数形式为 князья́，复数各格重音后移
пóловец	［阳性］	单数：*пóловец*, *пóловца*, *пóловцу*, *пóловца*, *пóловцем*, *о пóловце*；复数：*пóловцы*, *пóловцев*, *пóловцам*, *пóловцев*, *пóловцами*, *о пóловцах* 波洛伏齐人 (11—13世纪初欧洲东南部突厥游牧民族)
		［注意］пóловец 变格时 -е- 脱落
плен	［阳性］	单数：*плен*, *плéна*, *плéну*, *плен*, *плéном*, *о плéне*（*в пленý*）（被）俘虏 быть в пленý 当俘虏 взять врагá в плен 抓住敌人 当俘虏
		［注意］плен 与 в 连用时，单数第六格为 пленý
лáгерь	［阳性］	单数：*лáгерь*, *лáгеря*, *лáгерю*, *лáгерь*, *лáгерем*, *о лáгере*；复数：*лагеря́*, *лагерéй*, *лагеря́м*, *лагеря́*, *лагеря́ми*, *о лагеря́х* 宿营地，野营地；集中营 лéтний лáгерь 夏令营 лáгерь тури́стов 游客宿营地
		［注意］лáгерь 的复数形式有两种：лáгери 和 лагеря́
зять	［阳性］	单数：*зять*, *зя́тя*, *зя́тю*, *зя́тя*, *зя́тем*, *о зя́те*；复数：*зятья́*, *затьёв*, *зятья́м*, *зятьёв*, *зятья́ми*, *о зятья́х* 女婿，姐夫，妹夫
		［注意］зять 的复数形式为 зятья́，复数各格的重音后移
лёд	［阳性］	单数：*лёд*, *льда*, *льду*, *лёд*, *льдом*, *о льде*（*на льдý*）冰 катáться на льдý 滑冰
		［注意］лёд 变格时 -ё- 脱落，变成 -ь-；лёд 与 на 连用时单数第六格为 льдý
óко	［中性］	单数：*óко*, *óка*, *óку*, *óко*, *óком*, *об óке*；复数：*óчи*, *очéй*, *очáм*, *óчи*, *очáми*, *об очáх* 眼睛 беречь óчи 爱护眼睛
		［注意］óко 的复数为 óчи
степь	［阴性］	单数：*степь*, *стéпи*, *стéпи*, *степь*, *стéпью*, *о стéпи*（*в степи́*）；复数：*стéпи*, *степéй*, *степя́м*, *стéпи*, *степя́ми*, *о степя́х* 草原；荒原；原野

широ́кая степь 广阔的草原 прое́хать че́рез степь 穿过草原

[注意] степь 与 в 连用时第六格为 степи́; степь 的复数第二、三、五、六格重音后移

四、词汇记忆

дневни́к	日记,日志;中小学生(用以记录作业、成绩的)手册	diary, journal
пре́мия	奖品,奖金	prize
коме́дия	喜剧作品,喜剧	comedy
мелодра́ма	情节剧,传奇剧	melodrama
боеви́к	动作片	action movie
одино́чество	孤独;孤寂生活	alone
поэте́сса	女诗人	poetess
про́за	非诗体文学,无韵文,散文	prose
пье́са	剧本;(不长的)乐曲	play, drama
лев	狮子	lion
медве́дь	熊;熊科	bear
дра́ма	戏剧;戏剧作品,正剧,悲剧;悲惨的事	drama
экраниза́ция	搬上银幕,拍成电影	screen version
заму́жняя	有夫之妇,已婚妇女	married (woman)
филармо́ния	爱乐协会,音乐团,音乐厅	philharmonic, concert hall
афи́ша	海报,(演出)广告	poster
восприя́тие	知觉,认识,理解	perception
смысл	意义,涵义,意义	meaning
кла́ссик	经典艺术家,大科学家;古典主义者	classical author, classical scholar
ге́ний	天才(指才能),独创的才能;天才(指人)	genius
лауреа́т	(重大)奖金获得者,获奖(金)者	laureate, winner
кругозо́р	视界,视野;眼界	outlook, horizon
иро́ния	讽刺,讥讽	irony
шеде́вр	杰作,代表作品	masterpiece, masterwork
у́ровень	水位,水平面;水平,程度	level
доказа́тельство	证据,证明,论据	evidence, argument
Оска́р	奥斯卡奖	Oscar
траги́ческий	悲剧(式)的;演悲剧的;悲惨的	tragic
драмати́ческий	戏剧的,悲剧的;装模作样的;充满戏剧性的,紧张的	dramatic

абсолю́тный	绝对的；完全的	absolute
развлека́тельный	供消遣的，供娱乐的	entertainment, leisure
челове́чный	有人性的；人道的；仁慈的	human
очеви́дный	显然的，无疑的	obvious
достава́ть//доста́ть	拿，取；搞到，弄到	to get, reach
заставля́ть//заста́вить	强迫，迫使	to orce
исполня́ть//испо́лнить	扮演，表演	to perform
приобща́ть//приобщи́ть	使参加，使熟悉	to introduce
распродава́ть//распрода́ть	售完，卖光	to sell out
посмея́ться	笑一会儿，笑一阵；嘲笑	to laugh
нужда́ться	受穷，过贫穷的生活；需要	to need, require
зря	徒然，枉然；平白地，不应该地	in vain
наверняка́	无疑地，一定地；有十分把握地	certainly, surely
тем бо́лее	不但如此，而且	ospecially

~~~~~~~~~~~~~~~~~~~~~~~~~~~~~~~~~~

о́пера	歌剧；歌剧院	opera
прохо́жий	过路人	passer
парте́р	(剧场大厅前排正中的)池座	stalls
фойе́	(剧院、电影院等的)休息室	foyer, lobby
князь	(罗斯时代的)公；公爵	prince, ruler
по́ловец	波洛伏齐人(11—13 世纪初欧洲东南部突厥游牧民族)	the Polovtsian
затме́ние	(日、月)食	eclipse
знак	标记；征兆；手势，信号；符号	sign
плен	(被)俘虏	vprisoner
хан	汗，可汗	Khan
опа́сность	危险(性)	danger
ла́герь	宿营地，野营地；集中营	camp
зять	女婿，姐夫，妹夫	son in law, in-law
Днепр	第聂伯河	Dnepr
оркестра́нт	乐队队员	orchestra
дирижёр	指挥	conductor
антра́кт	幕间休息	intermission
фон	底色；背景	background
интерье́р	室内装修；室内装饰，内部装饰	interior
де́йствие	(戏剧中的)幕；运转；作用，效果；行为，举止	action, effect
пля́ска	跳舞；舞蹈(通常指民间舞蹈)	dance
тру́ппа	剧团，戏班	dance company
декора́ция	布景，舞台装置	decoration

аплодисме́нты	掌声,鼓掌	applause
благоро́дный	高尚的,崇高的;卓越的	noble, gentle
тала́нтливый	天才的;完美的	talented, difted
восхища́ться//восхити́ться	赞叹,赞赏,赞美,钦佩	to admire
умоля́ть//умоли́ть	恳求,央求	to beg
забо́титься//позабо́титься	担心;关心	to care, take care
пья́нствовать	酗酒,狂欢,纵饮无度	to drink, booze
похища́ть//похи́тить	偷走,窃走	to steal, rob
влия́ть//повлия́ть	(有)影响,起作用	to affect, influence
отпуска́ть//отпусти́ть	放……走开,准许……离去;(从手下里)放开	to let go, dismiss
воева́ть	作战,战斗;斗争	to fight
буди́ть//разбуди́ть	叫醒,唤醒;唤起	to wake
заде́рживать//задержа́ть	阻拦,使耽搁;妨碍,推迟;逮捕	to detain
нетерпели́во	没耐心地,急切地	impatiently, eagerly
про́тив	对着;反对;消灭;不同意,反对	against

учи́лище	学校(多指专门性的中等学校)	school, academy
запреще́ние	禁止	prohibition
раба́	奴隶	servant
пиани́но	竖式钢琴	piano
родня́	亲人	relative
свиде́тель	见证人;目击者	eyewitness
рома́нс	浪漫曲	romance
организа́тор	组织者,有组织能力的人	organizer
киносъёмка	电影摄影	filming
то́нна	吨	ton, tonne
лёд	冰	ice
середи́на	中间;中期	middle, midst
куми́р	偶像,神像;受崇拜的人或物	idol
пу́блика	观众,听众;人们,人群	audience, crowd
о́ко	眼睛	eye
Урга́	库伦(乌兰巴托的旧称)	Urga
степь	草原;荒原;原野	steppe
фонд	基金;总量;资源	fund, foundation
Гран-при́	大奖	Gand Prix
сбор	征收的款;收集	collection, fee
до́ллар	美元	dollar
ито́г	总数;结果	result, summary
облада́тель	享有者,占有者	owner

продолжéние	延长部分,继续部分	continuation
кинематографи́ст	电影工作者	cinematographer
дéятельность	活动,工作	activity
возрождéние	复活,复兴,恢复	revival, rebirth
ю́ный	年少的;青年的,青春的	young
чужóй	别人的,外人的;外人	other, strange
механи́ческий	机械的;机械式的	mechanical
всесою́зный	全苏联的	USSR
звёздный	星星的;明星的	star
жестóкий	残酷的	harsh
гениáльный	天才的,完美的	genius
легендáрный	传说的,轶闻的	legend
монгóльский	蒙古的,蒙古人的	Mongdian
при́знанный	公认的,博得好评的	recognized
номини́рован	获得提名;被提名	to be nominated
кáссовый	售票处的	cash, cashier
оригинáльный	独创的,非模仿的;原文的	original
масштáбный	大规模的,大范围的	scale, large
обществéнный	社会的;公有的	public, social
шагáть//шагнýть	走,行进,前进;迈过,跨过	to step
дéлаться//сдéлаться	成为,变成	to be
исключáть//исключи́ть	开除,除名;取消,除掉,排除	to exclude
нарушáть//нарýшить	破坏,扰乱;违反,不遵守	to violate, break
переводи́ться//перевести́сь	调任,转到	to transfer, move
выпускáть//вы́пустить	放走,释放;使毕业;生产,制造,出版	to produce, publish, let
заклéивать//заклéить	糊住,糊起来,粘住	to seal, stick
приступáть//приступи́ть	开始,着手	to start
возглавля́ть//возглáвить	主持,领导,率领	to head, lead
многокрáтно	多次	repeatedly
плодотвóрно	卓有成效地	fruitfully
параллéльно	平行地;并行地,同时地	in parallel

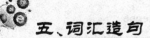
五、词汇造句

доставáть//достáть　　[未//完成体] когó-чтó 拿,取;搞到,弄到

Ученики́ достáли кни́гу из сýмки. 学生们把书从书包里拿出来。

Брат достáл дéньги из кармáна. 弟弟从兜里掏出钱来。

Мы достáли билéты на концéрт. 我们弄到了音乐会的门票。

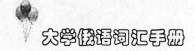

заставлять// заставить	[未//完成体] *кого-что* 强迫,迫使

Родители заставляют детей заниматься спортом. 家长要孩子们锻炼身体。

Дождь заставил туристов вернуться в гостиницу. 下雨迫使游客返回宾馆。

нуждаться	[未完成体] 受穷,过贫穷的生活;*в чём* 需要

После смерти отца семья несколько лет нуждалась. 父亲死后家里过了几年贫困的日子。

Дети нуждаются в друзьях. 孩子们需要朋友。

Больной нуждается в усиленном питании. 病人需要加强营养。

Здание нуждается в ремонте. 楼房需要修理。

восхищаться// восхититься	[未//完成体] *кем-чем* 赞叹,赞赏,赞美,钦佩

Зрители восхищаются артистом балета. 观众对芭蕾舞男演员钦佩不已。

Туристы восхитились красотой природы. 游客们赞叹大自然的美景。

умолять// умолить	[未//完成体] *кого-что* 恳求,央求

Дети умолили мать простить. 孩子们请求母亲原谅。

Юноша умоляет девушку встретиться. 男孩请求和女孩见面。

заботиться// позаботиться	[未//完成体] *о ком-чём* 担心;关心

Родители заботятся о будущем сына. 父母担心儿子的未来。

Учитель заботится об учениках. 老师关心学生。

исключать// исключить	[未//完成体] *кого-что* 开除,除名;取消,除掉,排除

Ленина иключили из Казанского университета за революционную деятельность. 列宁因参加革命活动被喀山大学开除。

Милиция исключила опасность. 警察排除了危险。

выпускать// выпустить	[未//完成体] *кого-что* 放走,释放;使毕业;生产,制造;出版

Старик выпустил птицу на свободу. 老人放飞小鸟自由飞翔。

Технический университет выпускает инженеров. 工业大学培养工程师。

Завод выпускает машины. 工厂生产机器。

Издательство выпускает новые книги. 出版社出版新书。

приступать// приступить	[未//完成体] *к чему* 开始,着手

Начало́сь но́вое полуго́дие, и студе́нты приступи́ли к учё-бе. 新学期开学了，大学生们开始着手学习。

Специали́сты присту́пят к обсужде́нию сле́дующего вопро́са. 专家们将开始讨论下一个问题。

возглавля́ть//возгла́вить ［未//完成体］*кого́-что* 主持，领导，率领

Профе́ссор до́лгое вре́мя возглавля́ет ка́федру ру́сского языка́. 教授主持俄语教研室工作很长时间了。

Учёный возгла́вил экспеди́цию. 科学家领导考察队。

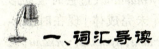

第十二课

一、词汇导读

本课以节日为主题,记住各种节日的名称。

二、词汇注释

приглашéние [中性]单数:*приглашéние, приглашéния, приглашéнию, приглашéние, приглашéнием, о приглашéнии* 邀请;请柬 *официáльное приглашéние* 正式邀请 *приглашéние на новосéлье* 邀请参加乔迁宴会 *получúть приглашéние* 收到邀请(函)

обдýмать [完成体]*что* 将来时:*обдýмаю, обдýмаешь, обдýмают*;过去时:*обдýмал, обдýмала, обдýмало, обдýмали*;过去时主动形动词:*обдýмавший*;过去时被动形动词:*обдýманный*;副动词:*обдýмав*//**обдýмывать** [未完成体]现在时:*обдýмываю, обдýмываешь, обдýмывают*;过去时:*обдýмывал, обдýмывала, обдýмывало, обдýмывали*;现在时主动形动词:*обдýмывающий*;过去时主动形动词:*обдýмывавший*;现在时被动形动词:*обдýмываемый*;副动词:*обдýмывая* 斟酌,深思熟虑 *обдýмать план* 周密考虑计划

предложéние [中性]单数:*предложéние, предложéния, предложéнию, предложéние, предложéнием, о предложéнии*;复数:*предложéния, предложéний, предложéниям, предложéния, предложéниями, о предложéниях* 建议,提议 *принять предложéние* 通过提议 *согласúться с предложéниями* 同意提议

юбилéй [阳性]单数:*юбилéй, юбилéя, юбилéю, юбилéй, юбилéем, о юбилéе*;复数:*юбилéи, юбилéев, юбилéям, юбилéи, юбилéями, о юбилéях* (周年)纪念日;(周年)庆祝会 *отмечáть юбилéй* 庆祝周年纪念 *столéтний юбилéй университéта* 大学建校一百年纪念日

прóводы [复数]*прóводов, прóводам, прóводы, прóводами, о прóводах* 送别;饯行 *устрóить прóводы* 举行欢送会,饯行

сáнки [复数]*сáнок, сáнкам, сáнки, сáнками, о сáнках* 雪橇 *катáться на сáнках* 滑雪橇

религиóзный [形容词]*религиóзная, религиóзное, религиóзные* 宗教的;信教的 *религиóзное представлéние* 宗教观念 *религиóзный человéк* 信教的人

правослáвный [形容词]*правослáвная, правослáвное, правослáвные* 东正教的;信奉东正教的 *правослáвный собóр* 东正教堂 *правослáвное населéние* 信奉东正教的

· 143 ·

		居民
осо́бый	[形容词]	осо́бая, осо́бое, осо́бые 特别的；独特的 осо́бое де́ло 特别事件 осо́бое усло́вие 特殊条件 осо́бый тала́нт 出众的才能
кану́н	[阳性]	单数：кану́н, кану́на, кану́ну, кану́н, кану́ном, о кану́не 前夕 в кану́н пра́здника 节日前夕
пусти́ть	[完成体]	кого́-что 将来时：пущу́, пу́стишь, пу́стят；过去时：пусти́л, пусти́ла, пусти́ло, пусти́ли；过去时主动形动词：пусти́вший；过去时被动形动词：пу́щенный；副动词：пусти́в//пуска́ть [未完成体] 现在时：пуска́ю, пуска́ешь, пуска́ют；过去时：пуска́л, пуска́ла, пуска́ло, пуска́ли；现在时主动形动词：пуска́ющий；过去时主动形动词：пуска́вший；现在时被动形动词：пуска́емый；副动词：пуска́я 放开；释放；发射 пусти́ть ма́льчика из рук 松手放开男孩 пусти́ть пассажи́ров в ваго́н 放乘客上车 пусти́ть дете́й гуля́ть 放孩子们散步 пусти́ть ка́мень в окно́ 向窗户投石块
хлопу́шка	[阴性]	单数：хлопу́шка, хлопу́шки, хлопу́шке, хлопу́шку, хлопу́шкой, о хлопу́шке；复数：хлопу́шки, хлопу́шек, хлопу́шкам, хлопу́шки, хлопу́шками, о хлопу́шках 爆竹 пуска́ть хлопу́шки 燃放爆竹
фейерве́рк	[阳性]	单数：фейерве́рк, фейерве́рка, фейерве́рку, фейерве́рк, фейерве́рком, о фейерве́рке 烟火，礼花 устро́ить фейерве́рк 放烟花
лу́нный	[形容词]	лу́нная, лу́нное, лу́нные 月亮的；有月光的 лу́нный календа́рь 农历阴历 лу́нная ночь 月夜 лу́нный свет 月光
ито́го	[副词]	总计，合计 ито́го 10 дней 共计 10 天
я́ркий	[形容词]	长尾：я́ркая, я́ркое, я́ркие；短尾：я́рок, ярка́, я́рко, я́рки；比较级：я́рче；最高级：ярча́йший 明亮的，灿烂的；晴朗的 я́ркий цвет 鲜艳的颜色 я́ркое со́лнце 灿烂的太阳 я́ркий день 晴朗的日子
пиро́жное	[中性]	单数：пиро́жное, пиро́жного, пиро́жному, пиро́жное, пиро́жным, о пиро́жном；复数：пиро́жные, пиро́жных, пиро́жным, пиро́жные, пиро́жными, о пиро́жных 甜点心，小蛋糕 вку́сное пиро́жное 可口的甜点心
изобрази́ть	[完成体]	кого́-что 将来时：изображу́, изобрази́шь, изобразя́т；过去时：изобрази́л, изобрази́ла, изобрази́ло, изобрази́ли；过去时主动形动词：изобрази́вший；过去时被动形动词：изображённый；副动词：изобрази́в//изобража́ть [未完成体] 现在时：изобража́ю, изобража́ешь, изобража́ют；过去时：изобража́л, изобража́ла, изобража́ло, изобража́ли；现在时主动形动词：изобража́ющий；过去时主动形动词：изобража́вший；现在时被动形动词：изобража́емый；副动词：изобража́я 描绘出，画出；描述 изобража́ть со́лнце на карти́не 在画上画太阳 изобража́ть вне́шность де́вушки 描述女孩的外貌
ри́совый	[形容词]	ри́совая, ри́совое, ри́совые 稻的，大米做的 ри́совые проду́кты 米制食品
ло́дочный	[形容词]	ло́дочная, ло́дочное, ло́дочные 船的 устро́ить ло́дочное соревнова́ние

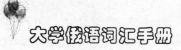

		举办划船比赛
моги́ла	[阴性]	单数：моги́ла, моги́лы, моги́ле, моги́лу, моги́лой, о моги́ле；复数：моги́лы, моги́л, моги́лам, моги́лы, моги́лами, о моги́лах 坟墓 навеща́ть моги́лу 扫墓 моги́ла Неизве́стного солда́та（莫斯科）无名烈士墓
поко́йный	[阳性]	单数：поко́йный, поко́йного, поко́йному, поко́йного, поко́йным, о поко́йном；复数：поко́йные, поко́йных, поко́йным, поко́йных, поко́йными, о поко́йных 亡者，死者 вспо́мнить поко́йных 追忆亡者
нового́дний	[形容词]	нового́дняя, нового́днее, нового́дние 新年的 нового́дний пода́рок 新年礼物 нового́дний пра́здник 新年
перспекти́ва	[阴性]	单数：перспекти́ва, перспекти́вы, перспекти́ве, перспекти́ву, перспекти́вой, о перспекти́ве；复数：перспекти́вы, перспекти́в, перспекти́вам, перспекти́вы, перспекти́вами, о перспекти́вах 前途，前景 перспекти́вы разви́тия 发展前景 хоро́шие перспекти́вы на бу́дущее 未来美好的前景
исполне́ние	[中性]	单数：исполне́ние, исполне́ния, исполне́нию, исполне́ние, исполне́нием, об исполне́нии 实施；完成 исполне́ние пла́на 执行计划 исполне́ние зада́чи 完成任务
ве́ра	[阴性]	во что 单数：ве́ра, ве́ры, ве́ре, ве́ру, ве́рой, о ве́ре 信心，信念 име́ть твёрдую ве́ру 有坚定信心 ве́ра в побе́ду 相信胜利 потеря́ть ве́ру в себя́ 对自己丧失信心
суета́	[阴性]	单数：суета́, суеты́, суете́, суету́, суето́й, о суете́ 忙乱，奔忙 рабо́тать без суеты́ 不慌不忙地工作 нового́дняя суета́ 忙着过新年
поздравле́ние	[中性]	单数：поздравле́ние, поздравле́ния, поздравле́нию, поздравле́ние, поздравле́нием, о поздравле́нии 祝贺；祝词 горя́чее поздравле́ние 热烈祝贺 нового́днее поздравле́ние 新年祝福 приня́ть поздравле́ние от друзе́й 接受朋友们的祝福
факс	[阳性]	单数：факс, фа́кса, фа́ксу, факс, фа́ксом, о фа́ксе 传真 посла́ть факс 发传真
откры́ться	[完成体]	将来时：откро́юсь, откро́ешься, откро́ются；过去时：откры́лся, откры́лась, откры́лось, откры́лись；过去时主动形动词：откры́вшийся；副动词：откры́вшись//**открыва́ться**[未完成体]现在时：открыва́юсь, открыва́ешься, открыва́ются；过去时：открыва́лся, открыва́лась, открыва́лось, открыва́лись；现在时主动形动词：открыва́ющийся；过去时主动形动词：открыва́вшийся；副动词：открыва́ясь 打开；展现 Дверь откры́лась. 门开了。Пе́ред глаза́ми откры́лась широ́кая у́лица. 眼前出现了一条宽阔的街道。
ёлочный	[形容词]	ёлочная, ёлочное, ёлочные 枞树的 ёлочный пра́здник 圣诞节
база́р	[阳性]	单数：база́р, база́ра, база́ру, база́р, база́ром, о заба́ре；复数：база́ры, база́ров, база́рам, база́ры, база́рами, о база́рах 集市，市场 купи́ть о́вощи

на базаре 在市场买菜

разноцветный [形容词] *разноцветная*, *разноцветное*, *разноцветные* 各种颜色的, 彩色的 *разноцветные карандаши* 彩色铅笔

накануне [副词] 在前一天, 前夜, 前夕 Накануне мы были в театре. 前一天我们看剧去了。Я приехал накануне. 我是前一天来的。

кипеть [未完成体] 现在时: *киплю*, *кипишь*, *кипят*; 过去时: *кипел*, *кипела*, *кипело*, *кипели*; 现在时主动形动词: *кипящий*; 过去时主动形动词: *кипевший*; 副动词: *кипя* (水)沸腾; (思想、感情等)沸腾, 激动 Вода кипит при температуре 100℃. 水在100℃时沸腾。В душе моей кипит радость. 喜悦的心情澎拜。

заявить [完成体] *что* 或 *о чём* 将来时: *заявлю*, *заявишь*, *заявят*; 过去时: *заявил*, *заявила*, *заявило*, *заявили*; 过去时主动形动词: *заявивший*; 过去时被动形动词: *заявленный*; 副动词: *заявив*//*заявлять* [未完成体] 现在时: *заявляю*, *заявляешь*, *заявляют*; 过去时: *заявлял*, *заявляла*, *заявляло*, *заявляли*; 现在时主动形动词: *заявляющий*; 过去时主动形动词: *заявлявший*; 现在时被动形动词: *заявляемый*; 副动词: *заявляя* 声明, 宣称 *заявить своё право на бесплатный проезд* 提出免费乘车的权利 *заявить в милицию о потере денег* 向警局报告钱丢失案

гордиться [未完成体] *кем-чем* 现在时: *горжусь*, *гордишься*, *гордятся*; 过去时: *гордился*, *гордилась*, *гордилось*, *гордились*; 现在时主动形动词: *гордящийся*; 过去时主动形动词: *гордившийся*; 副动词: *гордясь* 以……为自豪 *гордиться сыном* 以儿子为荣 *гордиться успехами* 以成绩自豪

стрелка [阴性] 单数: *стрелка*, *стрелки*, *стрелке*, *стрелку*, *стрелкой*, *о стрелке*; 复数: *стрелки*, *стрелок*, *стрелкам*, *стрелки*, *стрелками*, *о стрелках* 箭头; 指针 *идти по стрелке* 按箭头方向前行 *секундная стрелка* 秒针 *по направлению часовой стрелки* 按顺时针方向

приблизиться [完成体] 将来时: *приближусь*, *приблизишься*, *приблизятся*; 过去时: *приблизился*, *приблизилась*, *приблизилось*, *приблизились*; 过去时主动形动词: *приблизившийся*; 副动词: *приблизившись*//*приближаться* [未完成体] 现在时: *приближаюсь*, *приближаешься*, *приближаются*; 过去时: *приближался*, *приближалась*, *приближалось*, *приближались*; 现在时主动形动词: *приближающийся*; 过去时主动形动词: *приближавшийся*; 副动词: *приближаясь* 接近; 走近 *приблизиться к воротам* 走到大门前 Весна приближается. 春天要来了。

транслировать [未完成体] *что* 现在时: *транслирую*, *транслируешь*, *транслируют*; 过去时: *транслировал*, *транслировала*, *транслировало*, *транслировали*; 现在时主动形动词: *транслирующий*; 过去时主动形动词: *транслировавший*; 现在时被动形动词: *транслируемый*; 副动词: *транслируя* 转播 *транслировать концерт* 转播音乐会 *транслировать оперу из Большого театра* 从大剧院转播歌剧

куранты	[复数]*курантов*, *курантам*, *куранты*, *курантами*, *о курантах* (钟楼上的) 自鸣钟 *кремлёвские куранты* 克里姆林宫钟楼上的自鸣钟
звучать	[未完成体]现在时：*звучу*, *звучишь*, *звучат*；过去时：*звучал*, *звучала*, *звучало*, *звучали*；现在时主动形动词：*звучащий*；过去时主动形动词：*звучавший*；副动词：*звуча* 发出声音，响，鸣 На улице звучат голоса. 街上有吵嚷声。Куранты звучат. 自鸣钟响起。
юморист	[阳性]单数：*юморист*, *юмориста*, *юмористу*, *юмориста*, *юмористом*, *о юмористе*；复数：*юмористы*, *юмористов*, *юмористам*, *юмористов*, *юмористами*, *о юмористах* 幽默演员；幽默作家 Чехов принадлежит к числу величайших юмористов Европы. 契诃夫是欧洲最伟大的幽默作家之一。
смех	[阳性]单数：*смех*, *смеха*, *смеху*, *смех*, *смехом*, *о смехе* 笑；笑声 горький смех 苦笑 весёлый смех 愉快的笑声
проснуться	[完成体]将来时：*проснусь*, *проснёшься*, *проснутся*；过去时：*проснулся*, *проснулась*, *проснулось*, *проснулись*；过去时主动形动词：*проснувшийся*；副动词：*проснувшись*//**просыпаться**[未完成体]现在时：*просыпаюсь*, *просыпаешься*；*просыпаются*；过去时：*просыпался*, *просыпалась*, *просыпалось*, *просыпались*；现在时主动形动词：*просыпающийся*；过去时主动形动词：*просыпавшийся*；副动词：*просыпаясь* 睡醒，醒来 проснуться в пять часов 五点钟醒来
гирлянда	[阴性]单数：*гирлянда*, *гирлянды*, *гирлянде*, *гирлянду*, *гирляндой*, *о гирлянде*；复数：*гирлянды*, *гирлянд*, *гирляндам*, *гирлянды*, *гирляндами*, *о гирляндах* 串，串形物 разноцветные гирлянды 彩灯串
запах	[阳性]单数：*запах*, *запаха*, *запаху*, *запах*, *запахом*, *о запахе* 气味，味儿 приятный запах 香味 запах кофе 咖啡味
революция	[阴性]单数：*революция*, *революции*, *революции*, *революцию*, *революцией*, *о революции* 革命，变革 промышленная революция 工业革命 революция в технике 技术革命 участвовать в революции 参加革命
отменить	[完成体] что 将来时：*отменю*, *отменишь*, *отменят*；过去时：*отменил*, *отменила*, *отменило*, *отменили*；过去时主动形动词：*отменивший*；过去时被动形动词：*отменённый*；副动词：*отменив*//**отменять**[未完成体]现在时：*отменяю*, *отменяешь*, *отменяют*；过去时：*отменял*, *отменяла*, *отменяло*, *отменяли*；现在时主动形动词：*отменяющий*；过去时主动形动词：*отменявший*；现在时被动形动词：*отменяемый*；副动词：*отменяя* 废除；取消 отменить закон 废除法律 отменить собрание 取消会议
Пасха	[阴性]单数：*Пасха*, *Пасхи*, *Пасхе*, *Пасху*, *Пасхой*, *о Пасхе* 复活节 отмечать Пасху 庆祝复活节
праздноваться	[未完成体]现在时(第一、二人称不用)：*празднуется*, *празднуются*；过去时：*праздновался*, *праздновалась*, *праздновалось*, *праздновались*；现在时主动

	形动词：*пра́зднующий*；过去时主动形动词：*пра́здновавший*；副动词：*пра́зднуясь*（节日）庆祝，纪念 Во всей стране́ пра́зднуется День образова́ния КНР. 全中国庆祝国庆节。
пасха́льный	［形容词］*пасха́льная*, *пасха́льное*, *пасха́льные* 复活节的 пасха́льное угоще́ние 复活节大餐
угоще́ние	［中性］单数：*угоще́ние*, *угоще́ния*, *угоще́нию*, *угоще́ние*, *угоще́нием*, об *угоще́нии*；复数：*угоще́ния*, *угоще́ний*, *угоще́ниям*, *угоще́ния*, *угоще́ниями*, об *угоще́ниях* 宴请；宴席，请吃的东西 поста́вить угоще́ние 请客 оби́льное угоще́ние 丰盛的酒宴
кра́шеный	［形容词］*кра́шеная*, *кра́шеное*, *кра́шеные* 染了色的，染过的 пасха́льные кра́шеные я́йца 复活节彩蛋
изю́м	［阳性］单数：*изю́м*, *изю́ма*（*изю́му*）, *изю́му*, *изю́м*, *изю́мом*, об *изю́ме* 葡萄干 таре́лка с изю́мом 一盘葡萄干
сохрани́ться	［完成体］将来时：*сохраню́сь*, *сохрани́шься*, *сохраня́тся*；过去时：*сохрани́лся*, *сохрани́лась*, *сохрани́лось*, *сохрани́лись*；过去时主动形动词：*сохрани́вшийся*；副动词：*сохрани́вшись*//**сохраня́ться**［未完成体］现在时：*сохраня́юсь*, *сохраня́ешься*, *сохраня́ются*；过去时：*сохраня́лся*, *сохраня́лась*, *сохраня́лось*, *сохраня́лись*；现在时主动形动词：*сохраня́ющийся*；过去时主动形动词：*сохраня́вшийся*；副动词：*сохраня́ясь* 保存下来，保全下来 Обы́чай сохраня́ется. 传统保留下来。
общенациона́льный	［形容词］*общенациона́льная*, *общенациона́льное*, *общенациона́льные* 全民族的，全国的 общенациона́льная зада́ча 全国任务
оте́чественный	［形容词］*оте́чественная*, *оте́чественное*, *оте́чественные* 祖国的，本国的 оте́чественная промы́шленность 本国工业 Оте́чественная война́ 卫国战争 телеви́зоры оте́чественного произво́дства 国产电视
вое́нный	［形容词］*вое́нная*, *вое́нное*, *вое́нные* 战争的，军事的；军队的；军人的 вое́нное вре́мя 战时 вое́нные го́ды 战争年代 вое́нное де́ло 军事 вое́нный долг 军人的天职
пара́д	［阳性］单数：*пара́д*, *пара́да*, *пара́ду*, *пара́д*, *пара́дом*, о *пара́де* 阅兵（式）；大检阅 вое́нный пара́д 阅兵式 пара́д спортсме́нов 运动员检阅
ветера́н	［阳性］单数：*ветера́н*, *ветера́на*, *ветера́ну*, *ветера́на*, *ветера́ном*, о *ветера́не*；复数：*ветера́ны*, *ветера́нов*, *ветера́нам*, *ветера́нов*, *ветера́нами*, о *ветера́нах* 老兵，老战士 ста́рый ветера́н 老战士 ветера́н Вели́кой оте́чественной войны́ 参加过伟大卫国战争的老兵
возложи́ть	［完成体］что на кого́-что 将来时：*возложу́*, *возло́жишь*, *возло́жат*；过去时：*возложи́л*, *возложи́ла*, *возложи́ло*, *возложи́ли*；过去时主动形动词：*возложи́вший*；过去时被动形动词：*возло́женный*；副动词：*возложи́в*//**возлага́ть**［未完成体］现在时：*возлага́ю*, *возлага́ешь*, *возлага́ют*；过去时：*возлага́л*, *возлага́ла*, *возлага́ло*, *возлага́ли*；现在时主动形动词：*возлага́ющий*；过去时主动形动词：*возлага́вший*；现在时被动形动词：*возлага́е-*

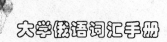

мый;副动词:*возлагая* 献,敬献 возложить цветы на могилу Неизвестного солдата 向无名烈士墓献花

символический [形容词]*символическая*,*символическое*,*символические* 象征(性)的 символический образ 象征性形象 символическое значение 象征意义

защитник [阳性]单数:*защитник*,*защитника*,*защитнику*,*защитника*,*защитником*,*о защитнике*;复数:*защитники*,*защитников*,*защитникам*,*защитников*,*защитниками*,*о защитниках* 保卫者,保护者 защитник родины 祖国的保卫者 защитник мира 和平保护者

отечество [中性]单数:*отечество*,*отечества*,*отечеству*,*отечество*,*отечеством*,*об отечестве* 祖国 любовь к отечеству 爱祖国 защищать отечество 保卫祖国

армия [阴性]单数:*армия*,*армии*,*армии*,*армию*,*армией*,*об армии*;复数:*армии*,*армий*,*армиям*,*армии*,*армиями*,*об армиях* 军队;大军 красная армия 红军 армия труда 劳动大军

мужской [形容词]*мужская*,*мужское*,*мужские* 男人的 мужской костюм 男装 мужской туалет 男厕所

петься [未完成体]*кому* 现在时(无人称):*поётся*;过去时(无人称):*пелось* 歌唱 Сегодня мне не поётся. 今天我无心唱歌。

новорождённый [阳性]单数:*новорождённый*,*новорождённого*,*новорождённому*,*новорождённого*,*новорождённым*,*о новорождённом*;复数:*новорождённые*,*новорождённых*,*новорождённым*,*новорождённых*,*новорождёнными*,*о новорождённых* 新生儿;过生日的人 симпатичный новорождённый 可爱的婴儿 поздравить новорождённого 祝贺过生日的人

строитель [阳性]单数:*строитель*,*строителя*,*строителю*,*строителя*,*строителем*,*о строителе*;复数:*строители*,*строителей*,*строителям*,*строителей*,*строителями*,*о строителях* 建筑者,建设者,建造者 строитель дороги 筑路者 строитель страны 祖国的建设者

региональный [形容词]*региональная*,*региональное*,*региональные* 区域(性)的,地方的 региональная цена 地方价格

снятие [中性]单数:*снятие*,*снятия*,*снятию*,*снятие*,*снятием*,*о снятии* 取消,排除 снятие блокады 取消封锁

блокада [阴性]单数:*блокада*,*блокады*,*блокаде*,*блокаду*,*блокадой*,*о блокаде* 封锁,包围 экономическая блокада 经济封锁 военная блокада 军事封锁

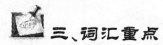

三、词汇重点

круг [阳性]单数:*круг*,*круга*,*кругу*,*круг*,*кругом*,*о круге*(*в кругу*);复数:*круги*,*кругов*,*кругам*,*круги*,*кругами*,*о кругах* 圆圈;圈子,(某范围的)一群人,界 форма круга 圆形 центр круга 圆心 круг друзей 一群朋友 широкий круг знакомых 熟人圈子

[注意]круг 与 в 连用时单数第六格为 кругу́；复数形式的重音后移

огонёк [阳性] 单数：огонёк, огонька́, огоньку́, огонёк, огоньком, об огоньке́ 火星，火花 сла́бый огонёк 微弱的火星

[注意]огонёк 变格时-ё-脱落，重音后移

певе́ц [阳性] 单数：певе́ц, певца́, певцу́, певца́, певцо́м, о певце́；复数：певцы́, певцо́в, певца́м, певцо́в, певца́ми, о певца́х 歌手，歌唱家 изве́стный певе́ц 著名歌唱家

[注意]певе́ц 变格时-е́-脱落，重音后移

роди́ть [完成体] кого́-что 将来时：рожу́, роди́шь, родя́т；过去时：роди́л, родила́, роди́ло, роди́ли；过去时主动形动词：роди́вший；过去时被动形动词：рождённый；副动词：роди́в // рожда́ть [未完成体] 现在时：рожда́ю, рожда́ешь, рожда́ют；过去时：рожда́л, рожда́ла, рожда́ло, рожда́ли；现在时主动形动词：рожда́ющий；过去时主动形动词：рожда́вший；现在时被动形动词：рожда́емый；副动词：рожда́я 生（孩子）；产生 Она́ родила́ сы́на. 她生了一个男孩。Ум пра́вду роди́т.（谚语）智出真理。

[注意]роди́ть 过去时重音有变化

кули́ч [阳性] 单数：кули́ч, кулича́, куличу́, кули́ч, куличо́м, о куличе́；复数：куличи́, куличе́й, кулича́м, куличи́, кулича́ми, о кулича́х（专为复活节）圆柱形大甜面包 пригото́вить куличи́ 做好复活节面包

[注意]кули́ч 变格时重音后移

творо́г [阳性] 单数：творо́г, творога́, творогу́, творо́г, творого́м, о творо́ге；复数：творо́ги, творого́в, творога́м, творо́ги, творога́ми, о творога́х 乳渣，奶渣 жи́рный творо́г 多脂的奶渣 пода́ть таре́лку творога́ 端上一盘奶渣

[注意]творо́г 变格时重音后移

война́ [阴性] 单数：война́, войны́, войне́, войну́, войно́й, о войне́；复数：во́йны, войн, во́йнам, во́йны, во́йнами, о во́йнах 战争；论战 мирова́я война́ 世界大战 холо́дная война́ 冷战 Оте́чественная война́ 卫国战争

[注意]война́ 复数各格形式的重音前移

солда́т [阳性] 单数：солда́т, солда́та, солда́ту, солда́та, солда́том, о солда́те；复数：солда́ты, солда́т, солда́там, солда́т, солда́тами, о солда́тах 士兵，战士 солда́ты револю́ции 革命战士

[注意]солда́т 的复数第二格形式同单数第一格

 四、词汇记忆

приглаше́ние	邀请；请柬	invitation
предложе́ние	建议，提议	suggestion, proposition
юбиле́й	（周年）纪念日；（周年）庆祝会	anniversary

проводы	送别；饯行	departure
санки	雪橇	sledge
круг	圆圈；圈子,(某范围的)一群人,界	circle, round
канун	(节日的)前一天	eve
хлопушка	爆竹	firecracker
фейерверк	烟火,礼花	fireworks, firecracker
пирожное	甜点心,小蛋糕	cake
могила	坟墓	grave, tomb
покойный	亡者,死者	dead
религиозный	宗教的；信教的	religious
православный	东正教的；信奉东正教的	orthodox
особый	特别的；独特的	special
лунный	月亮的；有月光的	moon, lunar
яркий	明亮的,灿烂的；晴朗的	bright
рисовый	稻的,大米做的	rice
лодочный	船的	boat
обдумывать//обдумать	斟酌,深思熟虑	to think about
пускать//пустить	放开；释放；发射	to let, throw
изображать//изобразить	描绘出,画出；描述	to depict, portray
итого	总计,合计	totally
перспектива	前途,前景	prospect, future
исполнение	实施；完成	performance
вера	信心,信念	faith, belief
суета	忙乱,奔忙	rush, buzz
поздравление	祝贺；祝词	congratulation
факс	传真	fax
базар	集市,市场	bazaar, market
стрелка	箭头；指针	arrow
куранты	(钟楼上的)自鸣钟	chiming clock
огонёк	火星,火花	light, twinkle
юморист	幽默演员；幽默作家	humorist
певец	歌手,歌唱家	singer
смех	笑；笑声	laughter, laugh
гирлянда	串,串形物	garland, string
запах	气味,味儿	smell
революция	革命,变革	revolution
Пасха	复活节	Pascha
угощение	宴请；宴席,请吃的东西	food

кули́ч	(专为复活节烤制的)圆柱形大甜面包	Easter cake
творо́г	乳渣,奶渣	cheese
изю́м	葡萄干	raisin
война́	战争;论战	war
пара́д	阅兵(式);大检阅	parade
ветера́н	老兵,老战士	veteran
защи́тник	保卫者,保护者	defender
оте́чество	祖国	motherland
солда́т	士兵,战士	soldier
а́рмия	军队;大军	army
новорождённый	新生儿;过生日的人	new baby
строи́тель	建筑者,建设者,建造者	builder
сня́тие	取消,排除	removal
блока́да	封锁,包围	blockade
нового́дний	新年的	new year
ёлочный	枞树的	christmas tree
разноцве́тный	各种颜色的,彩色的	colorful
пасха́льный	复活节的	Paschal
кра́шеный	染了色的,染过的	painted
общенациона́льный	全民族的,全国的	national
оте́чественный	祖国的,本国的	domestic, national
вое́нный	战争的,军事的;军队的;军人的	war
символи́ческий	象征(性)的	symbolic
мужско́й	男人的	male, man
региона́льный	区域(性)的,地方的	regional
открыва́ться//откры́ться	打开;展现	to open, appear
кипе́ть	(水)沸腾;(思想、感情等)沸腾,激动	to boil
заявля́ть//заяви́ть	声明,宣称	to declare, claim
горди́ться	以……为自豪	to proud, take pride
приближа́ться//прибли́зиться	接近;走近	to approach, come
трансли́ровать	转播	to broadcast, translate
звуча́ть	发出声音,响,鸣	to sound
просыпа́ться//просну́ться	睡醒,醒来	to wake up
рожда́ть//роди́ть	生(孩子);产生	to bear, birth
отменя́ть//отмени́ть	废除;取消	to cancel
пра́здноваться	(节日)庆祝,纪念	to be celebrated
сохраня́ться//сохрани́ться	保存下来,保全下来	to remain

возлагать// возложить	献，敬献	to lay
петься	歌唱	to sing
накануне	在前一天，前夜，前夕	before, on the eve

五、词汇造句

круг [阳性] 圆圈；圈子；(某范围的)一群人，界

Площадь круга равна πγ². 圆的面积等于 πγ²。

В докладе широкий круг вопросов, которые требуют решения. 报告里列举了大量需要解决的问题。

Вечера он обычно проводит в кругу друзей. 晚上他通常和朋友们在一起。

Он известный человек в литературных кругах. 他是文学界的名人。

канун [阳性] (节日的)前一天

В канун отъезда он навестил мать. 在离开的前一天他看望了母亲。

В канун Нового года по лунному календарю все члены семьи собираются вместе и лепят пельмени. 除夕全家人聚在一起包饺子。

изображать// изобразить [未//完成体] *кого-что* 描绘出，画出；描述

Мальчик изобразил солнце на картине. 小男孩画了一个太阳。

Студент изображает внешность девушки на русском языке. 大学生正用俄语描述女孩的外貌。

заявлять// заявить [未//完成体] *что* 或 *о чём* 声明，宣称

Молодёжь заявила свои требования. 年轻人提出了自己的要求。

Старик заявил своё право на бесплатный проезд. 老年人声明自己有免费乘车的权利。

Студенты заявили в милицию о потере денег. 大学生向警察局报案称钱丢了。

Ректор заявил, что книга выйдет в срок. 校长宣布，书将按时出版。

гордиться [未完成体] *кем-чем* 以……为自豪

Отец гордится своей красивой дочерью. 父亲以漂亮的女儿为骄傲。

Инженеры гордятся своими успехами в работе. 工程师以工作中取得的成绩而自豪。

приближа́ться// прибли́зи-ться	[未//完成体] к кому́-чему́ 接近；走近
	Экза́мен приближа́ется. 快考试了。
	Стари́к прибли́зился к воро́там. 老人走到大门口。
возлага́ть// возложи́ть	[未//完成体] что на кого́-что 献，敬献
	Молоды́е супру́ги возложи́ли живы́е цветы́ на моги́лу Неизве́стного солда́та. 年轻夫妇向无名烈士墓敬献了鲜花。
	Профе́ссор возложи́л ва́жную зада́чу на студе́нтов. 教授交给大学生们一项重要任务。

附录 I 第三册词汇测试

把括号里的词变成适当形式，如果需要，请添加前置词。（每题2分）

1. Сего́дня _____（сын）не сиди́тся.
2. Сотру́дники фи́рмы лома́ют го́лову _____（план）.
3. Студе́нты сомнева́ются _____（успе́х）де́ла.
4. Ребя́та следя́т _____（пти́ца）.
5. При температу́ре 100℃ вода́ превраща́ется _____（пар）.
6. Друг реши́лся _____（отъе́зд）.
7. _____（Тури́сты）удало́сь попа́сть к па́мятнику _____（А. С. Пу́шкин）.
8. Слова́ учи́теля произвели́ _____（я）глубо́кое впечатле́ние.
9. Роди́тели обраща́ют внима́ние _____（рост）дете́й.
10. Бе́рег мо́ря уже́ _____（исче́знуть）из ви́ду.
11. Старики́ равноду́шны _____（поли́тика）.
12. Рабо́та тре́бует _____（вре́мя）_____（мы）.
13. Разгово́р каса́ется _____（мой колле́га）.
14. Учёные прида́ли _____（фи́зика）_____（большо́е значе́ние）.
15. По про́сьбе тре́нера _____（он）включи́ли _____（футбо́льная кома́нда）.
16. _____（Он）ука́чивает на теплохо́де.
17. Больно́й согла́сен _____（опера́ция）.
18. Кита́й принадлежи́т _____（число́）развива́ющихся стран.
19. _____（Де́ти）надое́ло игра́ть в ша́хматы.
20. Студе́нты спра́вятся _____（э́та зада́ча）.
21. Профе́ссор удиви́лся _____（отве́т）студе́нта.
22. Я моло́же всех по во́зрасту, но _____（зна́ния）не уступа́ю _____（свои́ това́рищи）.
23. Футбо́льная кома́нда наде́ется _____（побе́да）.
24. Но́вые фа́кты привели́ _____（ва́жное откры́тие）.
25. Студе́нты четвёртого ку́рса уже́ овладе́ли _____（ру́сский язы́к）.
26. Специали́сты разбира́ются _____（лес）.
27. Де́ти обуча́ются _____（кита́йская исто́рия）.
28. Инжене́ры приложи́ли _____（эне́ргия）_____（де́ло）.
29. Молоды́е лю́ди подда́лись _____（опа́сность）.
30. Лека́рство де́йствует _____（больно́й）.

31. Отец подписался _____ (газеты) на весь год.
32. Родина призывает _____ (юноши) _____ (армия).
33. Дети подвергаются _____ (риск).
34. Она _____ (я) должна сто долларов.
35. Зимой рано _____ (темнеть).
36. Студенты поклонились _____ (профессор).
37. Болезнь передалась _____ (ребёнок).
38. Наша группа насчитывает _____ (20 студентов).
39. Дождь заставил _____ (туристы) вернуться в лагерь.
40. Туристы восхитились _____ (красота) природы.
41. Родители заботятся _____ (будущее) сына.
42. _____ (Гражданин) должны соблюдать правила уличного движения.
43. Мальчик обладает _____ (талант).
44. Молодёжь гордится _____ (своя Родина).
45. Мы уверены _____ (будущее).
46. Подобные _____ (вы) люди не нашлись.
47. Вчерашние мальчики уже превратились _____ (старики).
48. Наша квартира состоит _____ (три комнаты).
49. Дети увидели _____ (лев).
50. Увлечение сына _____ (хоккей) обрадует отца.

参考答案：

1. сыну
2. над планом
3. в успехе
4. за птицей
5. в пар
6. на отъезд
7. Туристам, А. С. Пушкину
8. на меня
9. на рост
10. исчез
11. к политике
12. времени, от нас
13. моего (моей) коллеги
14. физике, большое значение
15. его, в футбольную команду
16. Его
17. на операцию
18. к числу
19. Детям
20. с этой задачей
21. ответу
22. в знаниях, своим товарищам
23. на победу
24. к важному открытию
25. русским языком
26. в лесе
27. китайской истории
28. энергию, к делу
29. опасности
30. на больного
31. на газеты
32. юношей, в армию
33. риску
34. мне
35. темнеет
36. профессору
37. ребёнку
38. 20 студентов
39. туристов
40. красотой
41. о будущем
42. Граждане
43. талантом
44. своей Родиной
45. в будущем
46. вам
47. в стариков
48. из трёх комнат
49. льва
50. хоккеем

附录 II 第三册词汇表

A

а то	否则，不然	(1)
абсолю́тный	绝对的，完全的	(11)
аге́нт	代表，代理人	(4)
акаде́мик	（科学院）院士	(7)
аквапа́рк	海洋公园	(4)
акти́вно	积极地	(5)
алкого́льный	（含）酒精的	(8)
анализи́ровать//проана- лизи́ровать	分析，化验	(8)
анти́чный	古希腊、罗马的	(10)
антра́кт	幕间休息	(11)
апельси́новый	橙子的	(9)
аплодисме́нты	掌声，鼓掌	(11)
а́рмия	军队，大军	(12)
архитекту́ра	建筑学，建筑艺术；建筑式样， 建筑风格	(4)
архитекту́рный	建筑的	(4)
А́страхань	阿斯特拉罕	(4)
атле́т	运动员（田径、举重等）	(1)
афи́ша	海报，（演出）广告	(11)

Б

ба́за	基础；基地	(7)
база́р	集市，市场	(12)
ба́нковский	银行的	(9)
бара́нина	羊肉	(9)
бе́дный	贫穷的；贫乏的；不幸的	(10)
безволо́сый	秃头的，光秃的	(1)
безусло́вно	完全地，毫无疑问地	(7)
берёзовый	桦树的；桦木制的	(4)
беспоря́док	无秩序，乱七八糟	(6)
библио́граф	图书编目专家	(2)

библиографический	图书索引的	(2)
бизнес-ланч	商务套餐,工作餐	(9)
биолог	生物学家	(5)
биологический	生物学的	(7)
благородный	高尚的,崇高的;卓越的	(11)
бланк	表格	(8)
бледный	苍白的,无血色的(指脸色)	(1)
близнецы	孪生子,双胞胎	(1)
блокада	封锁,包围	(12)
блондин	淡黄发男子	(1)
боевик	动作片	(11)
бой	战斗,作战;(钟、鼓等)声响	(4)
бокал	大酒杯,高脚杯	(9)
болтать	闲扯,空谈,说走嘴	(9)
болтливый	好闲扯的,爱多嘴的	(9)
борода	(下巴上的)胡子	(1)
борщ	红菜汤	(9)
брюнет	黑发男子	(1)
будить// разбудить	叫醒,唤醒,唤起	(11)
бульон	(煮肉的)高汤	(9)
бурный	有暴风雨的,动荡不安的;急剧的,蓬勃的	(5)
бухгалтер	会计员	(1)

В

варенье	果酱	(9)
веб-сайт	网站	(6)
ведущий	节目主持人	(8)
везде	到处,处处	(4)
великолепный	出色的;华丽的	(4)
Венеция	威尼斯	(4)
вера	信心,信念	(12)
верить// поверить	相信;信任	(1)
верно	正确地,合适地	(4)
вес	重量;体重	(8)
ветеран	老兵,老战士	(12)
взгляд	视线,目光;(转)观点,见解	(2)
виноватый	有罪过的,有过错的	(1)
виртуальный	假想的,虚拟的	(6)
вирус	病毒	(6)

включа́ть//включи́ть	列入；接通，开(开关)	(4)
включа́ться//включи́ться	加入，参加；列入	(7)
вкус	味道，口味；审美感，鉴赏力	(8)
владе́лец	所有人，物主	(8)
владе́ние	拥有；掌握，会用	(7)
владе́ть	拥有，具有；精通，长于	(7)
влия́ние	影响，作用	(8)
влия́ть//повлия́ть	(有)影响，起作用	(11)
вме́сто	代替	(5)
внача́ле	起初，开始	(7)
внеза́пно	突然地，意外地	(3)
вне́шность	外表，外貌	(1)
Внешторгба́нк	外贸银行	(1)
внук	孙子，外孙；后辈，儿孙们	(1)
воева́ть	作战，战斗；斗争	(11)
вое́нный	战争的，军事的；军队的；军人的	(12)
возглавля́ть//возгла́вить	主持，领导	(11)
воздухопла́вание	浮空飞行(学)	(3)
возлага́ть//возложи́ть	献，敬献	(12)
возмо́жность	可能性，机会	(5)
возника́ть//возни́кнуть	发生，产生；出现	(3)
возникнове́ние	发生，产生；出现	(8)
во́зраст	年龄，年纪	(7)
возрожде́ние	复活，复兴，恢复	(11)
война́	战争，论战	(12)
вокру́г	周围，附近	(4)
волнова́ть//взволнова́ть	使激动，使焦急不安	(8)
во́лос	毛发；头发	(1)
во́ля	意志，毅力	(7)
воро́та	大门	(10)
воспринима́ть//восприня́ть	感受到，领会	(5)
восприя́тие	知觉，认识，理解	(11)
восхища́ться//восхити́ться	赞叹，赞赏，赞美，钦佩	(11)
восьмёрка	数字8；八个，八个一组的东西	(4)
вред	害处，损害	(6)
вре́дный	有害的，危害的	(8)
времяпровожде́ние	消磨时间，消遣	(6)

вряд(ли)	未必,不至于	(2)
всесоюзный	全苏联的	(11)
вскоре	很快(就),不久(就)	(2)
вступать//вступить	进入;参加;踏上	(6)
выбор	选择,选中的人或物,供挑选的东西	(3)
вывод	结论,论断	(6)
выдавать//выдать	付给,发给	(5)
вылитый	长得和……一模一样的	(1)
выпускать//выпустить	放走;使毕业;生产,出版	(11)
выражать//выразить	表示,表达	(6)
выращивать//вырастить	培育;抚养长大	(5)
вырываться//вырваться	挣脱,冲出	(6)
выстовочный	展览会的,陈列的	(10)
вычитывать//вычитать	读出,读到	(6)

Г

гарнир	配菜,配餐	(9)
гениальный	天才的,完美的	(11)
гений	天才,独创的才能	(11)
география	地理;地理学	(1)
Германия	德国	(7)
гид	导游者,旅游向导	(6)
гирлянда	串,串形物	(12)
глагол	动词	(7)
глубокий	深的,深远的;深刻的	(5)
говядина	牛肉	(9)
голливудский	好莱坞式的	(1)
голосовать//проголосовать	投票,表决	(6)
гораздо	(与比较级连用)……得多	(4)
горбинка	小鼓包,小隆起	(1)
гордиться	以……为自豪	(12)
горячее	热菜	(9)
готовый	现成的;做好……准备的	(2)
гражданин/гражданка	公民	(10)
грамматический	语法的	(7)
грамотно	识字地;文理通顺地	(8)
грамотность	常识;文理通顺	(8)

Гран-при́	大奖	(11)
графома́н	写作迷	(5)
гре́ться//нагре́ться (согре́ться)	取暖；烧热	(4)
гре́чневый	荞麦做的	(9)
гуля́нье	散步；游玩，游艺会	(4)
гусь	鹅	(9)

Д

да́вний	古老的，由来已久的	(3)
да́нные	资料，数据	(4)
дар	礼物；恩赐	(10)
двою́родный	叔伯的，堂房的，表的	(1)
де́йствие	(戏剧中的)幕；作用，效果	(11)
действи́тельно	的确，确实	(2)
де́йствовать	行动；起作用，生效	(8)
декора́ция	布景，舞台装置	(11)
де́латься//сде́латься	成为，变成	(11)
деликате́с	精美的食品，美食	(9)
демонстри́роваться//продемонстри́роваться	展示，显示	(8)
деревя́нный	木制的；死板的，无表情的	(10)
деся́тка	(数字)10	(7)
детекти́в	侦探小说(影片)；侦探	(5)
детекти́вный	侦探的	(5)
де́ятельность	活动，工作	(11)
дие́та	规定的饮食制度	(8)
ди́ктор	播音员	(8)
дирижёр	指挥	(11)
диск	圆盘；光盘	(3)
диссерта́ция	学位论文	(2)
дневни́к	日记，日志；(成绩)手册	(11)
Днепр	第聂伯河	(11)
дово́льно	相当，颇；满意地	(1)
дога́дка	推测，猜想	(7)
доказа́тельство	证据，证明，论据	(11)
до́лжен	欠(债)；应该，应当	(9)
до́ллар	美元	(11)
дополни́тельный	补充的，附加的	(4)
достава́ть//доста́ть	拿，取；搞到，弄到	(11)

доставля́ть//доста́вить	送到,送交;给予,提供	(3)
досто́инство	优点,长处;尊严	(2)
достопримеча́тельность	名胜古迹	(4)
дра́ма	戏剧,悲剧;悲惨的事	(11)
драмати́ческий	戏剧的,悲剧的;戏剧性的	(11)
древнеру́сский	古罗斯的	(10)
духо́вный	精神上的;宗教的	(5)
дыра́	窟窿,洞孔	(5)

Е

ежего́дно	每年地,一年一度地	(4)
ежедне́вно	每天地	(10)
ежеме́сячник	月刊,月报	(8)
еженеде́льник	周刊,周报	(8)
еженеде́льный	每周的,每周一次的	(3)
ёлочный	枞树的	(12)
ерунда́	胡诌,瞎扯;不值一提的(小)事	(7)

Ж

жанр	(文艺作品的)种类,体裁	(3)
жа́реный	烤的,煎的,炸的,炒的	(9)
жела́ние	愿望,希望	(2)
жела́тельно	最好,希望	(5)
жест	手势,姿势	(6)
жёсткий	硬的;严格的	(8)
жи́вопись	彩色绘法,写生法;彩色,写生	(5)
жи́рный	多油脂的;肥胖的	(8)
журна́льный	杂志的,期刊的;新闻事业的	(2)

З

заболева́ние	生病;病	(8)
забо́титься//позабо́титься	担心;关心	(11)
забы́тый	被遗忘的,失传的	(2)
зави́симость	依赖(性),从属(性)	(6)
загля́дывать//загляну́ть	往里看,看一眼	(8)
загоре́лый	晒黑了的	(1)
заде́рживать//задержа́ть	阻拦,使耽搁;逮捕	(11)
заду́мываться//заду́маться	思索,思考	(5)

закáз	预定,定做;定制品	(5)
заклéивать//заклéить	糊住,糊起来,粘住	(11)
закричáть	喊叫起来	(3)
закрывáть//закрыть	盖上,蒙上;关闭	(1)
заменяться//заменúться	代替,取代	(6)
замéтка	记号、标记	(5)
замýжняя	有夫之妇,已婚妇女	(11)
занимáтельный	引起兴趣的,引人入胜的	(5)
запáс	蕴藏量,储量;积累量	(7)
зáпах	气味,味儿	(12)
зáпись	记录;笔记,录音	(3)
заполнять//запóлнить	填写;装满	(5)
запоминáть//запóмнить	记牢,记住	(5)
запоминáться//запóмниться	记住,记得	(7)
запрещéние	禁止	(11)
заранее	预先,事先	(4)
заставлять//застáвить	强迫,迫使	(11)
застéнчивость	羞怯,腼腆	(2)
застéнчивый	腼腆的,羞怯的	(2)
затмéние	(日、月)食	(11)
затруднять//затруднúть	使……为难	(7)
затягивать//затянуть	把……系紧;使……吸入,陷入;拖延	(6)
заýчивать//заучúть	记熟,背会	(5)
захотéть	想要,想起(做某事)	(4)
зачúтывать//зачитáть	宣读;(把书等)读破	(5)
защúтник	保卫者,保护者	(12)
заявлять//заявúть	声明,宣称	(12)
звáние	称号,衔	(10)
звёздный	星星的;明星的	(11)
звучáть	发出声音,响,鸣	(12)
зéркало	镜,镜子	(1)
зернúстый	多籽粒的	(9)
зло	恶,恶事;灾难	(6)
знак	标记;征兆;手势,信号;符号	(11)
знакóмство	相识;了解	(1)
знáние	知识;知道,了解	(2)
знáтный	显贵的,贵族(身份)的;著名的	(10)

значе́ние	意义	(2)
значи́тельно	(规模、范围)颇大地,可观地	(3)
значо́к	徽章,证章	(10)
зре́ние	视力;眼界	(6)
зря	徒然,枉然;不应该	(11)
зять	女婿,姐夫,妹夫	(11)

И

игру́шка	玩具,玩物	(3)
идеа́льный	理想的,完美的	(8)
иеро́глиф	象形字	(7)
издава́ть//изда́ть	出版;颁布,公布	(8)
изда́ние	出版;出版物	(5)
изменя́ть//измени́ть	改变,更改	(5)
изобража́ть//изобрази́ть	描绘出,描述	(12)
изображе́ние	形象;图形;映像	(8)
изобрази́тельный	形象的,有表现力的	(10)
изобрете́ние	发明,创造	(6)
изуче́ние	学习,研究	(7)
изю́м	葡萄干	(12)
ико́на	圣像	(4)
иллюстра́ция	插图;例证	(5)
импера́тор	皇帝	(10)
ино́й	别的,另外的	(1)
интеллектуа́льный	智力的;精神上的	(7)
интенси́вный	强化的	(7)
интернациона́льный	国际的,世界的;民族之间的	(9)
интерье́р	室内装修;内部装饰	(11)
информацио́нный	信息的,情报的	(6)
иро́ния	讽刺,讥讽	(11)
Исаа́киевский собо́р	伊萨基耶夫大教堂	(4)
исключа́ть//исключи́ть	开除,除名;取消,除掉,排除	(11)
и́скренне	真诚地,坦白地	(6)
искривле́ние	弯曲	(6)
исполне́ние	实施;完成	(12)
исполня́ть//испо́лнить	扮演,表演	(11)
испо́льзование	利用,使用,运用	(6)
испо́льзоваться	使用;利用;采用	(4)
исправля́ть//испра́вить	修理好;纠正,改正	(7)
иссле́дование	调查,研究;研究性著作	(8)

исходи́ть	来源泉于；从……出发	(5)
исчеза́ть//исче́знуть	消失；不见，失踪	(3)
италья́нский	意大利（人）的	(7)
ито́г	总数；结果	(11)
итого́	总计，合计	(12)

К

Каза́нский собо́р	喀山大教堂	(4)
Каза́нь	喀山	(4)
ка́мень	石头，岩石	(4)
ка́мера	室，小室	(10)
кана́дский	加拿大（人）的	(5)
кана́л	频道；渠道	(8)
кандида́т	副博士；候选人	(1)
кану́н	（节日的）前一天	
ка́пля	滴；少量；滴剂	(1)
ка́рий	（指人的眼睛）暗棕色的，深棕色的	(1)
карнава́л	狂欢；嘉年华会	(4)
карти́нный	图画的；美观的	(4)
ка́рточка	卡片；票证	(5)
каса́ться	接触，触及；涉及，关系到	(3)
ка́ссовый	售票处的	(11)
катало́г	目录，一览表	(5)
ка́чество	质量，品质	(7)
квита́нция	收据，收条	(9)
кинематографи́ст	电影工作者	(11)
киносъёмка	电影摄影	(11)
кипе́ть	（水）沸腾；（思想、感情等）激动	(12)
ки́слый	酸的；发酵的	(9)
клавиату́ра	键盘	(6)
кла́няться//поклони́ться	鞠躬	(1)
кла́ссик	古典艺术家，大科学家；古典主义者	(11)
кла́ссика	古典著作，古典作品	(5)
клие́нт	顾客，客户	(9)
кно́пка	电钮，按钮	(6)
князь	（罗斯时代的）公；公爵	(11)
коли́чество	数量，量	(7)

коллектив	全体人员;团体,集体	(1)
коллекционёр	收集者,收藏家	(3)
коллекционировать	收集;搜集;收藏	(3)
коллекция	收藏品	(3)
колокольчик	铃,铃铛,小钟	(4)
командовать//скомандовать	发口令;指挥	(1)
комедия	喜剧作品,喜剧	(11)
комплексный	成套的	(9)
комплект	全套,全份	(9)
комфортабельный	舒适的	(4)
конверт	信封	(3)
контекст	上下文;语境	(7)
копейка	戈比	(9)
копировать//скопировать	复制;模仿	(8)
коренастый	身材不高而结实的,矮壮的	(1)
кормить//накормить	喂养;喂,给……吃	(9)
королевство	王国	(3)
корт	网球场	(3)
космонавтика	航天学	(3)
котлета	肉饼,菜饼	(9)
крайне	极,极端,极其	(6)
краснеть//покраснеть	发红,泛红;脸红	(2)
крашеный	染了色的,染过的	(12)
круг	圆圈;圈子,(某范围的)一群人,界	
кругозор	视界,视野;眼界	(11)
кудрявый	鬈曲的,生有鬈发的	(1)
кулич	(专为复活节烤制的)圆柱形大甜面包	(12)
культурный	文化的;有文化的,有教养的	(5)
кумир	偶像,神像;受崇拜的人或物	(11)
купе	(旅客列车上的)包厢	(2)
купец	商人	(10)
купеческий	商人的	(10)
куранты	(钟楼上的)自鸣钟	(12)
курение	吸烟	(8)
куриный	鸡的,鸡肉的	(9)
курить	吸烟	(8)

Л

лáгерь	宿营地,野营地;集中营	(11)
лауреáт	获奖(金)者	(11)
лев	狮子	(11)
легендáрный	传说的,轶闻的	(11)
легкомы́сленный	轻佻的,轻率的	(2)
лёд	冰	(11)
лени́вый	懒惰的;懒洋洋的	(2)
лингафóнный	灵格风的	(7)
лицемéрие	虚伪,伪善	(2)
ли́чно	亲自,亲身	(2)
ли́чный	个(私)人的;亲自的	(5)
ли́шний	过量的,多余的;无益的	(3)
логи́чный	合乎逻辑的,合理的	(2)
лóдочный	船的	(12)
ломáться//сломáться	折断;毁坏	(6)
лóшадь	马;马车	(4)
луг	草地;牧场	(4)
лук	葱,洋葱	(9)
лýнный	月亮的;有月光的	(12)
лы́сина	秃顶	(1)
любóвный	爱情的;爱护的	(5)
любознáтельный	求知欲强的,好学的	(7)

М

маг	魔法师	(3)
майонéз	蛋黄酱,色拉酱	(9)
макулатýра	废纸;毫无价值的文艺作品	(5)
малы́ш	小孩子,男孩子	(5)
маринóванный	浸渍的,腌制的	(9)
мáрка	邮票,印花;商标	(3)
маршрýт	路线,行进路线	(4)
Мáсленица	谢肉节	(4)
мáссовый	众的,普及的;大量的,大批的	(6)
масштáбный	大规模的,大范围的	(11)
материáл	资料,材料;文件	(2)
медвéдь	熊;熊科	(11)
мéдленно	缓慢地;行动迟缓地	(4)
мéжду	在……之间	(3)

· 167 ·

мелодра́ма	情节剧,传奇剧	(11)
меню́	菜单	(9)
меня́ться	改变,变更	(3)
ме́ра	度量单位;程度;限度;措施	(5)
мёртвый	死的;没有生气的	(6)
ме́тод	方法,办法	(7)
механи́ческий	机械的;机械式的	(11)
ми́мика	面部表情	(6)
минера́лка	矿泉水	(9)
ми́нимум	最小数量;最低限度	(9)
многокра́тно	多次,多倍	(11)
мно́жество	多数,大量,繁多	(3)
моги́ла	坟墓	(12)
молодёжь	青年们,年轻人	(8)
молчали́вый	不爱说话的,沉默寡言的	(2)
молча́ть	沉默,不作声	(7)
моме́нт	时记得,阶段;因素;成分	(3)
монго́льский	蒙古的,蒙古人的	(11)
моне́та	硬币;金属货币	(3)
мора́льный	道德(上)的;道义(上)的	(8)
морко́вь	胡萝卜	(9)
моро́женое	冰淇淋	(9)
мо́щный	强大的;强有力的	(6)
мра́морный	大理石(制)的	(2)
мужско́й	男人的	(12)
мча́ться	飞驰,疾驰	(4)
мышле́ние	思维(能力)	(7)
мя́гко	柔软地,温和地;委婉地,客气地	(7)

Н

на́бережная	堤岸;沿岸街	(4)
наверняка́	无疑地,一定;有十分把握地	(11)
наде́яться	希望,指望	(7)
надоеда́ть//надое́сть	使厌烦,使讨厌	(6)
нажима́ть//нажа́ть	按,压	(6)
назва́ние	名称	(5)
наизу́сть	背熟,一字不差地	(5)
накану́не	在前一天,前夜,前夕	(12)
нака́пливаться//накопи́-	蓄积起来,集中起来	(4)

т ься		
накопление	积累；积蓄	(7)
наличные	现金	(9)
напиток	饮料	(8)
нарушать//нарушить	破坏,扰乱；违反	(11)
настоящий	现在的,目前的；真正的,真实的	(4)
наступление	到来；进攻	(5)
насчитывать	共计,共有	(10)
находиться//найтись	(被)找到	(3)
национальный	民族的；国家的,国立的	(4)
начальник	领导,首长；主任	(2)
нашуметь	喧哗；轰动	(5)
негативный	反面的,否定的	(8)
недельный	一星期的,一周的	(4)
незаметный	不易觉察的,不引人注目的,默默无闻的	(2)
незначительный	微不足道的,无关紧要的	(2)
необходимое	必需的东西；必要的事	(6)
непрерывно	连续不断地,不停地	(5)
нерв	神经	(6)
несомненно	无疑,当然	(3)
несчастный	不幸的,不走运的	(9)
нетерпеливо	没耐性地,急切地	(11)
нехватка	不足,缺乏	(3)
низко	低地；深深地	(10)
новогодний	新年的	(12)
новорождённый	新生儿；过生日的人	(12)
номинирован	获得提名；被提名	(11)
нуждаться	受穷,过贫穷的生活；需要	(11)

О

обаятельный	迷人的,有吸引力的；非常可爱的	(2)
обдумывать//обдумать	斟酌,深思熟虑	(12)
обижать//обидеть	欺负,欺侮；使受委屈；使难受	(2)
обладатель	享有者,占有者	(11)
обладать	具有,拥有	(7)
облик	外表,外貌；面貌,风貌	(4)
обожать	崇拜,爱慕,特别喜爱	(7)

· 169 ·

оборо́т	(语言的)说法,句式;流通额	(7)
о́браз	方式,方法;(文艺作品中的)形象;形状	(3)
образова́ние	教育;形成(物)	(8)
обраща́ть//обрати́ть	把……转向(投向)	(2)
обуча́ться//обучи́ться	学习,学会	(7)
обща́ться	与……交往,交际	(2)
общенациона́льный	全民族的,全国的	(12)
обще́ние	来往,交际	(6)
обще́ственный	社会的;公有的	(11)
общи́тельность	善于交际	(2)
общи́тельный	平易近人的,好交际的	(2)
о́бщий	普通的,共同的;公共的	(3)
объе́кт	客体,客观世界;对象;工程项目	(10)
объекти́вный	客观的;公正的	(6)
обыкнове́нный	常见的,寻常的;平凡的,普通的	(2)
обы́чай	习俗;习惯	(7)
овладева́ть//овладе́ть	精通,掌握	(7)
овладе́ние	占领;掌握;通晓	(7)
огонёк	火星,火花	(12)
ограни́чивать//ограни́чить	限制,限定	(8)
одина́ковый	同样的,一样的	(3)
одино́чество	孤独,孤寂生活	(11)
одна́ко	然而,但是	(3)
однозна́чный	单义的	(3)
одноку́рсник	(大学)同年级同学	(1)
ока́зываться//оказа́ться	是;有;来到	(3)
о́ко	眼睛	(11)
оконча́тельно	完全地,彻底地	(6)
окружа́ть	环绕,包围	(8)
опа́сность	危险(性)	(11)
о́пера	歌剧;歌剧院	(11)
описа́ние	描写,记述;叙述文	(1)
оппоне́нт	反对(论)者,论敌;评阅人	(6)
организа́тор	组织者,有组织能力的人	(11)
оригина́льный	独创的,非模仿的;原文的	(11)
орке́стр	乐队	(9)

оркестра́нт	乐队队员	(11)
оруже́йный	武器的,兵器的;制造兵器的	(10)
ору́жие	武器,兵器,军械;工具,手段	(10)
осмысля́ть//осмы́слить	理解,领会	(7)
осно́ва	基架,基础	(7)
основа́тель	创始人,奠基者	(4)
осно́вывать//основа́ть	建立,创立;根据,以……为基础	(4)
осо́бенность	特点,特征	(7)
осо́бый	特别的;独特的	(12)
остава́ться//оста́ться	留下,剩下;仍然是	(5)
оставля́ть//оста́вить	留下;停止	(5)
отбо́р	选择,挑选	(8)
отва́жный	勇敢的,大无畏的	(3)
оте́чественный	祖国的,本国的	(12)
оте́чество	祖国	(12)
о́тклик	回答;评论,反应	(5)
открыва́ться//откры́ться	打开;展现	(12)
откры́тие	打开,揭开;开始(某种活动)	(10)
откры́тка	明信片	(3)
отменя́ть//отмени́ть	废除;取消	(12)
отмеча́ть//отме́тить	标出,作记号;庆祝,纪念	(4)
отнима́ть//отня́ть	夺去;占去	(3)
относи́тельность	相对性	(2)
отноше́ние	态度;(复数)关系	(5)
отпуска́ть//отпусти́ть	放……走开,离去	(11)
отры́вок	摘录;片断	(5)
отходи́ть//отойти́	走开,离开,车开出,船启航	(3)
отцо́вский	父亲的;父亲般的	(5)
о́фис	办公室	(1)
официа́нт	(食堂、饭店的)服务员	(9)
оформля́ть//офо́рмить	办理手续;给……办理手续	(8)
охраня́ться	被保护,维护,守卫,保卫	(10)
оце́нивать//оцени́ть	估价,评价	(8)
очеви́дный	显然的,无疑的	(11)
о́чередь	次序;队列	(5)
оши́бка	错误,过失	(7)

П

паде́ж	格	(7)

па́мятник	纪念碑,纪念像;墓碑;古迹;遗迹	(2)
па́мять	记忆力;回忆	(7)
панора́ма	全景	(8)
пара́д	阅兵(式);大检阅	(12)
паралле́льно	平行地;并行地,同时地	(11)
пари́к	假发	(1)
парикма́хер/ парикма́херша	理发师	(1)
парикма́херская	理发店	(1)
парте́р	(剧场大厅前排正中的)池座	(11)
партнёр	伙伴;搭档	(3)
Па́сха	复活节	(12)
пасха́льный	复活节的	(12)
па́хнуть	发出……气味	(2)
певе́ц	歌手,歌唱家	(12)
пельме́ни	饺子	(9)
переводи́ться// перевести́сь	调任,转到	(11)
передава́ться// переда́ться	传播,传递;传染到;遗传到	(10)
переноси́ть// перенести́	搬到,运到(另一处);忍受,遭受(病痛等)	(4)
перераба́тывать// перерабо́тать	加工;领会	(5)
перестава́ть// переста́ть	不再,停止;中止	(3)
переу́лок	胡同,小巷	(10)
пе́рец	胡椒,辣椒	(9)
перечисля́ть// перечи́слить	列举,指出;划拨,转账	(9)
перечи́тывать// перечита́ть	重新阅读;读遍	(5)
периоди́ка	期刊	(5)
перспекти́ва	前途,前景	(12)
пестре́ть	充满,充斥	(8)
петербу́ржец	彼得堡人	(10)
петру́шка	香芹菜,香菜	(9)
пе́ться	歌唱	(12)
пиани́но	竖式钢琴	(11)
пиро́жное	甜点心,小蛋糕	(12)
пита́ние	食物;营养	(8)

пи́ща	食品；食粮	(8)
пла́кать	哭，哭泣，流泪	(1)
плане́та	行星	(6)
пласти́нка	唱片；薄片，薄板	(4)
пла́та	费用；酬金，工资	(4)
плато́к	头巾；手帕	(10)
платфо́рма	站台，月台；(铁路)小站	(4)
плен	俘虏	(11)
плита́	(金属、石等的)方板；厨炉	(2)
плодотво́рно	卓有成效地	(11)
пля́ска	跳舞；舞蹈(通常指民间舞蹈)	(11)
поверну́ться	转身；转变	(1)
повсю́ду	到处，处处	(8)
повторя́емость	重复率，复现率	(7)
повторя́ться // повтори́ться	重复，再现	(7)
погово́рка	俗语	(10)
подбега́ть // подбежа́ть	向……跑近，跑到……跟前	(3)
подверга́ться	遭受，陷入(某种状况)	(8)
поддава́ться // подда́ться	受某种影响	(8)
подде́рживать // поддержа́ть	搀扶；帮助，鼓励；支持；保持	(2)
подо́бный	相似的，类似的	(8)
подпи́ска	(报刊等的)订单	(8)
подпи́сываться // подписа́ться	签名，签字；订阅，订购	(8)
подро́бный	详细的，详尽的	(4)
подро́сток	少年，半大孩子	(6)
подря́д	一连，接连不断地	(6)
подъезжа́ть // подъе́хать	驶近，开到	(3)
пожа́ть	握，握一握	(10)
пожило́й	上了年纪的	(1)
позвоно́чник	脊柱	(6)
поздравле́ние	祝贺；祝词	(12)
позити́вный	正面的，肯定的	(8)
по́иск	寻找，搜寻	(5)
поискови́к	探索者；搜索引擎	(6)
поиско́вый	探索的，搜索的	(6)
поката́ться	(乘车、船等)玩儿一会儿，兜一会儿风	(4)

· 173 ·

покóйный	亡者,死者	(12)
поколéние	代,辈	(6)
полёт	飞行	(3)
поливáть//полúть	开始流淌;浇,洒水	(9)
полиглóт	通晓多种语言的人	(7)
политúческий	政治的,政策的	(6)
пóлный	胖的;丰满的;完全的	(1)
пóловцы	波洛伏齐人	(11)
полторá	一个半,一又二分之一	(2)
полугóдие	半年	(3)
пóльзование	使用,应用	(5)
пóльзователь	使用者	(6)
помóщник	助手,帮手	(6)
пополнять//попóлнить	补充;充实	(5)
по-прéжнему	照旧,依然	(3)
портфéль	皮包,公文包;部长职位	(10)
пóрция	一份(多指食物)	(9)
посетúтель	访问者,参观者,客人	(2)
посещéние	参观;访问,探望	(4)
посмеяться	笑一会儿,笑一阵	(11)
поспáть	睡一会儿	(4)
постепéнно	渐渐地,逐渐地	(3)
постороннний	外人的,旁人的;不相干的	(7)
постоянно	经常地	(5)
посылáть//послáть	派遣;寄出	(3)
потрéбность	需要,需求	(5)
похищáть//похúтить	偷走,窃去	(11)
почётный	享有荣誉的;受尊敬的	(10)
поэма	长诗;史诗;史诗般的巨著	(4)
поэтéсса	女诗人	(11)
прáвильный	端正的,匀称的;正确的	(1)
правослáвный	东正教的;信奉东正教的	(12)
прáздновать//отпрáздновать	庆祝节日(纪念日)	(4)
прáздноваться	(节日)庆祝,纪念	(12)
превращáться//превратúться	变为,变成	(1)
предéл	界,边界;限度,终点	(7)
предéльно	极限地,最大地	(7)
предлагáть//предложúть	提供,提议	(8)

предложе́ние	建议,提议	(12)
представи́тель	代表;代表人物	(6)
предъявля́ть//предъяви́ть	出示;提出	(5)
президе́нт	总统,主席,院长	(10)
пре́мия	奖品,奖金	(11)
препя́тствовать//воспрепя́тствовать	妨碍,阻挠	(6)
прерыва́ться//прерва́ться	停止,中止	(8)
приближа́ться//прибли́зиться	接近;走近	(12)
привлека́тельный	招人喜欢的,有吸引力的,美丽的	(4)
приводи́ть//привести́	促使;导致	(7)
привози́ть//привезти́	运来,运到;搭车送来,带来	(3)
привы́чный	习惯的,习以为常的	(6)
приглаше́ние	邀请;请柬	(12)
приготовле́ние	准备好	(9)
придава́ть//прида́ть	使具有,赋予;补充上	(4)
при́знанный	公认的,博得好评的	(11)
призыва́ть//призва́ть	号召;召来	(8)
прикладно́й	实用的,应用的	(10)
прилага́ть//приложи́ть	应用,使用	(7)
приме́р	示例;榜样	(5)
принадлежа́ть	归……所有;属……之列	(5)
при́нцип	原理,原则;准则	(6)
приобща́ть//приобщи́ть	使参加,使熟悉	(11)
приступа́ть//приступи́ть	开始,着手	(11)
присыла́ть//присла́ть	寄来;派来	(5)
причём	并且,而且	(3)
причёска	发型	(1)
причи́на	原因,理由,缘故	(3)
про́воды	送别;饯行	(12)
проголода́ться	饿了,觉得饥饿	(9)
продлева́ть//продли́ть	延长,延期	(5)
продолже́ние	延长部分,继续部分	(11)
проду́кция	产品,产量	(8)
прожива́ние	居住,住所	(4)
про́за	非诗体文学,无韵文,散文	(11)

произведéние	作品,著作	(5)
производи́ть//произвести́	生产,制造	(2)
произношéние	发音,口音	(7)
пропадáние	消失;落空;衰落	(3)
простóй	简单的,容易的;朴素的,普通的	(2)
просыпáться//проснýться	睡醒,醒来	(12)
прóсьба	请求,申请	(2)
прóтив	对着;反对;消灭	(11)
прохóд	过道	(9)
прохóжий	过路人	(11)
процедýра	手续,程序	(1)
прямо	照直;直接;直截了当地	(4)
пýблика	观众,听众;人们,人群	(11)
публиковáть//опубликовáть	发表,刊载	(8)
публиковáться	发表作品;刊载,出版	(8)
пускáть//пусти́ть	放开;释放;发射	(12)
путь	路,道路;路线	(4)
пьéса	剧本;(不长的)乐曲	(11)
пья́нствовать	酗酒,狂饮,纵饮无度	(11)

Р

рабá	奴隶	(11)
равнодýшный	冷漠的;对……不感兴趣的	(3)
радиоприёмник	无线电收音机	(8)
радиоспектáкль	广播剧	(8)
разбирáться//разобрáться	研究明白,了解清楚	(7)
рáзве	难道,莫非	(5)
развивáть//развить	使发展,使发达	(5)
развитие	发展	(6)
рáзвитость	发达;(智力上)成熟	(7)
развлекáтельный	供消遣的,供娱乐的	(11)
развлекáться//развлéчься	消遣,娱乐	(4)
развлечéние	消遣,娱乐	(6)
разговóрчивый	爱说话的,好与人攀谈的	(2)
раздевáться//раздéться	脱去衣服	(1)
разли́чный	不同的,不一样的;各种各样的	(4)
размещéние	布置,分布	(8)

разноцве́тный	各种颜色的,彩色的	(12)
разочаро́вываться//разочарова́ться	对……失望;扫兴	(4)
раско́ванность	落落大方,无拘无束	(6)
раскрыва́ть//раскры́ть	敞开;吐露	(5)
распи́сываться//расписа́ться	签字,署名	(9)
распродава́ть//распрода́ть	售完,卖光	(11)
рассма́тривать//рассмотре́ть	看清楚;观察;分析	(1)
реа́льный	现实的,真实的	(6)
револю́ция	革命,变革	(12)
региона́льный	区域(性)的,地方的	(12)
реда́кция	编辑(们);编辑部	(5)
ре́дкий	稀少的,罕见的	(2)
результа́т	结果,成果;成绩	(8)
рекла́ма	广告;广告牌	(8)
реклами́ровать	登广告;吹嘘	(8)
религио́зный	宗教的;信教的	(12)
реша́ться//реши́ться	下定决心(要);敢于	(2)
риск	风险;冒险	(8)
ри́совый	稻的,大米做的	(12)
робе́ть//оробе́ть	害怕,胆怯,羞怯	(7)
ро́бко	胆怯地	(2)
рожда́ть//роди́ть	生(孩子);产生	(12)
ро́жица	(ро́жа 的指小)小脸儿	(6)
роль	作用;角色	(3)
романти́ческий	浪漫主义的;充满浪漫色彩的	(4)
рост	身高;生长	(1)
ро́ща	小树林	(4)
руль	舵,方向盘	(9)
ру́сый	淡褐色的(指毛发)	(1)
ры́жий	棕红色的(指毛发)	(1)

С

сало́н	客舱;沙龙	(1)
самова́р	水壶,茶炊	(10)
самодисципли́на	自律,自制	(7)
самостоя́тельно	自主地,独立地	(6)

са́ни	雪橇,爬犁	(4)
са́нки	雪橇	(12)
сантиме́тр	厘米,公分;米尺	(1)
са́уна	(芬兰式)蒸汽浴,桑拿浴	(4)
сбега́ться//сбежа́ться	跑到一起,跑聚拢来	(1)
сбор	征收的款;收集	(11)
сбо́рник	集,汇编	(5)
свёкла	甜菜	(9)
сверхскоростно́й	超速的	(4)
светло́	明亮;心情愉快	(4)
свиде́тель	见证人;目击者	(11)
свини́на	猪肉	(9)
своди́ть//свести́	领下;消除;使接合	(9)
своевре́менно	及时地,按时地	(2)
связь	(相互)关系,联系;联络	(6)
седо́й	银白的(指头发);生有白发的	(1)
секу́нда	(一)秒;一瞬间	(8)
сельдь	鲱鱼	(9)
середи́на	中间;中期	(11)
се́рия	一组,一套;一系列	(3)
сетево́й	网络的;网状的	(6)
сеть	网;网络	(6)
сиде́ться	愿意坐着,坐得住	(1)
си́ла	力气,力量	(7)
си́мвол	象征;标志;符号,记号	(4)
символи́ческий	象征(性)的	(12)
симфо́ния	交响乐,交响曲	(4)
систе́ма	系统,体系;制度	(6)
систе́мный	系统的	(7)
ска́зка	(民间的)故事,童话	(10)
ска́чивать//скача́ть	下载	(5)
скла́дывать//сложи́ть	组成,组装成	(8)
склоня́ть//склони́ть	使垂下;低下说服,劝导	(8)
сковорода́	(平等)煎锅	(9)
скоре́е	确切些说;轻快地	(1)
ско́рость	速度,速率	(6)
ско́рый	快的,迅速的	(4)
скро́мность	谦虚,朴素;微薄	(2)
скро́мный	谦虚的;朴素的;微薄的	(2)
скры́тый	隐蔽的,潜在的	(8)

скýка	无聊,没意思;寂寞,烦闷	(2)
скульптýра	雕塑艺术;雕塑品,雕像	(4)
скýчный	无聊的,烦闷的,枯燥无味的	(2)
слáдкий	甜的	(9)
следúть	注视;关注,观察;照料,照看	(1)
сленг	俚语	(6)
слéпо	盲目地,盲从地	(8)
слúшком	太,过于,过分	(2)
сложённый	具有……体形(身材)的	(8)
слух	听觉,听力	(7)
смерть	死,死亡	(2)
сметáна	酸奶油	(9)
смех	笑;笑声	(12)
смешнó	可笑地;觉得可笑	(2)
смýглый	皮肤黝黑的	(1)
смысл	意义,意思,涵义	(11)
снéжный	雪的,雪做的;雪一般的	(4)
снятие	取消,排除	(12)
собесéдник	交谈者,对话人	(6)
собóр	大教堂,大礼拜堂	(4)
событие	事件;大事	(4)
совершáть//совершúть	完成;实行	(4)
совершéнно	完全地,十分	(2)
совершéнство	完美,完善	(7)
совмещáть//совместúть	使结合起来;兼任	(3)
соглáсный	同意的,赞同的	(5)
содержáние	内容;目录;成分	(5)
создáние	创立,建立,建成	(10)
создáтель	创造者,创始人	(4)
солдáт	士兵,战士	(12)
соля́нка	肉(或鱼)稠辣汤	(9)
сомневáться	怀疑;犹豫	(1)
сомнéние	怀疑,疑惑,疑问	(3)
состоя́ть	在于,是;由……组成	(7)
состоя́ться	举行,进行,实现	(10)
сóтня	百,一百;大量,许多	(2)
сохраня́ться//сохранúться	保存(保全)下来	(12)
социо-культýрный	社会文化(学)的	(6)
сочетáние	结合,组合	(3)
специáльный	专门的,特别的;专业的	(4)

спо́соб	方法,办法	(6)
спосо́бность	才能,能力	(7)
спра́вка	消息,情报,情况;证明书	(2)
справля́ться//спра́виться	能胜任;能驾驭	(6)
спу́тник	同路人,旅伴;伴侣;卫星	(6)
среди́	在……中间,在……(过程)中	(2)
сре́дство	方法,手段;消费,钱财	(6)
стажёр	进修生;实习生	(7)
стажиро́вка	进修;实习	(1)
стара́ться//постара́ться	努力,力求	(1)
стари́нный	古代的,古老的	(3)
степь	草原;荒原;原野	(11)
стиль	风格;方式;文体	(4)
сто́имость	价格;价值	(4)
страни́чка	(страни́ца 的指小)页,页面	(6)
стра́нный	奇怪的,古怪的,不正常的	(2)
стре́лка	箭头;指针	(12)
стреми́тельно	急速地,神速地	(6)
стри́жка	发式;剪发	(1)
стричь	剪短;给……剪发	(1)
строи́тель	建筑者,建设者,建造者	(12)
студе́нчество	大学生们;大学时代	(8)
сувени́р	(作纪念的)礼物;(旅游)纪念品	(3)
суета́	忙乱,奔忙	(12)
су́тки	(一)昼夜	(4)
суши́лка	烘干器,干燥器	(1)
суши́ться//вы́сушиться	烘干,晒干	(1)
сце́на	舞台	(9)
счи́танный	屈指可数的	(8)
сюже́т	情节;主题	(5)

Т

табли́чка	小牌子	(10)
тала́нт	天才,才能,人才	(2)
тала́нтливый	天才的;完美的	(11)
творо́г	乳渣,奶渣	(12)
телеви́дение	电视,电视节目;电视台	(6)
телевизио́нный	电视的	(8)
те́ло	物体;身体	(8)

тем бóлее	不但如此,而且	(11)
тéма	题目,题材;话题;主题	(4)
темнéть//потемнéть	变暗,发黑;天色暗起来	(9)
темп	速度;节律,速率	(5)
тендéнция	趋势,倾向	(5)
тéрмин	术语,专门用语	(6)
терпéть//потерпéть	忍受,忍耐;遭受,蒙受	(1)
террáса	敞廊,凉台	(9)
территóрия	领土;地域,(一定范围的)用地	(3)
терять//потерять	遗失;错过;失去	(2)
технолóгия	工艺,工艺规程	(5)
тóлстый	胖的;肥大的;粗的,厚的	(1)
тóнна	吨	(11)
торжéственный	隆重的,盛大的	(10)
трагúческий	悲剧(式)的;悲惨的	(11)
транслúровать	转播	(12)
трéбовать//потрéбовать	需要,要求	(3)
трóйка	(数字)3;三路车;三分;三套马车	(4)
трýдность	困难	(7)
трудолюбие	勤劳	(2)
трýппа	剧团,戏班	(11)
тур	(比赛)一轮;游览	(4)
турúзм	旅游,旅行	(6)
турнúр	比赛,循环比赛	(3)
тяжёлый	重的;难消化的;难以忍受的	(9)

У

убивáть//убúть	打死,杀害;极度折磨	(6)
увéренность	信心,确信	(6)
увéренный	确信的;有把握的;可靠的	(3)
увлекáтельный	诱人的,吸引人的	(5)
увлечéние	爱好;酷爱,钟情	(3)
уговáривать//уговорúть	劝说,说服	(6)
угощéние	宴请;宴席,请吃的东西	(12)
удавáться//удáться	成功,顺利进行;办得到	(2)
удивúтельно	奇怪地,令人诧异地;惊人地	(4)
удивúтельный	令人诧异的,异常的	(2)
удивлять//удивúть	使……惊讶	(5)

удивля́ться//удиви́ться	觉得惊奇,惊讶	(6)
удовлетворе́ние	满意,如愿	(5)
у́жас	恐怖,恐惧	(1)
узнава́ние	发现;了解	(3)
ука́зывать//указа́ть	指出;规定	(5)
ука́чивать//укача́ть	摇晃着使睡去;(摇晃、颠簸得)使眩晕,使呕吐	(4)
украша́ть//укра́сить	装饰,美化	(2)
украше́ние	装饰;装饰品,点缀物	(10)
укро́п	莳萝,土茴香	(9)
улучша́ть//улу́чшить	改进,改善,提高	(7)
улыба́ться//улыбну́ться	微笑;露出笑容	(1)
улы́бка	微笑,笑容	(1)
Улья́новск	乌里扬诺夫斯克	(4)
умира́ть//умере́ть	死亡;消失	(2)
умоля́ть//умоли́ть	恳求,央求	(11)
умы́шленно	故意地,蓄意地	(8)
уника́льный	独一无二的,罕见的	(10)
упако́вывать//упакова́ть	打包,包装	(9)
употребле́ние	使用,利用	(8)
Урга́	库伦	(11)
у́ровень	水位,水平面;水平,程度	(11)
усва́ивать//усво́ить	吸收;学好,掌握	(7)
ускоре́ние	加速,加快	(7)
усло́вие	条件;条款	(7)
успе́шный	有成效的,顺利的	(7)
успока́ивать//успоко́ить	使放心,安慰	(9)
у́стный	口头的	(7)
устра́ивать//устро́ить	举办;安置;对……合适	(4)
уступа́ть//уступи́ть	让给;逊色	(7)
усы́	髭,小胡子	(1)
утвержда́ть//утверди́ть	确定;断言	(7)
утомля́ть//утоми́ть	使疲劳,使厌倦	(6)
уточня́ть//уточни́ть	使更准确;更详细地说明	(5)
утра́та	损失;损失(主要指某人逝世)	(2)
уха́	鱼汤	(9)
учи́лище	学校(多指专门性的中等学校)	(11)

Ф

факс	传真	(12)

фантазировать	幻想,想像	(8)
фантастика	幻想,幻境	(3)
фасоль	豆角,菜豆(指果实)	(9)
фейерверк	烟火,礼花	(12)
фестиваль	汇演,联欢节	(4)
фигура	人的身形,身段,体型	(1)
физиологический	生理学的;身体(上)的	(7)
филармония	音乐协会,音乐团,音乐厅	(11)
филателист	集邮者	(3)
Финляндия	芬兰	(4)
фойе	(剧院、电影院等的)休息室	(11)
фон	底色;背景	(11)
фонд	基金;总量,资源	(11)
форма	形状;制服;形式	(5)
форум	论坛	(6)

X

хан	汗,可汗	(11)
хаос	混乱,杂乱无章,乱七八糟	(6)
характер	性格;性质	(2)
характерный	有特点的,突出的;典型的	(2)
хватать//хватить 或 схватить	抓,握;拿住	(3)
Хельсинки	赫尔辛基	(4)
хлопушка	爆竹	(12)
хобби	业余爱好,嗜好	(3)
хоронить//похоронить	埋葬;摒弃,抛弃	(2)
хорошенький	长得很不错的,好看的	(1)
хранение	保存;存放;贮藏	(10)
художественный	艺术的,美术的,文艺的	(5)
худой	瘦的,消瘦的	(1)

Ц

царь	皇帝,沙皇	(4)
целиком	整个地,完全	(5)
целовать//поцеловать	吻,亲吻	(3)
ценить	定价格,评价;珍惜,重视	(2)
цыганка	吉卜赛女人	(1)

Ч

чат	(网络)聊天室	(6)
чáшка	茶碗	(9)
человéчество	人类	(6)
человéчный	有人性的;人道的;仁慈的	(11)
чемодáн	手提箱,(行李)箱	(4)
чемпионáт	锦标赛,冠军赛	(3)
чертá	脸盘,容貌;轮廓,线条;特点,特征	(1)
чéстный	诚实的,正直的,廉洁的	(2)
читáтельский	读者的	(5)
чужóй	别人的,外人的;外人	(11)
чуть	稍微,有点儿;刚刚,勉强	(4)

Ш

шагáть//шагнýть	走,前进;迈过,跨过	(11)
шампáнское	香槟酒	(9)
шашлы́к	烤羊肉串,烤肉串	(9)
шедéвр	杰作,代表作品	(11)
шёпотом	小声地,悄悄地	(2)
шеф	上司,头儿;厨师长	(9)
широкó	宽阔地;广泛地;开朗地	(4)
широкоплéчий	宽肩膀的	(1)
шифр	书号;密码	(5)
шкатýлка	小匣,锦匣;首饰盒	(10)
шоколáдный	巧克力的	(9)
шум	嘈杂声;噪音	(1)

Щ

щекá	面颊,腮	(3)
щи	菜汤,白菜汤	(9)

Э

экземпля́р	本,册,份,件	(5)
экологи́ческий	生态(学)的	(6)
экрáн	屏幕;银幕	(6)
экранизáция	搬上银幕,拍成电影	(11)
экскурсовóд	游览向导;展品解说员	(10)
экспонáт	陈列品,展览品	(10)

электри́чка	电汽火车;电汽轨道	(4)
электро́нный	电子的	(5)
эмо́ция	情绪,感情	(6)
энциклопе́дия	百科全书,百科词典	(5)
эпо́ха	时代,阶段,时期	(4)
Эрмита́ж	埃尔米塔什博物馆	(4)
эта́п	阶段,时期	(6)
эффекти́вный	有效的,高效的	(7)

Ю

юбиле́й	(周年)纪念日;(周年)庆祝会	(12)
юмори́ст	幽默演员;幽默作家	(12)
юмористи́ческий	幽默的,滑稽的	(5)
ЮНЕСКО	联合国教科文组织	(4)
ю́ный	年少的;青年的,青春的	(11)

Я

явле́ние	现象	(6)
явля́ться//яви́ться	出现;出席;是,成为	(4)
я́вный	公开的,明显的	(8)
языкове́д	语言学家	(7)
Япо́ния	日本	(4)
я́ркий	明亮的,灿烂的;晴朗的	(12)
я́рко	明亮地;晴朗地;鲜艳地	(4)
Яросла́вль	雅罗斯拉夫尔	(4)
я́хта	帆艇;快艇	(3)

附录Ⅲ 第三册重点词汇

以 -ь 结尾的名词的性

внéшность	（阴）外表，外貌
возмóжность	（阴）可能性，机会
грáмотность	（阴）常识；文理通顺
гусь	（阳）鹅
действи́тельность	（阴）现实
достопримечáтельность	（阴）名胜古迹
жи́вопись	（阴）彩色绘画法，写生画法；彩色化，写生画
зави́симость	（阴）依赖(性)，从属(性)
застéнчивость	（阴）羞怯，腼腆
зять	（阳）女婿，姐夫，妹夫
календáрь	（阳）日历；历法
князь	（阳）（罗斯时代的）公；公爵
колыбéль	（阴）摇篮；发源地
контрóль	（阳）监督；检查
лáгерь	（阳）宿营地，野营地；集中营
медвéдь	（阳）熊；熊科
молодёжь	（阴）青年们，年轻人
моркóвь	（阴）胡萝卜
обладáтель	（阳）享有者，占有者
общи́тельность	（阴）善于交际
опáсность	（阴）危险(性)
основáтель	（阳）创始人，奠基人
осóбенность	（阴）特点，特征
óчередь	（阴）次序；队列
пáмять	（阴）记忆力；回忆
повторя́емость	（阴）重复率，重现率
пóльзователь	（阳）使用者
потрéбность	（阴）需要，需求
председáтель	（阳）主任，主席，会长
путь	（阳）路，道路；路线
радиоспектáкль	（阳）广播剧
рáзвитость	（阴）发达；(智力上的)成熟
раскóванность	（阴）落落大方，无拘无束

речь	(阴)言语,话语
роль	(阴)作用;角色
руль	(阳)舵,方向盘
связь	(阴)(相互)关系,联系;联络,联系
сельдь	(阴)鲱鱼
сеть	(阴)网;网络
ско́рость	(阴)速度,速率
скро́мность	(阴)谦虚;朴素,微薄
смерть	(阴)死,死亡
спосо́бность	(阴)才能,能力
степь	(阴)草原,荒原;原野
уве́ренность	(阴)信心,确信
фасо́ль	(阴)豆角,菜豆(指果实)
царь	(阳)沙皇

复数形式特殊的名词
(包括(1)重音发生变化;(2)构成复数时在辅音 г,к,х,ж,ш,ч,щ 后不写-ы;(3)以带重音-а,-я 结尾的复数形式;(4)某些阳性名词复数形式出现元音-о,-е 脱落;(5)某些阳性、中性名词的复数形式特殊)

вес — веса́	重量;体重
го́лос — голоса́	声音,嗓音;意见
граждани́н — гра́ждане	公民
де́рево — дере́вья	树木,林木
дуга́ — ду́ги	弧,弧线
дыра́ — ды́ры	窟窿,洞孔
значо́к — значки́	徽章,证章
круг — круги́	圆圈,圈子;(某范围的)一群人,界
купе́ц — купцы́	商人
ку́рица — ку́ры	母鸡,鸡肉
лев — львы	狮子
лес — леса́	树林,森林;木材,木料
луг — луга́	草地;牧场
малы́ш — малыши́	小孩,男孩子
ма́сло — масла́	油;黄油
напи́ток — напи́тки	饮料
о́ко — о́чи	眼睛
оста́ток — оста́тки	剩余(部分)
отры́вок — отры́вки	摘录;片段
певе́ц — певцы́	歌手,歌唱家
переу́лок — переу́лки	胡同,小巷

петербу́ржец — петербу́ржцы	彼得堡人
плита́ — пли́ты	（金属、石的）方板；橱炉
подро́сток — подро́стки	少年，半大孩子
поросёнок — порося́та	小猪，猪仔
путь — пути́	路，道路；路线
те́ло — тела́	物体；身体
трава́ — тра́вы	草；草地

只有复数的名词

аплодисме́нты	掌声
воро́та	大门
кура́нты	（钟楼上的）自鸣钟
пельме́ни	饺子
про́воды	送别；饯行
са́нки	雪橇
усы́	髭，小胡子
щи	白菜汤

第二格特殊的名词

граждани́н — гра́ждан（复二）	公民
солда́т — солда́т（复二）	士兵，战士

第六格特殊的名词

бой — в бою́	战斗，作战
круг — в кругу́	圆圈，圈子；（某范围的）一群人，界
лес — в лесу́	树林，森林
луг — на лугу́	草地；牧场
ряд — в ряду́	排，列
связь — в связи́	（相互）关系，联系；联络，联系
степь — в степи́	草原；荒原；原野

变格特殊的名词

（包括：(1)单复数各格重音都发生变化；(2)单数第四格重音发生变化；(3)复数各格重音发生变化；(4)变格时发生元音脱落；(5)复数形式特殊）

беспоря́док — беспоря́дка	无秩序，乱七八糟
боеви́к — боевика́	动作片
борода́ — бо́роду（四格）	（下巴上的）胡子
борщ — борща́	红菜汤
владе́лец — владе́льца	所有人，物主
во́лос — во́лосы（复），воло́с	毛发；头发

вред — вреда́	害处，损害
граждани́н — гра́ждане(复数), гра́ждан	公民
дворе́ц — дворца́	宫殿，宫廷；宫，馆
де́рево — дере́вья(复数), дере́вьев	树木，林木
дневни́к — дневника́	日记，日志；手册
значо́к — значка́	徽章，证章
кули́ч — кулича́	(专为复活节烤制的)圆柱形大甜面包
купе́ц — купца́	商人
лев — льва	狮子
лёд — льда	冰
малы́ш — малыша́	小孩，男孩子
напи́ток — напи́тка	饮料
огонёк — огонька́	火星，火花
отры́вок — отры́вка	摘录；片段
пари́к — парика́	假发
певе́ц — певца́	歌手，歌唱家
переу́лок — переу́лка	胡同，小巷
пе́рец — пе́рца	胡椒，辣椒
петербу́ржец — петербу́ржца	彼得堡人
плато́к — платка́	头巾；手帕
подро́сток — подро́стка	少年，半大孩子
поросёнок — поросёнка(单二), порося́та(复数), порося́т(复二)	小猪，猪仔
путь — пути́, пути́, путь, путём, о пути́	路，道路；路线
царь — царя́	沙皇

不变化的名词

Гран-при́	大奖
купе́	(旅客列车上的)包厢
меню́	菜单
пиани́но	竖式钢琴
фойе́	(剧院、电影院等)休息室
хо́бби	业余爱好，嗜好

要求补语的名词

ве́ра во что	信心，信念
владе́ние чем	掌握，会用
влия́ние на кого-что	影响，作用
зави́симость от кого-чего	依赖(性)，从属(性)
наде́жда на что	希望，期望

овладéние чем	掌握
óтклик на что	评论,反应
отношéние к комý-чемý	态度
пáмятник комý	纪念碑,纪念像
поздравлéние с чем	祝贺
потрéбность в чём	需要,需求
увéренность в чём	信心,确信
увлечéние чем	酷爱,钟情

要求第二格的前置词

вмéсто	代替
вокрýг	在……周围,环绕
прóтив	对着;反对
средú	在中(之)间

要求第二格的动词

исходúть от（из）чегó	来源于;从……出发
состоя́ть из чегó	由……组成

要求第三格的动词

воспрепя́тствовать чемý	妨碍,阻挠
надоéсть комý	使讨厌,使厌烦
обучúться чемý	学习,学会
отнестúсь к комý-чемý	对待
пéться комý	歌唱
повéрить комý-чемý	相信,信任
подвергáться чемý	遭受,陷入(某种状况)
поддáться чемý	受某种影响
поклонúться комý	鞠躬
приблúзиться к чемý	接近;走近
принадлежáть чемý 或 к чемý	归……所有;属于……之列
удивúться комý-чемý	觉得惊奇,惊讶

要求第四格的动词

включúться во что	列入
дéйствовать на когó-что	起作用,影响
надéяться на когó-что	希望,指望
повéрить во что	相信,信任
превратúться во что	变为,变成
проголосовáть за когó	投……票

要求第五格的动词

владéть чем	拥有,具有;精通,长于
гордúться кем-чем	以……骄傲
комáндовать кем-чем	指挥
обладáть чем	拥有,具有
овладéть чем	掌握,通晓
оказáться кем-чем	是,原来是
пáхнуть чем	发出……气味
следúть за кем-чем	注视;关注,观察;照料
спрáвиться с чем	能胜任;能驾驭
явúться чем	是,成为

要求第六格的动词

нуждáться в чём	需要
позабóтиться о ком-чём	担心,关心
разочаровáться в чём	对……失望;扫兴
состоя́ть в чём	在于,是

要求多个格的动词

включúть когó-что во что	使加入;列入
потрéбовать чегó от когó	需求,要求
придáть что комý-чемý	使具有,赋予

变位特殊的动词

воевáть — воюю, воюешь, воюют	作战,战斗;斗争
вы́дать — вы́дам, вы́дашь, вы́даст, вы́дадим, вы́дадите, вы́дадут	付给,发给
издáть — издáм, издáшь, издáст, издадúм, издадúте, издадýт	出版;颁布,公布
нажáть — нажмý, нажмёшь, нажмýт	按,压
отдáть — отдáм, отдáшь, отдáст, отдадúм, отдадúте, отдадýт	交给;把……献给
пожáть — пожмý, пожмёшь, пожмýт	握,握一握
полúть — полью́, польёшь, полью́т	开始落雨,开始流淌;浇
привезтú — привезý, привезёшь, привезýт	运来,运到;搭车送来;带来
придáть — придáм, придáшь, придáст, придадúм, придадúте, придадýт	使具有,赋予
прислáть — пришлю́, пришлёшь, пришлю́т	寄来,派来
разобрáться — разберýсь, разберёшься, разберýтся	研究明白,了解清楚

распрода́ть — распрода́м, распрода́шь, распрода́ст, распродади́м, распродади́те, распродаду́т	售完,卖光
уби́ть — убью́, убьёшь, убью́т	打死,杀害;消灭

过去时特殊的动词

возни́кнуть — возни́к, возни́кла, возни́кло, возни́кли	发生,产生;出现
исче́знуть — исче́з, исче́зла, исче́зло, исче́зли	消失;不见,失踪
па́хнуть — пах, па́хла, па́хло, па́хли	发出……气味
стричь — стриг, стри́гла, стри́гло, стри́гли	剪短;给……剪发
умере́ть — у́мер, умерла́, у́мерло, у́мерли	死亡;消失

要求补语的形容词

бе́дный чем	贫穷的;贫乏的;不幸的
винова́тый в чём	有罪过的,有过错的
подо́бный кому́-чему́	相似的,类似的
равноду́шный к кому́-чему́	冷淡的,漠不关心的
уве́ренный в чём	确信的,有把握的;可靠的

参考文献

[1] ДУБРОВИН. М И Школьный англо-русский словарь[M]. Москва:Иностранный язык,2001.
[2] 黑龙江大学辞书研究所. 俄汉详解大词典[M]. 哈尔滨:黑龙江人民出版社,1998.
[3] 全国高等学校外语专业教学指导委员会俄语教学指导分委员会. 高等学校俄语专业教学大纲[M]. 北京:外语教学与研究出版社,2012.
[4] 史铁强,张金兰. 大学俄语(东方新版Ⅰ)[M]. 北京:外语教学与研究出版社,2012.
[5] 王利众. 高等学校俄语专业四级考试必备:词汇篇[M]. 北京:外语教学与研究出版社,2011.
[6] 王利众,童丹. 大学俄语(东方新版)一课一练(第一册)[M]. 北京:外语教学与研究出版社,2011.